淘宝天猫美工实战 从入门到精通

图像处理、宝贝拍摄、视频制作、店铺装修

一本就够

◉ 何国辉 居华倩 主编

U0643737

人民邮电出版社

北京

图书在版编目（CIP）数据

淘宝天猫美工实战从入门到精通 ： 图像处理、宝贝
拍摄、视频制作、店铺装修一本就够 / 何国辉，居华倩
主编. -- 北京 ： 人民邮电出版社，2020.10
ISBN 978-7-115-54604-3

Ⅰ. ①淘… Ⅱ. ①何… ②居… Ⅲ. ①网店—设计—
基本知识 Ⅳ. ①F713.361.2

中国版本图书馆CIP数据核字(2020)第142957号

内 容 提 要

本书从淘宝天猫美工的实际工作出发，结合编者多年的电商视觉设计经验和从业体会，详细介绍淘宝天猫店铺装修与视觉设计的思维、方法和技巧，旨在帮助电商美工掌握店铺装修设计的精髓，快速提升电商美工设计能力。

全书共分为13章，具体内容包括淘宝天猫美工是个多面手，图像处理与海报设计，网店图片的规划与拍摄，淘宝视频的拍摄与制作，店铺装修后台基本操作，店铺装修基本流程，店铺首页装修与视觉设计，宝贝主图与详情页视觉设计，直通车图、钻展图视觉设计，手机淘宝店铺装修设计，网店色彩设计，Dreamweaver软件基础与店铺装修代码，Photoshop软件的高级应用。

本书可作为新手电商美工以及想进一步提高淘宝、天猫店铺设计技能的美工的自学参考书，还可作为各类院校和培训机构电子商务专业的教学辅导书。

◆ 主　　编　何国辉　居华倩
　　责任编辑　罗　芬
　　责任印制　王　郁　马振武
◆ 人民邮电出版社出版发行　　北京市丰台区成寿寺路 11 号
　　邮编　100164　电子邮件　315@ptpress.com.cn
　　网址　https://www.ptpress.com.cn
　　北京瑞禾彩色印刷有限公司印刷
◆ 开本：787×1092　1/16
　　印张：17.5
　　字数：413 千字　　　　　　　　　　2020 年 10 月第 1 版
　　印数：1 – 3 000 册　　　　　　　　2020 年 10 月北京第 1 次印刷

定价：79.80 元

读者服务热线：(010)81055410　印装质量热线：(010)81055316
反盗版热线：(010)81055315
广告经营许可证：京东市监广登字 20170147 号

1. 为何要写本书

昔日红火的网上开店，近些年来也备受争议，很多人都说淘宝店、天猫店越来越难做了，越来越不赚钱了。网店不赚钱，原因是多方面的，除了选品和推广外，文字、图片及店铺装修等视觉传达效果也直接影响着买家对商品的认知感和信任感。可以这样说，好的网店装修与视觉设计是店铺兴旺的关键。

网店装修设计不同于网页设计：网页设计是对独立的网站进行页面设计，以视觉设计为主；而网店装修设计以提高店铺转化率和成交量为目的，它不仅要满足页面视觉设计的需求，还要兼顾视觉营销的设计需求。这就要求网店美工不仅要有色彩、构图、版式设计等美术功底，还要具有审美能力、执行能力、沟通能力和视觉营销能力。对于淘宝天猫新手美工而言，要想全面系统地掌握网店页面的配色、布局、视觉设计和网店装修技巧不是一件易事。鉴于此，编者结合自己多年的电商视觉设计经验和从业体会，围绕网店美工的实际工作，编写了这本集理论、实操、方法于一体的淘宝天猫美工案头工具书，旨在帮助新手美工快速熟悉岗位要求，全方位提升自身业务能力。

2. 本书特色

- 系统讲解，全面细致

本书以实战案例串讲理论知识的方式，详细讲解图像处理、宝贝拍摄、视频制作、店铺装修的方法和技巧，真正做到一书在手，网店装修设计不愁。

- 图解操作，易读易学

本书涉及的操作部分皆以详细、直观的图解方式进行讲解，使读者可按图操作，轻松上手。只要读懂、弄通这些操作步骤，即使是新手美工，也能做好网店的各种设计与装修工作。

- 技巧解析，贴心提点

为了便于读者学习，本书还对内容做了进一步解析，并将解析后的知识点标记为"高手支招"，这样不仅能加深读者对知识点的理解和把握，还能开阔读者的设计思路。

- 内容实用，贴近一线

本书汲取了多位资深网店美工的经验和技巧，内容非常实用且贴近实际，很符合网店美工的阅读需要。

- 配套教学资源，互动学习

本书提供丰富的配套教学资源，不仅有与书中内容同步的教学视频、PPT课件、素材文件、源文件，还有"店铺推广实操""店铺管理实操"等视频教程，以及"淘宝天猫美工秘技一点通""宝贝拍摄基础与技巧""社交媒体营销技巧"等电子手册。读者可以采用图书和配套资源相结合的方式，在短时间内快速地学会网店设计与装修的方法和技巧。本书配套资源文件可在线下载，关注"职场研究社"微信公众号，回复"54604"即可获取资源下载方式。

扫码关注

3. 致谢

感谢淘宝天猫为我们提供了创业平台；感谢多位淘宝店主和天猫店主给予的大力支持，不仅提供了大量的网店装修素材图片，还为本书的写作提出了宝贵意见。

由于编者水平有限，书中难免有疏漏之处，敬请广大读者批评指正。我们的邮箱为 luofen@ptpress.com.cn。

编 者

目录

第12章 Dreamweaver软件基础与店铺装修代码330

第13章 Photoshop软件的高级应用

第1章
淘宝天猫美工是个多面手

很多新手美工通常以一种创作的心态来设计与制作店铺页面，这本无可厚非，但他们往往由于缺乏创作经验，在创作上浪费了大量的时间而没有效果。建议新手美工做设计从模仿开始，多模仿一些优秀的大型网站页面的配色与排版，从模仿到创作是一个很好的学习和成长过程。淘宝天猫美工不仅需要对整个店铺的风格、配色、布局做全面设计，而且还需要与店铺运营人员进行交流和沟通，理解策划方案的意图，再从美学的角度来创新设计店铺的视觉效果。因此，作为一名优秀的美工，技术不是最重要的，创新思维与顺畅的沟通才是最重要的。本章将简要介绍淘宝天猫美工的主要职责和必备的基本技能，以及美工创意的来源。

本章学习要点 ● ● ●

- ✪ 淘宝天猫开店离不开美工
- ✪ 店铺页面设计
- ✪ 店铺装修设计
- ✪ 传达视觉营销
- ✪ 如何修炼美工的创意能力

1.1 淘宝天猫开店离不开美工

先看下面两个店铺装修后效果的对比情况。

图1-1所示为简单装修的店铺。该店铺的色调不统一，配色不协调，没有自己的特色，视觉效果很差。

图1-2所示为精心设计装修的店铺。通过用心的设计和精美的装修，突出了卖点和个性，画面精美且视觉冲击力很强，文案吸引力强，能激起买家的购买欲望，引导买家下单，大大地提高了店铺转化率。

▲ 图1-1 简单装修的店铺　　　　▲ 图1-2 精心设计装修的店铺

通过上面两个店铺装修后的效果对比，可以明显看出，无论是在店铺的色彩设计、文案设计，还是在页面布局和视觉设计等方面，都体现了美工的作用和意义。可以说，一个淘宝天猫店美工不仅是店铺页面的设计者，也是店铺装修的管理者，更是店铺营销推广的视觉传达者。因此，美工对店铺的生存和发展起着举足轻重的作用。

1.1.1 淘宝天猫美工不是为了设计而设计

在实体店买东西，买家可以通过眼睛观看、手触摸、现场试穿，甚至品尝等方式去感知商品的颜色、材质、手感、舒适度和口味等，但在淘宝店、天猫店买东西，只能通过卖家设计的图片、写的文案和拍摄的视频来认识商品。因此，为了让商品能在千万家淘宝店、天猫店中"脱颖而出"，吸引买家的眼球，就必须对店铺进行美化设计，也就是我们所说的店铺装修。

网店美工的工作就是对店铺中的商品、页面、广告等内容进行设计、美化处理，给买家更好的视觉体验，以达到引导销售和提高销售率的目的。网店美工用心对店铺进行设计、装修与管理的程度，会直接影响店铺的销量。图1-3所示为美工策划、设计、装修后的店铺效果。

1.1.2　淘宝天猫美工的主要任务

网店装修与实体店装修一样，都是让买家从视觉上和心理上感觉到卖家对店铺的用心，通过装修能够全方位展示店铺的信息，突出商品特色，树立店铺的形象，有利于店铺品牌的形成，提高店铺的浏览量和转化率。由此可见，作为一名淘宝天猫美工，其主要任务就是通过设计达到展示店铺信息、突出商品特色、提高商品识别度，以及进行视觉营销推广的目的。

1. 展示店铺信息

无论是实体店面还是网店，作为一个营销平台，其装修最基本、最核心的功能就是将店铺的各种信息展示给买家，促进买卖的进行。这些店铺信息通常包括店

▲ 图1-3　美工策划、设计、装修后的店铺效果

名、店标、店招、宝贝信息、网店布局、店铺风格、主图、广告等。图1-4所示为店铺的首页信息展示效果。

2. 突出商品特色

对于卖家来说，网店商品固然是非常重要的，但是绝对不能忽视店铺装修。一个装修精美、专业的网店，是艺术和技术的完美组合，它所展现的不仅是商品信息，更突出了本店商品的特色和个性，让买家快速了解商品并对商品感兴趣，从而提高店铺转化率。图1-5所示为突出店铺茶产品特色的实例。

▲ 图1-4 店铺的首页信息展示效果

▲ 图1-5 突出店铺茶产品特色的实例

3. 提高商品识别度

店铺装修不仅可以美化页面，还可以提高商品的识别度。个性化的店铺名称、独具特色的店铺标识和异于其他店铺的色彩风格，不仅可以让买家从心理上产生认同感，加深买家对店铺的印象，而且可以让店铺区别于其他竞争对手，彰显店铺的品牌意识。图1-6所示为"坚果系列"休闲食品的品牌形象宣传。

4. 进行视觉营销推广

"爱美之心，人皆有之"，人人都喜欢美好的事物。装修精美的店铺，能让买家产生愉悦的感觉，即使长时间浏览也不会视觉疲劳。好的商品在漂亮的装饰品的衬托下，会使人更加不愿意拒绝，有利于促进交易，这就是视觉营销的魅力所在。图1-7所示为天堂伞推广页面的视觉设计。

▲ 图1-6 "坚果系列"休闲食品的品牌形象宣传 ▲ 图1-7 天堂伞推广页面的视觉设计

高手支招 淘宝店与天猫店的装修方法与流程基本上差不多，装修后台没有多大区别。只是淘宝店是普通小店，而天猫店是商城精品店，装修出来更精美，视觉效果更好。

1.2 店铺页面设计：风格、色彩、布局

店铺页面装修设计主要包括风格设计、色调色彩的搭配、结构布局规划等，根据店铺销售的商品与行业特点，设计出个性化的店铺页面。

1.2.1 店铺风格设计

店铺风格是指买家对店铺页面的直观感受，即买家在浏览过程中所感受到的卖家品位、商品品质以及艺术氛围等。在店铺装修前，要确定店铺销售的商品所适合的风格，并合理使用色彩装修出精美的页面。

1. 店铺风格设计三大原则

对于店铺装修来说，首先，要确定店铺装修的整体风格，卖什么商品就必须找到适合本商品的装修风格，否则会给人一种不伦不类的感觉。其次，要统一店铺的装修风格，即店铺的各个页面和组成元素也应当与店铺的整体风格保持一致，这样才能使店铺有整体感。新手美工在进行店铺风格设计时要注意以下几个原则。

原则一：店铺风格要与主营商品风格相符。

面对不同消费群体的店铺，其装修风格也不尽相同。例如，女性类商品的店铺适合浪漫、时尚、可爱等风格，男性类商品的店铺适合黑白搭配、有金属质感的设计风格，而儿童

类商品的店铺则适合卡通风格。图1-8所示为某运动鞋店铺的设计，其风格轻松活泼，与其主营商品运动鞋风格是非常吻合的，体现了一种活泼、时尚、休闲的感觉。

原则二：合理使用色彩。

除了风格，色彩的搭配也很重要，风格的呈现往往离不开色彩的搭配。合理的色彩搭配不仅可以提升商品的品质和店铺的视觉效果，还可以提高店铺的转化率。

暖色系给人一种亲切感，具有很强的亲和力，如粉红色、鲜红色、鹅黄色等是很受女性喜欢的色彩，非常适合女士用品店及婴幼儿服饰店等。冷色系给人一种端庄肃穆的感觉，适合高档商务男装店铺等。另外，高档的饰品店（如手表、珠宝店）通常也使用冷色系来表现商品炫酷的质感和品质。图1-9所示为某化妆水店铺的设计，使用暖色系的色彩更能突出商品的品质。

▲ 图1-8　某运动鞋店铺的设计　　　　▲ 图1-9　某化妆水店铺的设计

原则三：风格要统一。

店铺的整体风格要一致。从店标、分类导航、店铺公告、计数器等元素到主页以及宝贝详情页面，应采用同一色系，要做到整体协调。不能页面采用的是潮流时尚风格，而店铺的背景音乐却是儿童歌曲。所有的元素都应该保持一致的风格，随意混搭是大忌。

当然，同一种商品类型也可以有不同的装修风格。例如，销售手表的店铺，优雅、高贵、时尚等风格都可以用，卖家可以根据自己的喜好来选择，如图1-10所示。

（a）适合青年人风格的设计　　　　（b）适合中年人风格的设计

▲ 图1-10　不同风格的手表店铺的设计

2．3步定位店铺风格

确定自己店铺的风格其实不难，一般3步就能搞定。

第1步：风格定位。

在设计店铺风格之前，首先需要根据店铺的商品和自己的喜好来确定店铺要装修成什么风格，是甜美风格，还是复古风格。

第2步：色系的确定。

风格确定后，再分析该风格适合用冷色系还是暖色系。如果是甜美风格，则可以使用暖色系。

第3步：颜色的选择。

经过前两步的筛选后，确认用哪种颜色就非常简单了。如何选择颜色可参考后面章节讲解的内容（第11章"网店色彩设计"）。

经过上述3步，整个店铺的风格及用色就确定下来了。

3. 常见的店铺风格

尽管店铺的装修风格多种多样，但只要根据店铺所属行业的属性来选用相应的色系，再根据店铺商品的特征来确定具体的风格，即可轻松定位店铺的装修风格。常见的店铺风格有以下几大类。

（1）充满活力的活泼风格。

这种风格具有一定的兴奋度，令人振奋，富有活力，能让人产生快乐的感觉。常用于食品、儿童玩具、家居用品、时尚运动用品等类别的店铺，代表颜色为橙色、黄色，如图1-11所示。

（2）神秘、高贵的优雅风格。

这种风格最能体现高贵奢华，常用于首饰、高端化妆品、手表、艺术品等类别的店铺，代表颜色为紫色，如图1-12所示。

▲ 图1-11 活泼风格

▲ 图1-12 优雅风格

（3）自然、健康的恬静风格。

这种风格给人很强的亲和力，能让人感到舒适，更能传达出健康的理念。常用于保健品、土特产、护肤品、儿童用品等类别的店铺，代表颜色为绿色，如图1-13所示。

▲ 图1-13　恬静风格

（4）科技、理性的严谨风格。

这种风格给人理智和冷静的感觉，用于表现沉静、可靠、博大的意象，常用于强调科技感和商务感等的店铺设计中，如数码产品、家用电器、清洁用品、医药品等类别的店铺，代表颜色为蓝色，如图1-14所示。

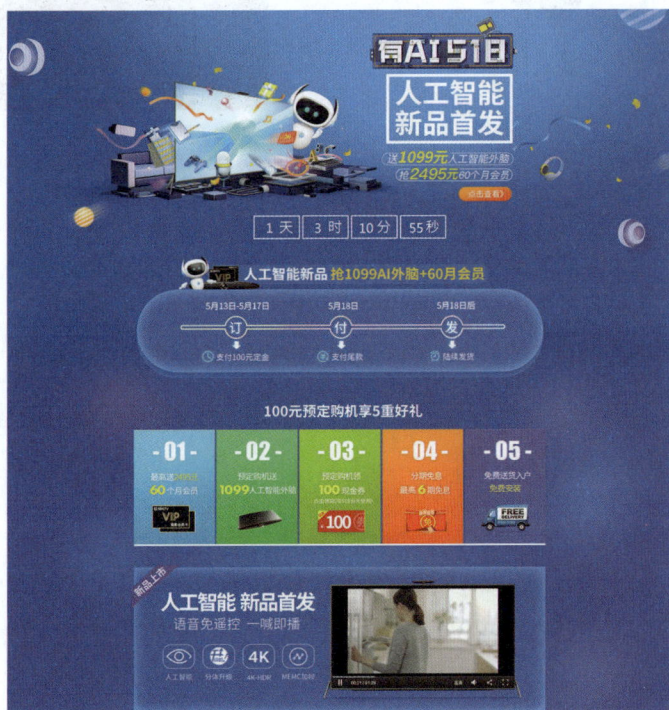

▲ 图1-14　严谨风格

（5）浪漫美好的甜美风格。

这种风格给人无比甜蜜的感觉，常用于女装、化妆品、饰品等类别的店铺，代表颜色为粉色，如图1-15所示。

（6）表现高质感和时尚感的黑白灰风格。

这种风格使用率非常高，具有独特个性，常用于家居用品、手表、小型电器等类别的店铺，如图1-16所示。

▲ 图1-15　甜美风格

▲ 图1-16　黑白灰风格

当然，店铺风格还可以从其他角度来划分，如划分为复古风格、韩流风格、文艺风格和清新风格等。

1.2.2　店铺色彩设计

一些卖家在装修店铺的时候，将一些时尚、酷炫的颜色全都用在店铺里，致使页面色彩杂乱。其实店铺在色彩搭配上是有讲究的，要有一个主色，然后适当地配上其他颜色加以衬托，这样才能形成良好的视觉效果，给买家营造一个愉悦的购物环境。

1. 确定主色

在确定店铺主色时，美工可以从以下3个方面考虑。

（1）店铺的Logo。

（2）店铺风格的关键词（见图1-17）。

（3）色彩学原理（第11章中具体讲解相关内容）。

酷炫　环保　科技
有激情
可爱　舒适
清新
天然　稳重
质感
鲜艳　简洁

▲ 图1-17　店铺风格的关键词

2. 搭配副色

根据选择的主色来选择副色，主副色搭配的方法如表1-1所示，其搭配效果如图1-18所示。

表1-1　主副色搭配的方法	
搭配方法	**特点**
互补法	对比强烈，夺人眼球
深浅法	增加层次感、景深感、空间感
冷暖色对比法	烘托气氛，表达情怀
无色与有色法	有效地进行视觉聚焦，使主体一目了然
花色与纯色法	缓解视觉疲劳，增加画面节奏感，突出视觉要点

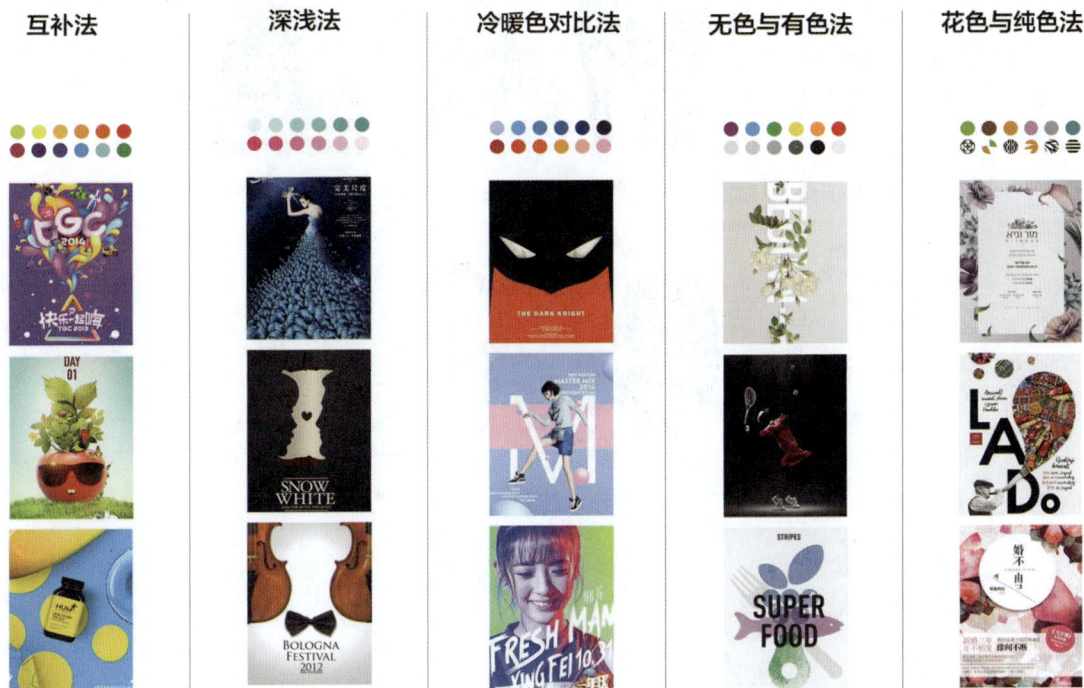

互补法	深浅法	冷暖色对比	无色与有色法	花色与纯色法

▲ 图1-18　主副色搭配效果

1.2.3 店铺布局设计

店铺布局通常指店铺的装修布局。店铺装修布局时，美工一般是在特定的布局排版模板基础之上根据板块填充相应的元素。

1. 店铺中典型的布局元素

一个完整的淘宝天猫店，一般包括店招、店铺公告、促销栏、分类导航、宝贝展示、客服旺旺、收藏店铺、购物须知等元素。图1-19所示为店铺中典型的布局元素。这些元素对大多数店铺来说并不是都能用上，但只要使用得当，它们就能给店铺带来一些意想不到的收获。

▲ 图1-19 店铺中典型的布局元素

2. 各元素的布局规则

店铺中的各元素不是随随便便地放置在店铺页面的任意位置，而是有一定的布局规则。例如，店招、店铺公告、分类导航、客服旺旺、计数器、联系方式等元素的布局规则如表1-2所示。

店铺元素	布局规则
店招	店铺的招牌，必须放在店铺的最上方，用来招揽买家，展示店铺的经营项目和特色
店铺公告	向买家展示店铺的最新商品和最新优惠政策的区域。普通店铺与旺铺的公告有所不同。在普通店铺中，公告通常位于店标下一行右侧的区域。在旺铺中，公告包含在促销栏中，其大小可以自定义。促销栏的宽度为730像素，高度可以自定义。店铺公告通常采用动态的表现形式，且最好将公告内容置于促销栏的左上方，因为这里正处于浏览者视野的正中央，最容易引起他们的注意
分类导航	店铺首页的分类导航可称为店铺内的"活地图"，买家可以利用它快速找到目标商品，大大节约购物时间。分类导航的宽度是固定的，高度可以自定义。分类导航的位置和结构样式由购买的装修模板决定，美工可以将分类导航设计成一些非常经典的按钮，以提高店铺的视觉效果
客服旺旺	买家跟卖家沟通的软件，设计在店铺首页上可方便买家联系卖家
计数器	通常最适合添加计数器的地方为店铺公告的底端（旺铺可在促销栏里添加）、商品的分类导航、描述模板的中间 建议不要在普通店铺的店铺公告里添加计数器，买家会因为计数器上浏览量少而打消购买商品的欲望。也不要在描述模板的底端添加，因为买家浏览到描述模板的底端时，他们所关注的是如何付款，基本上不会去看计数器，这时计数器可能会成为阻碍买家付款的因素
联系方式	在旺铺里，通常放在促销栏的右下角，这个位置符合人们的阅读习惯（署名、联系方式、日期等通常都是放在页面的右下角），在描述模板里将联系方式放在顶端或底端都可以。在普通店铺里，联系方式最好放在店铺公告、描述模板或分类导航的顶部

表1-2　店铺元素布局规则

高手支招　如果买家对商品有兴趣，点击首页上的"分类导航"按钮便可进入"宝贝描述"页面。"宝贝描述"页面的布局与使用的装修模板有关。在"宝贝描述"页面的顶部，可以设计一个表格，将宝贝的详细描述放在表格里，并配上相关图片，以及交易规则等。

在"宝贝描述"页面里一般不使用尺寸过大的图片，因为大尺寸图片会使网页打开的速度变慢，买家会因等待时间长而关闭该网页，从而造成客户流失。

3. 绘制大致的设计框架

通过对现有素材的整理、分类和买家的要求，美工可先初步确定各内容板块的布局，然后绘制出一个大致的设计框架。图1-20所示为淘宝店首页基本框架结构设计。

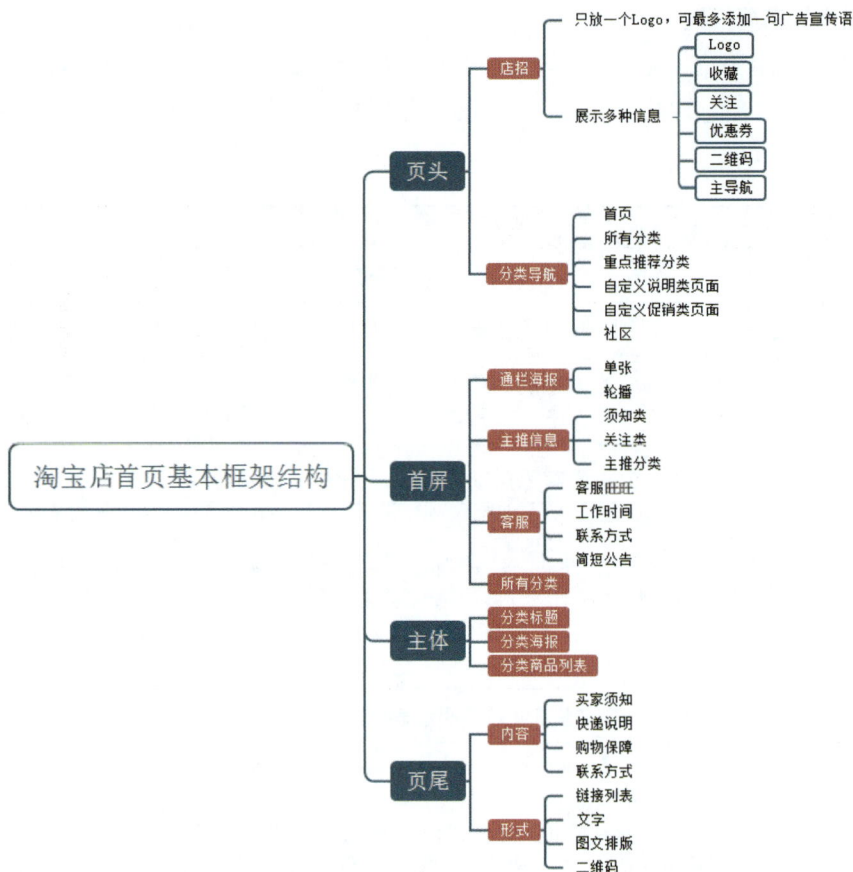

图1-20 淘宝店首页基本框架结构设计

1.3 店铺装修设计：图片、版式与广告

淘宝天猫美工最基本的工作就是对店铺进行装修和美化设计，其具体工作内容包括店铺宝贝图片的美化与处理、主图设计、版式设计、广告设计，以及商品演示视频的制作等。

1.3.1 图片美化与处理

美工不仅要熟练掌握基本的图片处理技能，还要会使用Photoshop等修图软件对店铺中的广告图片、商品图片进行美化与处理（如剪切、调色、抠图、合成等），如图1-21所示。

▲ 图1-21 商品图片美化与处理

> **高手支招** 非专业的美工，或者没有美工的卖家，还可以使用美图秀秀或者光影魔术手对图片进行简单的加工处理，因为这两款软件的使用都非常简单、快捷，能满足一般店铺图片处理的要求。

1.3.2 主图设计

主图是商品的流量入口，对店铺的引流起着至关重要的作用，一张好的主图可以为店铺带来极高的点击率。如何让自己店铺的主图在同类商品图片中"脱颖而出"呢？首先要选择拍摄效果最佳的商品图片；其次主图的版式设计要时尚、美观、有特色，能突显商品的特点；最后用色要准确，恰当的用色不仅可以带给买家视觉上的享受，还可以刺激买家的购买欲望。图1-22所示为某款玩具的主图设计。

▲ 图1-22 某款玩具的主图设计

1.3.3 版式设计

版式设计也是美工的日常工作内容，美工也需要掌握一些图文版式设计方法与技巧，这样才能制作出精美的图片。图1-23所示为某店铺促销图的版式设计。

▲ 图1-23 某店铺促销图的版式设计

1.3.4 广告设计

广告设计也是美工常做的一项工作，如设计首页的轮播广告、新产品的发布广告、节日广告，以及产品视频宣传广告等，如图1-24所示。

▲ 图1-24 广告设计

1.4 传达视觉营销：懂点运营知识，会点文案写作

随着电商行业的迅猛发展，店铺对美工的要求也发生了变化，如今的美工，不仅要有最基本的店铺装修技能，还要懂点运营知识，会点文案写作。

1.4.1 淘宝天猫美工要懂点运营知识

作为一名淘宝店或天猫店的美工，必须要懂得一些基本的运营知识，这样才能做出让运营推广人员满意的高质量、高点击率的主图，以及吸引买家眼球的个性十足的店铺装修效果，同时也可大大提高工作效率。

1. 常用店铺运营相关术语

在电商运营的工作中，运营人员跟美工交流时经常会用一些运营专用的术语，可是很多新手美工根本就不懂这些术语的意思。例如，运营人员经常会说宝贝详情页的转化率太低了，如果美工不知道什么是转化率，就找不到问题所在。下面给大家解析一些与电商美工工作相关性较强的运营专用术语。

（1）访客数。

访客数指统计周期内访问店铺页面或宝贝详情页的权重人数。即使同一个人在统计时间范围内访问多次也只计为一个访客。所有终端访客数为PC端访客数和无线端访客数相加之和的权重人数。实时计算过程中，店铺流量高峰阶段，可能会出现交易数据处理快于浏览数据，从而导致出现访客数小于支付买家数的情况。访客数的相关指数可在图1-25所示的"实时概况"页面中查看。

▲ 图1-25 "实时概况"页面中的访客数

（2）浏览量。

浏览量指店铺所有页面被访问的次数。同一个人在统计时间内访问几次就计为几次。店铺总浏览量等于PC端浏览量与无线端浏览量之和。浏览量的相关指数可在图1-26所示的"实时概况"页面中查看。

▲ 图1-26 "实时概况"页面中的浏览量

（3）跳失率。

跳失率指统计周期内，通过相应入口进入店铺且只浏览了店铺内一个页面的访客数占该入口总访客数的比例。跳失率的数值越小，表示该店铺或宝贝越受访客的喜欢。跳失率的相关指数可在图1-27所示的"流量分析"页面中查看。

（4）平均停留时长。

平均停留时长=店铺的所有访客总的停留时长÷访客数，单位为秒。

▲ 图1-27 "流量分析"页面

（5）点击次数。

点击次数指在统计时间内，商品展现后被点击的次数。

（6）点击率。

点击率指在统计时间内，商品展现后被点击的比率，即点击率=商品的点击次数÷商品的展现量×100%。

（7）详情页跳出率。

详情页跳出率指统计时间内，宝贝详情页跳出浏览量占宝贝详情页浏览量的比例，即访问次数中，跳出行为的访问次数所占比例。宝贝详情页跳出浏览量指宝贝详情页被访问后，没有跳转到店铺中其他页面的访问次数。详情页跳出率的相关指数可在图1-28所示的"商品分析"页面中查看。

▲ 图1-28 "商品分析"页面

（8）客单价。

客单价指统计时间内，支付金额占支付买家数的比例，即平均每个支付买家的支付金额。客单价的相关指数可在图1-29所示的"交易概况"页面中查看。

（9）点击转化率。

点击转化率指统计周期内，点击商品进入店铺的访客数占该商品展现次数的比例。

▲ 图1-29　"交易概况"页面

（10）下单转化率。

下单转化率指统计时间内，来访客户转化为下单买家的比例，即下单转化率=下单买家数÷访客数×100%。

（11）支付转化率。

支付转化率指统计时间内，支付买家数与访客数的比值，即支付转化率=支付买家数÷访客数×100%。

（12）描述相符评分。

最近180天描述相符评分=最近180天描述相符评分累计÷最近180天描述评分次数。在图1-30所示的"售后服务分析"页面中可以查看"描述相符评分"等指数。

（13）卖家服务评分。

如图1-30所示，最近180天卖家服务评分=最近180天卖家服务评分累计÷最近180天卖家服务评分次数。

（14）物流服务评分。

如图1-30所示，最近180天物流服务评分=最近180天物流服务评分累计÷最近180天物流服务评分次数。

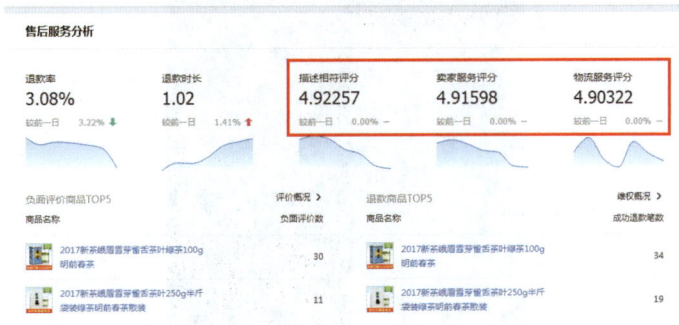

▲ 图1-30　"售后服务分析"页面

2．查看"装修分析"相关数据

影响店铺销售的数据有很多，电商美工只需熟悉与店铺装修和视觉设计相关的数据即可。那么，可以从哪里查看这些相关数据呢？

下面以查看店铺首页的"装修分析"为例，介绍查看店铺首页装修分析相关数据的方法，具体的操作步骤如下。

第1步 登录店铺，进入卖家中心，在"营销中心"模块中单击"生意参谋"选项，进入"生意参谋"页面，然后在页面顶部的导航中单击"经营分析"选项，在跳转的新页面左侧的"流量分析"模块中单击"装修分析"选项，在此页面中间单击"首页"栏后面的"点击分布"按钮，如图1-31所示。

▲ 图1-31 "装修分析"页面

第2步 进入"点击分布"页面，可以通过"按模块""按链接""热力图"3种方式来了解店铺首页的点击次数、点击人数和点击率的情况，也可单击"页面整体数据"查看更多数据，如图1-32所示。

▲ 图1-32 "点击分布"页面

热力图查看方式需要购买才能使用。

第3步 单击"点击分布"页面最下面的"页面整体数据"链接，弹出"首页数据"页面，在该页面中可以查看店铺首页每天的浏览量、访客数等数据，还可以单击右下角的"下载"按钮将数据下载保存到电脑中，如图1-33所示。

统计时段	浏览量	访客数	点击次数	点击人数	点击率	跳失率	平均停留时长
2017-04-16	64	54	77	36	120.31%	33.33%	74.14
2017-04-15	95	72	105	45	110.53%	37.50%	74.68
2017-04-14	117	89	143	51	122.22%	42.70%	113.4
2017-04-13	93	70	130	43	139.78%	38.57%	138.85
2017-04-12	112	87	155	57	138.39%	34.48%	117.01
2017-04-11	119	90	132	57	110.92%	36.67%	190.01
2017-04-10	112	81	148	61	132.14%	24.69%	129.29
2017-04-09	86	68	125	49	145.35%	27.94%	54.77
2017-04-08	114	87	146	59	128.07%	32.18%	108.48
2017-04-07	131	112	200	80	152.67%	28.57%	135.38
2017-04-06	110	86	130	57	118.18%	33.72%	63.01
2017-04-05	147	106	189	71	128.57%	33.02%	114.99
2017-04-04	84	68	104	36	123.81%	47.06%	130.77
2017-04-03	88	67	94	38	105.82%	43.28%	124.45
2017-04-02	61	50	42	31	68.85%	38.00%	118.95

当前页面点击分布所选日期　　　　　　　　　　　　　　　　　　　下载

▲ 图1-33　首页数据

3. 店铺装修数据分析

不会分析数据的美工不是好美工。一名专业的美工，要会用数据来衡量自己所做的设计的好坏。下面通过生意参谋中的"装修分析"功能分析店铺装修数据。

从"首页数据"页面中可以看出，店铺首页的一些关键数据：浏览量、访客数、点击次数、点击人数、点击率、跳失率以及平均停留时长，这些就是美工需要分析的店铺首页设计的数据。

店铺首页最重要的作用就是正确引导买家、缩短购物路径、提高购物体验。无论是首页的海报还是首页的橱窗宝贝，抑或是首页的分类导航，都只有一个目的，就是吸引或者引导访客点击，提高首页链接的点击率。

店铺中的每个数据都是相互影响的，首页链接点击率可以简单地理解为由首页到宝贝点击率和首页到分类页点击率组成，如图1-34所示。

首页到宝贝页点击率

根据数据了解首页单品点击率的占比，从而调整首页中橱窗宝贝或宝贝海报的位置

首页链接点击率
＝
点击次数÷浏览量

首页到分类页点击率

根据数据了解首页不同分类页的点击率，掌握不同时节买家的需求变化

▲ 图1-34　首页链接点击率的组成

由此可见，影响首页链接点击率的重要因素如下。

（1）个性化的视觉效果。

（2）清晰、便捷的购物导航路径，以及人性化的首页结构布局。

（3）具有创意和视觉效果精美的商品图片与海报设计。

（4）劲爆、实惠的店内促销活动。

（5）快速激发访客产生购买欲望的广告文案。

首页链接点击率越高，说明首页到宝贝页和分类页的点击率也越高，访客查看宝贝页和分类页的次数也越多，直接或间接到达宝贝详情页的访客就越多，商品成交转化的概率就越大。

首页跳失率=1-首页点击人数÷首页访客数×100%，表示在首页没有点击就直接离开页面的人数占首页访客数的比例，这个数值越小越好。

以上数据，对店铺首页设计的指导和评判都是至关重要的，通过对这些数据的分析，可以了解买家的浏览习惯和行为，才能更好地、有针对性地调整和改进店铺首页的设计。

> **高手支招** 电商美工对首页访客数的控制显得有些捉襟见肘。至于站外推广、站内推广引流就更不用说了，那是运营人员要做的事情。店铺装修得再漂亮、再有品位，如果不进行运营推广，就不会有太多的买家访问。相反，运营推广做得再好，买家进入店铺后，发现店铺无吸引人之处也会放弃继续浏览。因此，店铺装修和运营都是店铺不可缺少的一部分。

1.4.2 淘宝天猫美工要会点文案写作

任何一个淘宝店铺中，无论是新品上架，还是广告宣传，都少不了相关的文字说明，文字能让买家一目了然地了解商品的特点与功能。这里所说的文字，就是大家通常所说的电商文案。好的文案可以大大提高商品的点击率和转化率。

> **高手支招** 品牌大店都设有专业的文案职位，而中小网店中，美工没有与文案人员区分开来，因此，美工应当掌握一些文案的写作方法。

1. 电商文案的作用

电商文案对于淘宝店来说，有着举足轻重的作用。

（1）图文并茂，吸引买家。

淘宝店铺销售的是商品而不是图片，因此，商品图片上一般都有相关的说明文字，文字要能准确地表达出商品的特色和功能。如果只有漂亮的商品图片而没有说明文字，就显得很突兀，无法使买家了解商品的相关信息；如果只有说明文字而没有图片，则很难引起买家点击的兴趣。所以，两者缺一不可。

（2）突出卖点，精准导购。

好的电商文案不仅可以吸引买家的眼球，将商品的卖点展现得淋漓尽致，还能促使买家产生下单购买的欲望。

（3）彰显品牌，提升信任度。

专业的、富有创意的、真诚的文案与精美的商品图片搭配，不仅可以向买家传达商品信息，而且可以提升品牌信任度。

2. 电商文案的写作方法

（1）了解商品信息。

充分了解商品的基本信息是电商文案写作的前提，也只有在了解商品的相关信息后才可能从商品的特色、消费群体定位、材料特征以及卖点出发，提炼出文案的关键词。

（2）参考同行信息。

收集同类商品信息，参考借鉴同类商品的文案写作，根据自己商品的卖点和特色，扬长避短，创作出个性化的文案。

（3）了解商品受众。

写电商文案之前，必须先弄清商品的受众，通过细分目标市场，了解商品的消费群体。

（4）把握文案主题。

电商文案主题分为商品特点和折扣推销两类。商品特点主题文案是通过简短的说明文字准确地表达出商品的特点，以满足消费者的需求，如图1-35所示。折扣推销主题文案主要是以折扣让利等促销信息吸引消费者，如图1-36所示。

▲ 图1-35　商品特点主题文案　　　　▲ 图1-36　折扣推销主题文案

1.5　如何修炼美工的创意能力

创意是具有新颖性和创造性的想法，美工的创意能力是设计作品成功的关键。一般情况下，创意是建立在广告策划的指导之下，将创意元素进行组合、删减、转化、扩展等编辑加工，使其成为一个极富表现力的创造性作品。

创意能力与个人的工作经历、生活经验以及知识技能有关，生活中的所见所闻和对市场的观察与了解都是提升创意能力的源泉。美工可以从以下几个方面来修炼自己的创意能力。

1. 创意来源于生活的积累

从生活经验中得来的创意很容易被买家接受，引起买家思想上和领悟上的共鸣，如图1-37所示。

▲ 图1-37 创意来源于生活

2. 创意来源于对市场的了解

根据对市场的调查、研究，了解买家的需求，有针对性地面向更多消费群体，激发买家的购买热情，以获得市场的认可，如图1-38所示。

▲ 图1-38 创意来源于市场

充满创意的广告无疑给平淡的设计增添一股神奇的力量，在设计中遵循一定的思维模式，可以让设计水平提升到一个新的高度。设计的思维模式主要分为逻辑思维、形象思维、综合思维、逆向思维。

（1）逻辑思维。

逻辑思维指符合某种人为制定的思维规则和思维形式，有时也指遵循传统形式的思维逻辑方式。逻辑思维具有规范、严密、准确和可重复的特点，通常被广泛运用于广告设计中，如图1-39所示。

（2）形象思维。

形象思维具有生动性、直观性和整体性的优点，其产生往往离不开想象和联想。它以表象为材料，把握一般规律，创作出具有艺术美感的全新艺术形态，揭示事物的本质属性和结构关系等。图1-40所示为形象思维广告设计，一模型耳机广告设计，展现出犹如真人献唱般生动、真切的人体模型耳机。

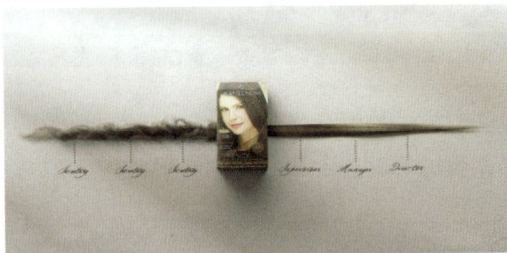

▲ 图1-39 逻辑思维广告设计

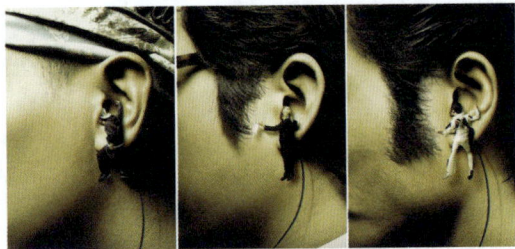

▲ 图1-40 形象思维广告设计

（3）综合思维。

综合思维是逻辑思维与形象思维的结合体，综合逻辑思维规范、严谨、准确和形象思维生动、形象等特点，取长补短，相辅相成。综合思维打破常规的思维碰撞、智慧对接模式，使设计从内容到形式都给人一种全新的感受，更富表现力。图1-41所示为综合思维广告设计——洁面膏广告设计，毛孔粗大会导致无社交、无爱情、无美丽……修补洁面膏能够解决这些烦恼！

（4）逆向思维。

逆向思维即"反其道而思之"，巧用主客置换的方式点明主题，让想法向对立面发展，从问题的相反面深入地进行探索，树立新思想，创立新形象。逆向思维运用于广告设计之中，通常会得到出人意料的结果，带来耳目一新的感觉。如图1-42所示，专业的防晒系统就像每时每刻都有大树相伴，为你遮阴，让你尽享户外阳光。

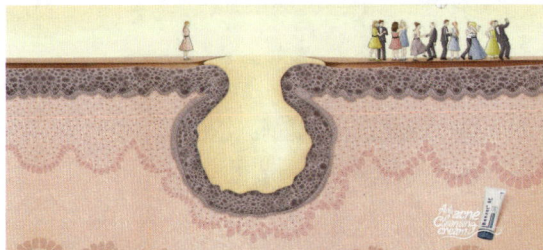

▲ 图1-41　综合思维广告设计

▲ 图1-42　逆向思维广告设计

第2章
图像处理与海报设计

Photoshop是一款优秀的图像处理软件，它不仅具有强大的图像处理功能，还能设计、制作精美而逼真的三维场景。因此，它广泛应用于广告设计、包装设计、数码照片处理、三维效果图后期处理、游戏制作、漫画制作和网页设计等方面。本章将介绍Photoshop图像处理软件在电商行业的使用方法与技巧。

本章学习要点 ● ● ●

- ✪ 调整图像的大小
- ✪ 裁剪图像
- ✪ 旋转图像
- ✪ 调整模糊的图片
- ✪ 调整对比度
- ✪ 还原图片色彩
- ✪ 使用污点修复画笔工具 除去图片上的污点

- ✪ 使用抠图利器轻松抠图
- ✪ 人像图片的美化处理
- ✪ 图片特殊效果处理
- ✪ 制作店铺海报

网上开店 赚钱不难

2.1 "小"处理凸显"大"效果

众所周知，淘宝卖家拍摄的商品图片通常是不能直接使用的，为了让自己的宝贝更有卖相，即使拍摄得再好的商品图片，一般也都需要经过图像处理软件进行加工处理后才能上传到店铺中。

扫码看视频

2.1.1 调整图片大小以符合所需的尺寸

淘宝店铺中有很多不同类型的图片，如店头广告图片、宝贝展示图片、宣传海报图片等，这些图片的尺寸大小各不相同，美工必须使用图像处理软件将拍摄的各类图片进行后期加工处理，以符合所需的尺寸要求。

第1步 打开图像。

（1）启动Photoshop软件，选择"文件"→"打开"命令，或者双击图像窗口中的空白处，即可快速弹出"打开"对话框，如图2-1所示。

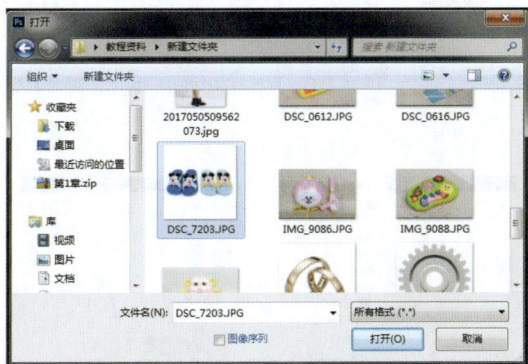

▲ 图2-1 "打开"对话框

高手支招 按【Ctrl】+【O】组合键也可以弹出"打开"对话框。

（2）在弹出的对话框中选择需要更改尺寸的图片，单击"打开"按钮便可打开图像，如图2-2所示。

▲ 图2-2 打开图像

第2步 设置"图像大小"参数。选择"图像"→"图像大小"命令，在弹出的"图像大小"对话框中设置参数。为了保证图像不变形，先勾选"缩放样式""约束比例""重定图像像素"3个复选框，然后将宽度参数由3000像素修改为1000像素，最后单击"确定"按钮，如图2-3所示。

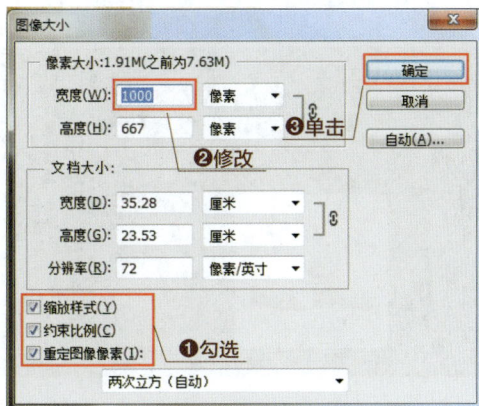

▲ 图2-3 "图像大小"对话框

2.1.2 "剪"出来的视觉之美——裁剪出最佳视角的图片

在展示宝贝图片时，很多时候只需要展

27

示图片的某一部分，这时便可以使用
Photoshop 的裁剪工具对其进行裁剪处理，以
最佳视角来展示商品。裁剪方法如下。

第1步 打开图像。启动Photoshop软件，
再打开需要裁剪的素材图像，如图2-4所示。

▲ 图2-4 素材图像

第2步 选择裁剪工具。从工具栏中选择
"裁剪工具" ⬚，也可以按【 C 】键（在英
文输入状态下）。

第3步 绘制裁剪区域。将鼠标指针移动
到图像上，按住鼠标左键不放并拖曳鼠标指
针，绘制需要裁剪的区域，如图2-5所示。

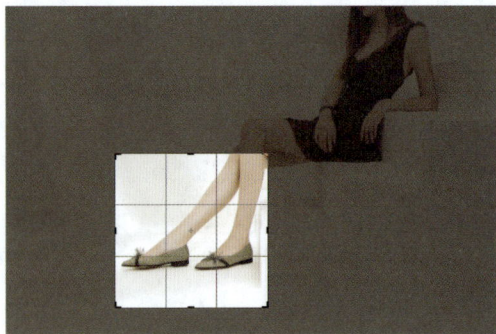

▲ 图2-5 绘制裁剪区域

高手支招 可以通过拖曳矩形框的4条边来调整裁
剪图像区域的位置及大小。

第4步 确认裁剪。调整好裁剪位置和大
小后，按【 Enter 】键确认裁剪，裁剪后的效

果如图2-6所示。

▲ 图2-6 裁剪后的效果

2.1.3 "拨乱反正"——调整倾斜的图片

在拍摄的商品图片中，常常会发现有些商
品图片发生了倾斜，此时可以通过Photoshop软
件对图片进行角度调整。调整倾斜的图片的
操作步骤如下。

第1步 显示网格。在Photoshop软件中打开
需要调整角度的图片，然后在菜单栏中选择
"视图"→"显示"→"网格"命令，如图
2-7所示。

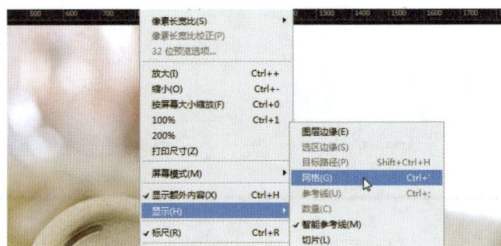

▲ 图2-7 选择"网格"命令

高手支招 按【 Ctrl 】+【 ' 】组合键，同样可以显
示网格。

第2步 复制图层。在"图层"面板中
的背景图层上右击，在弹出的快捷菜单中
选择"复制图层"命令，在弹出的"复制

图层"对话框中单击"确定"按钮，即可复制一个图层，如图2-8所示。

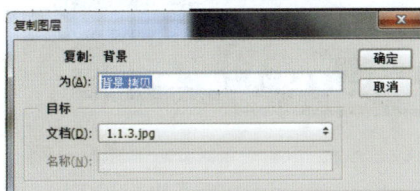

▲ 图2-8　"复制图层"对话框

高手支招 按【Ctrl】+【J】组合键可以快速复制图层。

第3步 调整角度。选择"编辑"→"自由变换"命令，也可以按【Ctrl】+【T】组合键，图片周围即可出现变形框，然后将鼠标指针移到图片的4个角附近，当指针显示为弧形双向箭头时按住鼠标左键不放并进行拖曳，拖曳时观察商品边缘与网格线是否水平或垂直对齐，如图2-9所示。

▲ 图2-9　调整角度

第4步 确认调整。对齐之后释放鼠标左键，确认无误后按【Enter】键完成操作，调整后的效果如图2-10所示。

▲ 图2-10　调整后的效果

2.2 还原图片"真身"

在实际拍摄中，由于拍摄光线、拍摄环境、拍摄技术等问题，造成拍摄的商品图片有一些缺陷。例如，图片有噪点、杂色、污点，不清晰，颜色失真，色彩偏暗等，这时只有使用图像处理软件进行处理后才能使用。下面就介绍如何使用Photoshop软件进行后期处理，将图片还原到真实效果。

扫码看视频

2.2.1 使用"USM锐化"命令让模糊图片的细节更清晰

在拍摄商品图片的过程中，由于焦距或曝光度等原因会造成拍摄的图片模糊。此时可以使用Photoshop软件进行处理，以达到所需的清晰度。下面介绍一个最简单的处理方法，即使用"USM锐化"命令，图片调整前后的效果对比如图2-11所示。

▲ 图2-11 图片调整前后效果对比

第1步 设置图片模式。打开需要调整清晰度的图片，选择菜单栏上的"图像"→"模式"→"Lab颜色"命令，如图2-12所示。

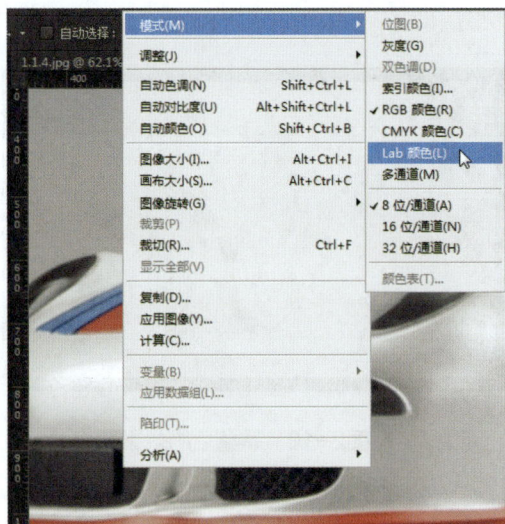

▲ 图2-12 设置图片模式

第2步 复制图层。在"图层"面板中的背景图层上右击，在弹出的快捷菜单中选择"复制图层"命令，也可以按【Ctrl】+【J】组合键复制图层。

第3步 设置滤镜。选择"滤镜"→"锐化"→"USM锐化"命令，在弹出的"USM锐化"对话框中设置参数（数量、半径、阈值），单击"确定"按钮，如图2-13所示。

▲ 图2-13 设置"USM锐化"参数

第4步 设置图层模式。在"图层"面板中，将图层模式设置为"柔光"，然后根据情况设置图层的"不透明度"，这里设置为60%，如图2-14所示。

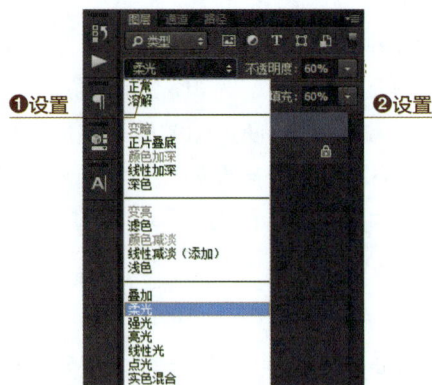

▲ 图2-14 设置图层模式及不透明度

如果图片还没有达到想要的效果，可以再次尝试复制相应的图层并进行参数设置，直到达到理想的效果为止。

2.2.2 使用"亮度/对比度"命令调整对比度，让图片主题更突出

在实际拍摄中，有些图片明暗细节对比不是很强，整个图片曝光不足，看起来很没有层次感，而且还感觉图片灰蒙蒙的，这时可以通过调整图片的亮度/对比度，让图片看起来更有层次感，主题也更加突出，调整前后的效果对比如图2-15所示。

▲ 图2-15 图片调整前后效果对比

具体的操作步骤如下。

第1步 执行"亮度/对比度"命令。打开一张需要调整亮度/对比度的图片，在菜单栏中选择"图像"→"调整"→"亮度/对比度"命令，在弹出的"亮度/对比度"对话框中，分别设置"亮度"和"对比度"参数，如图2-16所示。

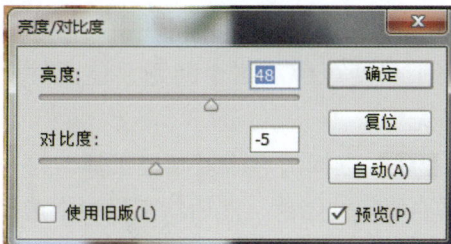

▲ 图2-16 设置"亮度/对比度"参数

第2步 调整完成。单击"确定"按钮，调整后的效果如图2-17所示。

▲ 图2-17 调整后的效果

2.2.3 使用"曲线"命令让图片色彩更真实

拍摄商品图片时，经常会用到白色的背景，但实际拍摄出来的图片中的白色背景并不白，而且商品的颜色也发生了变化，这时可以通过"曲线"命令来调整，使白色更白，商品颜色更真实。

第1步 打开素材图片。打开一张需要调

整颜色的图片,如图2-18所示。

▲ 图2-18 打开素材图片

第2步 设置白场。按【Ctrl】+【M】组合键,在弹出的"曲线"对话框下方,选择最右边的吸管选项,然后将鼠标指针移动到图片上,单击白色区域进行取样,设置白场。这时图片中白色的区域会变得更白。如果效果不理想,可以重新取样,直到达到理想效果,如图2-19所示。

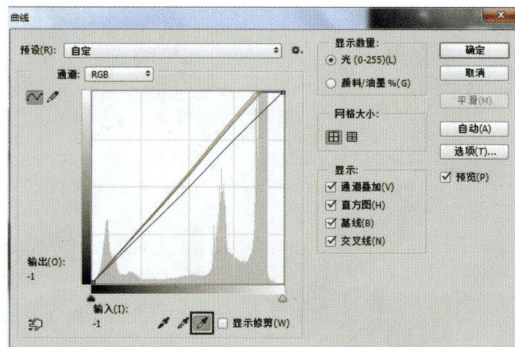

▲ 图2-19 设置白场

第3步 设置黑场。在"曲线"对话框下方,选择最左边的吸管选项,然后将鼠标指针移动到图片上,单击黑色区域进行取样,设置黑场。这时图片中黑色的区域会变得更黑。如果效果不理想,可以重新取样,直到达到理想效果,如图2-20所示。

第4步 确认设置。通过以上操作之后,可以明显地发现整张图片的明暗对比更强

烈,色彩更鲜艳,黑白区域更加分明,单击"确定"按钮确认设置,调整后的效果如图2-21所示。

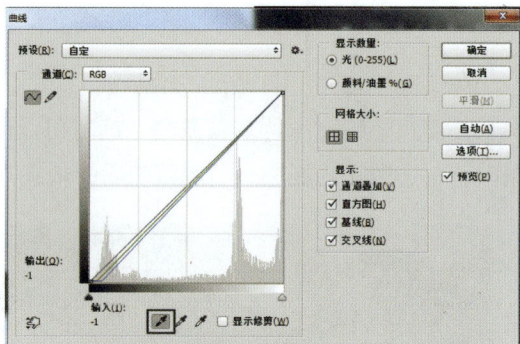

▲ 图2-20 设置黑场

▲ 图2-21 调整后的效果

2.2.4 使用污点修复画笔工具除去污点让图片更洁净

很多时候拍摄出的商品图片都会有污点瑕疵,通过Photoshop软件中的污点修复画笔工具便可解决这个问题,让图片变得洁净无瑕。

第1步 选择污点修复画笔工具。打开一张需要修复的图片,然后从工具栏中选择污点修复画笔工具,也可以按【J】键来选择(在英文输入状态下),如图2-22所示。

第2步 设置画笔。在画笔工具上右击,在弹出的属性面板中设置画笔的大小等参数,如图2-23所示。

▲ 图2-22 选择污点修复画笔工具

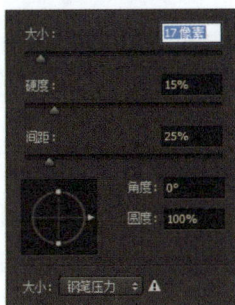

▲ 图2-23 设置画笔参数

高手支招 也可以按【Alt】键+鼠标右键，同时左右拖曳鼠标指针可调整画笔的大小，上下拖曳鼠标指针可调整边缘羽化程度，如图2-24所示。

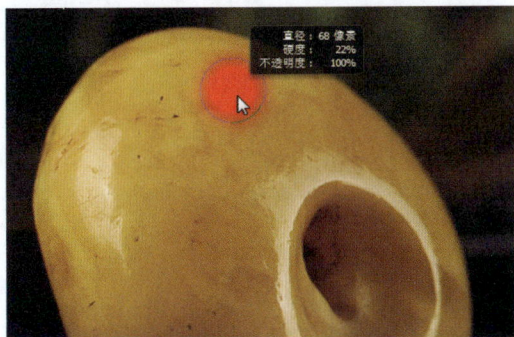

▲ 图2-24 调整画笔

在画笔的属性栏上有"近似匹配""创建纹理""内容识别"3种修复类型，不同类型有不同的效果，一般默认选择"内容识别"修复类型，如图□□□所示。

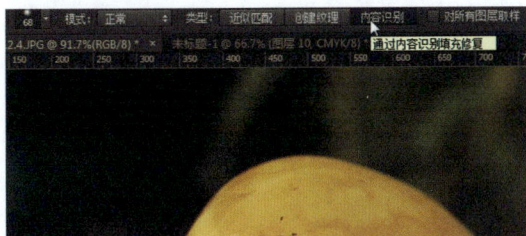

▲ 图2-25 选择"内容识别"修复类型

第3步 修复污点。设置完画笔属性后，将鼠标指针移动到污点位置，直接单击，即可修复污点，修复污点后的效果如图□□□所示。

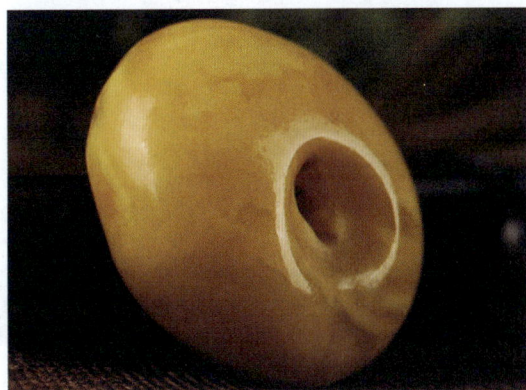

▲ 图2-26 修复污点后的效果

2.3 使用抠图利器轻松抠图

"抠图"是图像处理中最常用的技法之一，也是每个图像处理人员必备的技能。□□□□□□图像处理软件中常用的抠图方法有使用魔棒工具、磁性套索工具直接抠图，或者使用钢笔工具、通道，以及蒙版间接抠图。

扫码看视频

2.3.1　使用魔棒工具抠取色彩比较单一的图像

在图像处理过程中，对于色彩比较单一的图片，如背景颜色或者要抠取的内容的颜色是一种颜色，利用Photoshop软件的魔棒工具便可快速地将所需图像从背景中抠取出来。

第1步 解除锁定图层。①打开图片素材，如图2-27所示。②在"图层"面板中双击背景图层，在弹出的"新建图层"对话框中单击"确定"按钮，如图2-28所示，解除锁定（这时锁就消失了）。

▲ 图2-27　打开图片素材

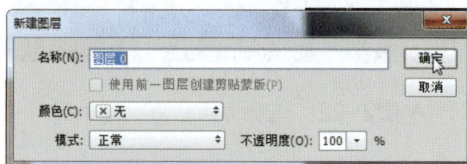
▲ 图2-28　"新建图层"对话框

> **高手支招** 通过上述方法可以将不可编辑的背景图层转化成可编辑的图层，同时可以看到锁定图层右侧的小锁消失了。

第2步 设置魔棒工具及相关参数。单击工具栏中的"魔棒工具"，也可以按【W】键来选择（在英文输入状态下），在魔棒工具的属性栏中设置魔棒工具的相关参数，如图2-29所示。

▲ 图2-29　设置魔棒工具的相关参数

> **高手支招** ①魔棒工具的属性栏中有4个关于选区操作的按钮 ，它们分别是新选区、添加到选区、从选区减去、与选区交叉。
> ②容差就是容忍差别程度，它是魔棒工具最重要的参数。如果容差值设得很高，在白色上点一下，那么灰色、黄色等接近白色的区域也会被选取。如果容差值设得很低，那么只能选取与单击区域颜色相同的颜色区域。容差值的大小可根据实际情况进行设置。

第3步 设置好容差参数后，使用魔棒工具在图片的背景颜色上单击，便可选择所有背景颜色，如图2-30所示。

第4步 按键盘上的【Delete】键，删除选定的区域，效果如图2-31所示。

▲ 图2-30　选择所有背景颜色

▲ 图2-31　删除选定的区域

高手支招　如果容差值设置大了，把要保留的部分也选取了，此时可按【Ctrl】+【D】组合键取消选区，然后把容差值调小，再重新选取，其中不连续的地方要反复用魔棒工具重新选择后删除，直至把要抠取的图像边沿全部删除（或用【Shift】键全部选择边沿后一起删除）。另外，最后将抠除背景的图片保存为PNG格式，因为其他格式不支持透明图像。

2.3.2　使用磁性套索工具抠取轮廓与背景颜色对比强烈的图像

使用磁性套索工具抠取图像是新手美工必须掌握的抠图方法。磁性套索工具适合用于抠取轮廓与背景颜色对比强烈的图像，尤其在两者颜色差别较大的时候，只需要沿着图像轮廓移动鼠标指针，该工具就会自动绘制轮廓选区。下面介绍用磁性套索工具抠图的方法。

第1步　解除锁定图层。打开图片素材，在"图层"面板中双击背景图层，在弹出的"新建图层"对话框中，单击"确定"按钮，如图2-32所示，解除锁定（这时锁就消失了）。

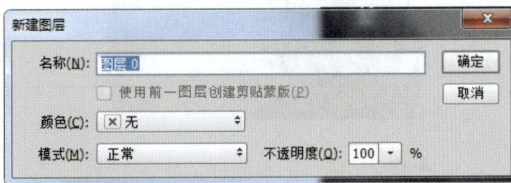

▲ 图2-32　"新建图层"对话框

第2步　选择磁性套索工具。单击工具栏中的磁性套索工具，也可以按【L】键来选择（在英文输入状态下），如图2-33所示。

▲ 图2-33　选择磁性套索工具

高手支招　在抠图之前可以先选择添加选区，设置羽化值，这样抠取出来的图像不会产生锯齿，基本上不用再处理边缘。羽化的作用就是使抠取出的图像边缘变得更加自然，不那么生硬。为了使轮廓线更平滑，羽化值一般设置为1~5像素，最后记得勾选"消除锯齿"复选框，其他属性值可根据实际情况来设置。

第3步　开始抠图。在属性工具栏中设置参数，先单击确定起点，然后沿着边缘的路线移动鼠标指针进行单击勾轮廓。在商品轮廓某处单击后，沿着轮廓移动鼠标指针，此时会根据色差自动确定选界点，也称为锚点，注意一定不要将选界点落到商品上，而应落在商品的边缘，如图2-34所示。

▲ 图2-34 沿着商品边缘勾轮廓

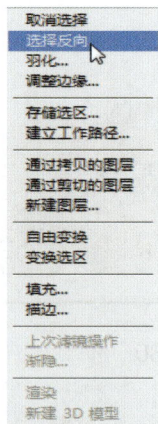

▲ 图2-35 选择"选择反向"选项

高手支招 磁性套索工具各参数的含义。

● 宽度。"宽度"数值框中可输入0～40的数值，对于某一给定的数值，磁性套索工具将以当前用户鼠标指针所处的点为中心，以此数值为宽度范围，在此范围内寻找对比强烈的边界点作为选界点。

● 对比度。它控制了磁性套索工具选取图像时边缘的反差。可以输入0～100%的数值。输入的数值越高，磁性套索工具对图像边缘的反差越大，选取的范围也就越准确。

● 频率。它对磁性套索工具在定义选区边界时插入的定位锚点的多少起着决定性的作用。可以在0～100之间选择任一数值输入，数值越高，插入的定位锚点就越多，反之定位锚点就越少。

▲ 图2-36 删除反选区域

高手支招 在Photoshop软件中使用磁性套索工具抠图其实很简单，只要调整好磁性套索工具的宽度、对比度和频率这些参数即可。建议抠图的时候，最好调整一下羽化值，羽化值大小可根据实际需求来设置。另外，如果要对抠取出来的图像进行修改，最好先复制图层再修改，这样就不会破坏原图的效果。

第4步 选择反向。轮廓勾完之后，将鼠标指针移动到开始的位置，当出现小圆圈的时候单击鼠标左键闭合选区，然后右击，在弹出的快捷菜单中选择"选择反向"命令，如图2-35所示。

第5步 抠图完成。反选操作之后，按键盘上的【Delete】键，即可把反选的背景区域删除，效果如图2-36所示。

2.3.3 使用钢笔工具抠取具有折点直线或折点曲线的图像

Photoshop软件中的钢笔工具是美工必须掌握的重要抠图工具。使用Photoshop软件的钢笔工具可以快速地创建路径并将其转化为选区。当图像的边缘是折点直线或是折点曲线时，非常适合使用钢笔工具抠图。一旦掌握了钢笔工具的使用方法之后，便会发现这个工具妙不可言。下面通过一个简单的案例来学习钢笔工具的抠图技巧。

第1步 打开素材图片，按【Ctrl】+【J】组合键复制一个新图层"图层1"。从工具栏中选择钢笔工具，或者按【P】键（在英文输入状态下）来选择钢笔工具，如图2-37所示。

▲ 图2-37 选择钢笔工具

第2步 单击属性栏中的路径图标，使用钢笔工具绘制路径时可以适当将图像放大，以方便操作。使用钢笔工具单击添加起始锚点，沿着汽车边缘再单击添加第2个锚点，按住鼠标左键拖曳锚点，就会出现一对控制操作杆，用于调节两锚点之间的弧度，使线条尽可能地贴合汽车边缘。这是使选择路径光滑的关键操作，只要和汽车边缘的弧度贴合就可以松开鼠标左键了，如图2-38所示。

▲ 图2-38 勾选汽车边缘

高手支招 按住键盘上的【Alt】键，同时滚动鼠标滚轮，即可放大图片。放大图片的目的是为了更加方便地绘制路径。

第3步 将鼠标指针放到路径上，当鼠标指针旁边出现"+"号时，单击鼠标左键可

添加锚点。将鼠标指针放到锚点上，当鼠标指针旁边出现"−"号时，单击该锚点即可删除锚点。当锚点位置没在商品轮廓边缘上时，可按着【Ctrl】键不放，将鼠标指针放到锚点上，按住鼠标左键拖曳鼠标指针调整锚点位置，如图2-39所示。

▲ 图2-39 调整锚点位置

高手支招 为了不让方向线影响路径的走向，按住【Alt】键，然后使用钢笔工具在第2个锚点上单击，此时便会取消一个方向线。在绘制的过程中，如果有一步绘制错了，可以按【Ctrl】+【Alt】+【Z】组合键进行撤销。

第4步 使用钢笔工具按照上面介绍的方法绘制完成整个路径，得到汽车整体的轮廓路径，然后单击鼠标右键，在弹出的快捷菜单中选择"建立选区"命令或者按【Ctrl】+【Enter】组合键，将路径转换为选区，如图2-40所示。

▲ 图2-40 选择"建立选区"命令

第5步 在选区状态下按【Ctrl】+【J】组

合键新建图层"图层2"，在"图层"面板中关闭"背景"和"图层1"图层的眼睛图标，抠图完成后的效果如图2-41所示。

▲ 图2-41 抠图完成后的效果

看看最后的效果图，汽车的轮廓都已经抠出来，而且图像也处理得很圆滑，但是仔细观察后发现汽车的透明玻璃部分没有处理好，还有一些背景也没处理好，关于这部分的处理我们会在后面的蒙版抠图中再详细讲解。

2.3.4 使用通道抠取透明体或毛发类图像

通道抠图是一种高级的抠图技法。美工多用通道来抠取透明体或者毛发（头发丝）这一类物体。

通道抠图主要利用图像的色相差别或者明度差别。通道其实就是选区，建立通道就是建立选区，修改通道就是修改选区，通道中不同的颜色可形成不同的选区。

利用通道抠图，必须了解有关通道的一些基础知识。

（1）图片明暗的反差越大，就越好抠图，黑色和白色的反差是最明显的。

（2）提高图片的明暗反差的方法。在RGB模式的图像中，有红、绿、蓝3个通道，可以选择3个通道中明暗反差最大的通道，然后用色阶来辅助将此通道变成黑白图，这样就能轻易地得到想要的素材了。

扫码看视频

在通道里，白色代表有，黑色代表无，通道是由黑、白、灰3种亮度来显示的。如果想将图中某部分抠取出来，即做选区，可在通道里将这一部分调整成白色。

在Photoshop软件中新建一个文档，绘制任意选区，然后在通道里保存选区，可发现该选区是白色的。

下面通过使用通道抠取人物头发的实例来介绍使用通道抠图的技巧与方法。

第1步 打开素材图片，如图2-42所示。

▲ 图2-42 打开素材图片

第2步 选择及复制通道。打开"通道"面板，先在红、绿、蓝3个通道中选择一个明暗对比较明显的通道，这里选择蓝色通道，关闭其他通道，在蓝色通道上单击鼠标右键，在弹出的快捷菜单中选择"复制通道"命令，此时弹出"复制通道"对话框，单击"确定"按钮，如图2-43所示。

▲ 图2-43 复制通道

第3步 调整色阶。从菜单栏中选择"图像"→"调整"→"色阶"命令，或者按【Ctrl】+【L】组合键，然后设置黑场和白场。先设置白场，在图像中较浅的区域单击，再设置黑场，在图像中需要保留的区域单击，可重复操作色阶，使黑白场达到最佳效果，以此来将图像中人物和背景的色调分离出来，如图2-44所示。

▲ 图2-44 调整色阶

第4步 画笔涂抹。用画笔工具将人物中的白色涂抹成黑色，背景可用画笔涂抹成白色（注意画笔不要太软或太硬），也可以用色阶中的白场，如图2-45所示。

▲ 图2-45 画笔涂抹

第5步 载入选区。①单击"蓝拷贝"通道下面的"将通道作为选区载入"图标，或者按住【Ctrl】键单击，选中通道图层的缩略图。②单击"蓝拷贝"通道前面的眼睛图标，关闭"蓝拷贝"通道，然后打开其他通道的眼睛图标，如图2-46所示。

第6步 完成抠图。①再回到"图层"面

板，选择左侧工具栏中的框选工具，在图像窗口中单击鼠标右键，在弹出的快捷菜单中选择"选择反向"命令。②按【Ctrl】+【J】组合键复制一个新图层，将人物选取出来，关闭背景图层，这样人物就抠取出来了，效果如图2-47所示。

▲ 图2-46 载入选区

▲ 图2-47 抠图完成后的效果

2.3.5 使用蒙版抠取边缘复杂的图像

扫码看视频

Photoshop蒙版是将不同灰度色值转化为不同的透明度，并作用到它所在的图层，使图层不同部位的透明度产生相应的变化。黑色为完全透明，白色为完全不透明。利用这一性质，可以把不需要的背景部位遮挡起来，只显示图像，不显示背景，就像是背景被删除一样，从而起到与抠图相同的效果。

与其他抠图工具相比，Photoshop蒙版具有以下优点。

（1）修改方便，不会因为使用橡皮擦或剪切、删除操作而造成遗憾。

（2）可使用不同滤镜，以产生一些意想不到的效果。

（3）任何一张灰度图都可作为蒙版。

使用蒙版抠取图像的操作步骤如下。

第1步 打开素材。打开素材图片，如图2-48所示。

▲ 图2-48 打开素材

第2步 抠出玻璃窗。先用钢笔工具将汽车的玻璃窗抠出来，然后单击鼠标右键，在弹出的快捷菜单中选择"建立选区"命令，或者按【Ctrl】+【Enter】组合键，将路径转化为选区，如图2-49所示。

▲ 图2-49 选择"建立选区"命令

第3步 选择反向。根据蒙版原理，蒙版的灰度影响图层的透明度，保持选区状态，用左侧工具栏中的选框工具，在图像窗口中单击鼠标右键，在弹出的快捷菜单中选择

"选择反向"命令，如图2-50所示。

▲ 图2-50 选择"选择反向"命令

第4步 创建蒙版。在"图层"面板中单击"添加图层蒙版"按钮，此时汽车的玻璃窗已经全部被遮住了，如图2-51所示。

▲ 图2-51 创建蒙版

第5步 设置灰度。①按住键盘中的【Ctrl】键，单击"图层"面板中的蒙版缩略图，载入选区。②用左侧工具栏中的选框工具，在图像窗口中单击鼠标右键，在弹出的快捷菜单中选择"选择反向"命令。③将前景色设置为灰色，单击"确定"按钮，如图2-52所示。

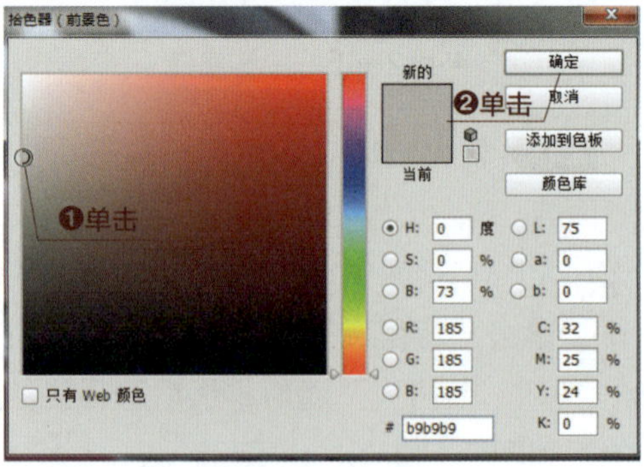

▲ 图2-52 设置灰度

不同程度的灰度会有不同的透明效果，越黑透明效果越明显，越白透明效果越不明显。

第6步 调整透明度。选择画笔工具，在蒙版上用画笔工具涂抹不同程度的灰度来调整透明度，完成后的效果如图2-53所示。

▲ 图2-53　调整透明度后的效果

2.4　人像图片的美化处理

在拍摄完人物图片后，往往会发现人物图片存在一些或多或少的瑕疵，如脸部有斑点、有痘痘或某些部位显胖等，这些问题都可以通过Photoshop软件处理好。Photoshop软件的修复工具有多种，但是常用来修复人物皮肤的是仿制图章工具和修补工具，这两种修复工具都较容易上手。

扫码看视频

2.4.1　使用仿制图章工具修复斑点

仿制图章工具主要用于修复人物图片中的细节或者瑕疵，如斑点、发丝等问题，修补工具主要用于修改有明显裂痕或者大面积皱纹等情况。下面介绍用仿制图章工具修复斑点的方法。

美化前后的效果对比如图2-54所示。

▲ 图2-54　美化前后效果对比

第1步 打开图片文件。启动Photoshop软件，从图库中选出一张需要修复斑点的图片，如图2-54的左图所示。按【Ctrl】+【J】组合键复制背景图层，如图2-55所示。

第2步 选择仿制图章工具。选择工具栏中的仿制图章工具，也可以按【S】键（在英文输入状态下）进行选择，如图2-56所示。

▲ 图2-55 复制背景图层

▲ 图2-56 选择仿制图章工具

第3步 图章取样。根据情况设置不透明度，将鼠标指针移动到皮肤无斑点的区域，按住【Alt】键不放并单击取样，如图2-57所示。

▲ 图2-57 图章取样

第4步 修复斑点。释放鼠标左键，将鼠标指针移动到皮肤有斑点的位置，单击鼠标左键，即可覆盖有斑点的区域，如图2-58所示。

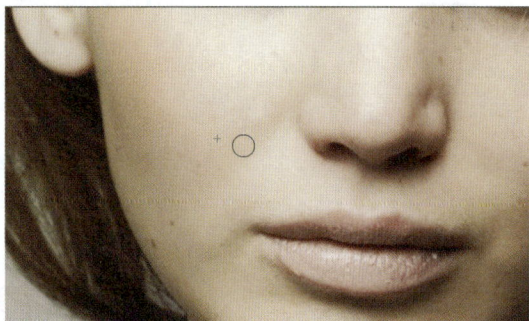
▲ 图2-58 修复斑点

第5步 修复所有斑点。重复以上操作，使用仿制图章工具修复人物脸部所有的斑点、痘印，修复后的效果如图2-54的右图所示。

2.4.2 使用修补工具修补瑕疵

修补工具可以用其他区域或图案中的像素来修补选中的区域。像修复画笔工具一样，修补工具会将样本像素的纹理、光照和阴影与源像素进行匹配，修补有明显裂痕或污点等有缺陷或者需要更改的图像。下面介绍用修补工具修补瑕疵的方法。

修补前后的效果对比如图2-59所示。

第1步 打开图片文件。启动Photoshop软件，从图库中选出一张需要修补的图片，如图2-59左图所示。按【Ctrl】+【J】组合键复制背景图层，如图2-60所示。

▲ 图2-59 修补前后效果对比

第2步 选择修补工具。选择工具栏中的修补工具，也可以按【J】键（在英文输入状态下）进行选择，在属性栏中设置修补方式为"源"，如图2-61所示。

▲ 图2-60 复制背景图层

▲ 图2-61 选择修补工具

高手支招 修补方式为"源"，表示将污点选区选择并拖曳到完好区域实现修补。修补方式为"目标"，则表示将选取盖住污点区域的选区拖曳到污点区域，盖住污点实现修补。

第3步 绘制修补区域。按住鼠标左键不放，在脸部有瑕疵的地方拖动鼠标指针绘制修补区域，释放鼠标左键后，绘制的区域就变成了选区，如图2-62所示。

部没有瑕疵的相似区域，如图2-63所示，释放鼠标左键即可修补。选区的瑕疵修补完成后，按【Ctrl】+【D】组合键取消选区。

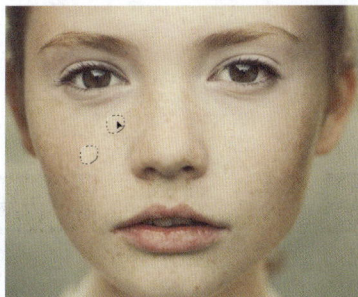

▲ 图2-63 修补瑕疵

第5步 修补完成。重复以上操作，修补脸部所有有瑕疵的地方，最终修补效果如图2-59的右图所示。

2.4.3 巧用滤镜让皮肤变光滑

Photoshop软件中的滤镜主要用来制作图像的各种特殊效果，其操作比较简单，但通常需要联合其他图层和操作，才能获得最佳的艺术效果。

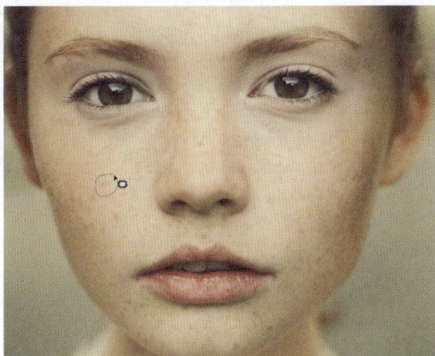

▲ 图2-62 绘制修补区域

第4步 修补瑕疵。将鼠标指针移到选区中，按住鼠标左键不放，移动鼠标指针到脸

使用修补工具修补好脸部的瑕疵后，仔细观察会发现皮肤不够光滑，此时需要使用相关的滤镜命令，对皮肤进行光滑处理，也就是俗称的"磨皮"。下面主要介绍用滤镜处理皮肤的方法。

美化前后效果对比如图2-64所示。

▲ 图2-64 美化前后效果对比

具体的操作步骤如下。

第1步 选择滤镜。

（1）启动Photoshop软件，从图库中选出一张需要处理的图片，如图2-64的左图所示。按【Ctrl】+【J】组合键复制背景图层。

（2）选择菜单栏中的"滤镜"→"模糊"→"表面模糊"命令，如图2-65所示。

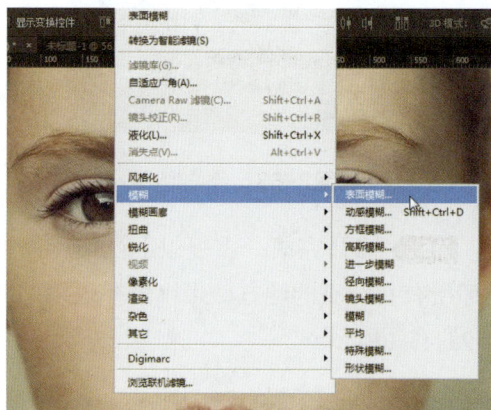

▲ 图2-65 选择"表面模糊"命令

第2步 设置参数。在弹出的"表面模糊"对话框中，根据预览效果设置相应的参数，如图2-66所示。

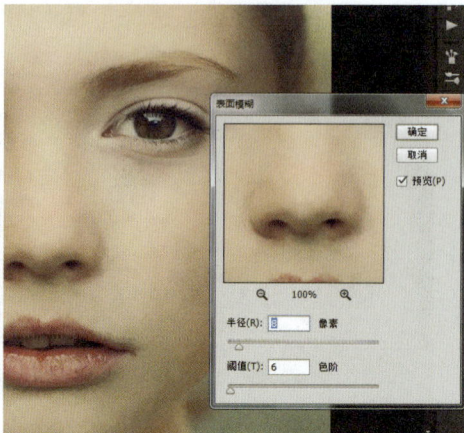

▲ 图2-66 设置参数

第3步 设置完成。单击"确定"按钮，即可完成滤镜操作，效果如图2-64的右图所示。

2.4.4 巧用蒙版调整皮肤状态

在使用"表面模糊"滤镜功能后，皮肤的确变得光滑细致了，但有一个问题，就是画面所有的细节都跟着变化了。这时候，应把不需要变化的细节调整出来，如头发、睫毛、首饰和皮肤边缘等。

调整前后效果对比如图2-67所示。

▲ 图2-67 调整前后效果对比

下面介绍如何使用蒙版调整皮肤的状态，具体的操作步骤如下。

第1步 添加图层蒙版。接着2.4.3小节中的最后一个步骤操作，选中"图层1"图层，在"图层"面板中单击"添加图层蒙版"按钮，为"图层1"图层添加蒙版，如图2-68所示。

▲ 图2-68　添加图层蒙版

第2步 涂抹皮肤区域。设置背景色为黑色，然后使用橡皮擦工具在图像上把不需要光滑处理的区域涂抹出来，如图2-69所示。

▲ 图2-69　涂抹皮肤区域

高手支招　在使用蒙版时，画笔工具的笔触应该尽量选择柔和的形状，这种笔触能让画面过渡效果更自然。

2.4.5　使用"曲线"命令让皮肤变白

在调整好皮肤状态后，发现人物的肤色偏暗黄，此时可以使用"曲线"命令来调整，使人物的皮肤变得亮白些，具体的操作如下。

第1步 盖印所有图层。使用蒙版调整完皮肤的状态之后，直接按【Ctrl】+【Shift】+【Alt】+【E】组合键盖印所有图层，如图2-70所示。

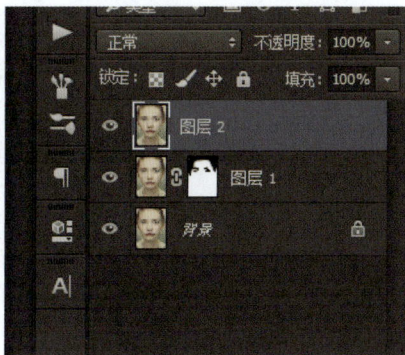

▲ 图2-70　盖印所有图层

高手支招　盖印所有图层是指将所有的图层直接合并到一个新的图层上，生成的新图层并不影响原来的其他图层，这样做是为了方便后面的统一操作。

第2步 调整曲线。选择菜单栏上面的"图像"→"调整"→"曲线"命令，或者直接按【Ctrl】+【M】组合键，在弹出的"曲线"对话框中将鼠标指针移动到曲线图的中间线上，按住鼠标左键拖动鼠标指针，将中间线越往左上方拖动图像越亮，越往右下方拖动图像越暗，达到想要的效果之后释放鼠标左键，如图2-71所示。

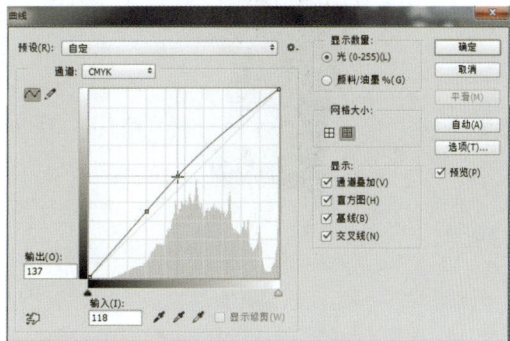

▲ 图2-71　调整曲线

第3步 确定调整。当人物皮肤的亮度达到想要的效果之后，单击"确定"按钮，调整前后的效果对比如图2-72所示。

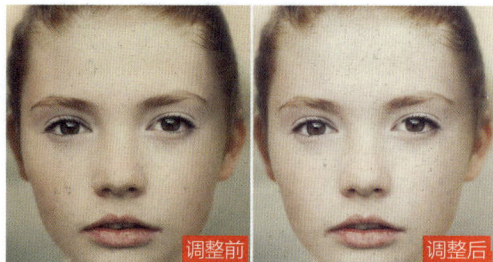

▲ 图2-72　调整前后的效果对比

2.4.6　巧用滤镜对人物瘦身

在拍摄时，因人物本身或是拍摄角度的原因，导致图片里人物身体的某些部位显胖，这时可以使用Photoshop软件的"滤镜"命令，对显胖的部位进行"瘦身"。下面介绍使用"液化"滤镜"瘦身"的方法，具体的操作步骤如下。

扫码看视频

第1步 复制图层。启动Photoshop软件，从图库中选出一张需要瘦身的图片，按【Ctrl】+【J】组合键复制一个新图层"图层1"，如图2-73所示。

▲ 图2-73　复制图层

第2步 选择滤镜。观察刚刚打开的图片，发现人物的手臂和腿部有点儿胖，需要调整，选择"滤镜"→"液化"命令（也可按【Ctrl】+【Shift】+【X】组合键），如图2-74所示。

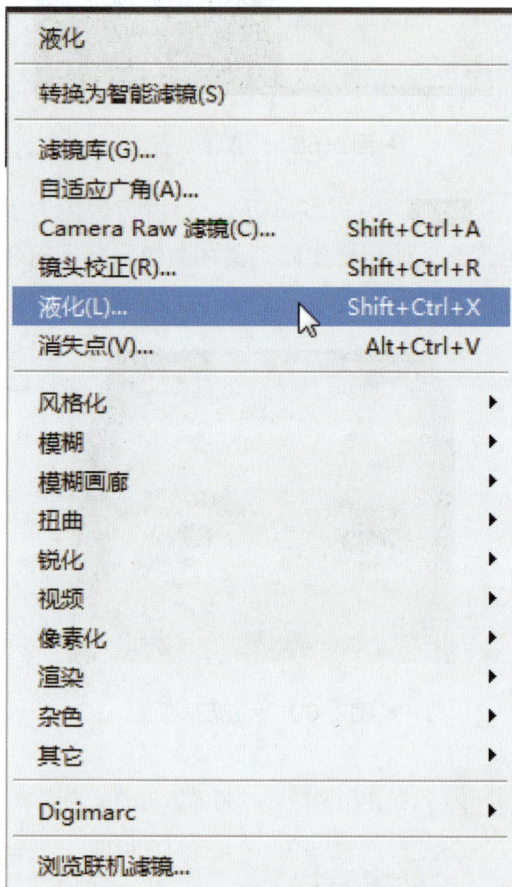

▲ 图2-74　选择"液化"命令

第3步 设置液化参数并处理手臂。在弹出的"液化"对话框中，选择左上角的向前变形工具，在"工具选项"中设置"画笔大小"和"画笔压力"的相关参数。画笔压力参数一般设置为100，液化的效果较好。设置好之后先来处理手臂，按住鼠标左键将手臂向内侧拖曳，即可将手臂变细，注意不要影响到其他部位，如图2-75所示。

▲ 图2-75 设置液化参数并处理手臂

第4步 瘦身。用同样的方法，把腰部及以下部位也进行液化处理，如图2-76所示。"瘦身"前后效果对比如图2-77所示。

瘦身前

瘦身后

▲ 图2-76 腰部及以下部位进行液化处理　　▲ 图2-77 瘦身前后效果对比

2.5 图片特殊效果处理

在现实工作中，很多在设计作品中需要表现的特殊效果，靠拍摄是不能实现的，这时就要用到图片的特殊效果处理技术。

本节内容对电商美工来说实用性很强，有益于广告设计中创意的表现和实现。本节主要介绍更换图片的背景、添加水印防止他人盗图、制作倒影让商品更真实等方法。

扫码看视频

2.5.1　更换图片的背景

在Photoshop软件的工具栏中有一个魔术橡皮擦工具，它可以很容易地擦掉图片的背景部分，留下需要的部分，这样只要简单几步就能给图片更换一个新的背景了。好了，一起去试试魔术橡皮擦的魔力。

第1步 打开图像文件复制出"图层1"图层和新建"图层2"图层。在Photoshop软件中打开需要更换背景的图片，按【Ctrl】+【J】组合键复制一个新图层"图层1"，在"图层1"图层下方建立白色背景的"图层2"图层，主要用来观察"图层1"图层的抠图效果，如图2-78所示。

▲ 图2-78　打开图像文件，复制出"图层1"图层和新建"图层2"图层

第2步 单击魔术橡皮擦工具并设置相关参数。在工具栏中选择魔术橡皮擦工具，或者直接按【E】键（在英文输入状态下）进行选择，在属性栏中设置容差值为20，不透明度为68%，并勾选"消除锯齿"和"连续"两个复选框，如图2-79所示。

第3步 擦掉背景。先单击"图层1"图层，再用魔术橡皮擦工具单击图片中的天空，即可擦除原来的天空背景，显示白色的背景，一直重复单击图片中没有擦掉的天空区域，把天空全部擦掉，如图2-80所示。

> **高手支招**　魔术橡皮擦工具的容差值设置得越大，抠图后没有擦干净的部分就越少，而图片中被误擦的部分就会越多，否则反之。容差值具体设置为多少，要因图而定。在处理一张图片时，多试几次就能找到合适的容差值。

▲ 图2-79 选择魔术橡皮擦工具并设置相关参数

▲ 图2-80 擦掉背景

第4步 替换天空背景。单击"图层2"图层，打开"天空背景图.jpg"图片，并将其拖曳到原来的图像窗口中，此时在"图层2"图层上方产生了一个新的图层，即"图层3"图层，这就是已经替换的新的天空背景，如图2-81所示。不过仔细一看，天空和其他景物的颜色还是不协调，还需要对天空进行调色处理。

▲ 图2-81 替换天空背景

第5步 选择"匹配颜色"命令。先选中新添加的背景天空"图层3"图层，然后从菜单栏中单击选择"图像"→"调整"→"匹配颜色"命令，如图2-82所示。

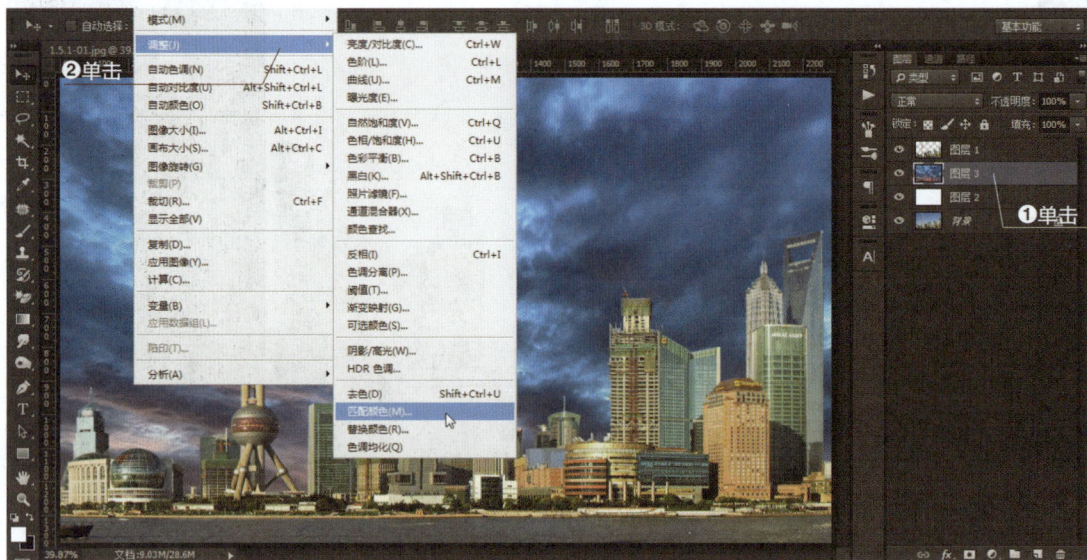

▲ 图2-82 选择"匹配颜色"命令

第6步 调整颜色。在弹出的"匹配颜色"对话框中，设置"图像统计"中的"源"为"2.5.1.jpg"，设置"图层"以更换图片的背景，然后根据图像设置"图像选项"中的"明亮度""颜色强度""渐隐"，接着勾选"中和"复选框，最后单击"确定"按钮，如图2-83所示。

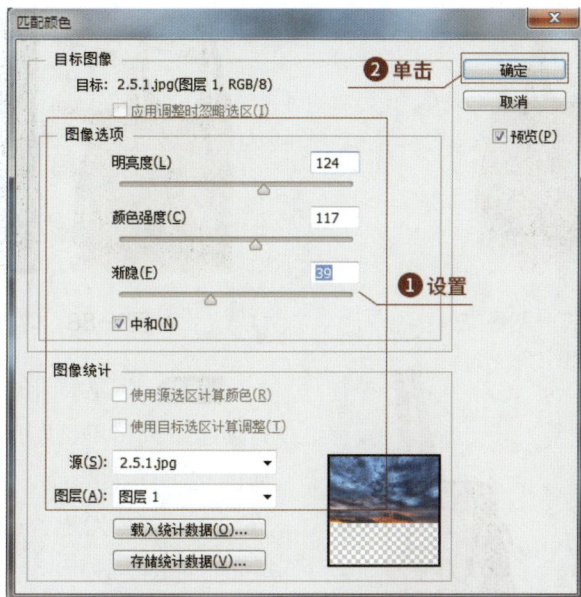

▲ 图2-83 设置"匹配颜色"参数

这样天空的颜色就会匹配成跟其他景物协调的颜色，到此整个更换背景操作就完成了，更换背景前后的效果对比如图2-84所示。

▲ 图2-84 更换背景前后的效果对比

2.5.2 添加水印防止他人盗图

有时卖家拍好商品图片后，怕影响图片的整体美观而不添加水印，但是之后会发现自己好不容易拍好上传的图片却被他人盗用了。此时可以给图片添加透明水印，这样既不影响图片美观，又能防止他人盗图。为图片添加透明水印的操作很简单，具体如下。

第1步 打开图像文件。在Photoshop软件中打开需要添加透明水印的图片，如图2-85所示。

第2步 选择文字工具。在工具栏中选择横排文字工具，或者直接按【T】键（在英文输入状态下）进行选择，如图2-86所示。

▲ 图2-85 打开图像文件

▲ 图2-86 选择横排文字工具

第3步 输入并调整文字。输入需要添加的水印文字，颜色设置为黑色，按【Ctrl】+【T】组合键执行自由变换，旋转一下文字的角度，调整好文字的大小，如图2-87所示。

▲ 图2-87 输入并调整文字

第4步 铺满画布。选中文字图层，然后按【Ctrl】+【J】组合键复制文字图层多次，使其铺满整个画布，如图2-88所示。选中文字的所有图层，按【Ctrl】+【G】组合键创建图层组。

▲ 图2-88 复制文字图层多次

第5步 设置水印的不透明度。选中创建的图层组，将不透明度改为"15%"。如果觉得文字还太明显，可以再降低不透明度值，直到满意为止，这样透明水印就制作完成了，如图2-89所示。

▲ 图2-89 设置水印的不透明度

2.5.3 制作倒影让商品更真实

在Photoshop软件中，倒影分为立体倒影和平面倒影。制作倒影需用到变换、变形、渐变、蒙版等工具，涉及的技术有图层混合模式、图层透明度和图层蒙版等。

立体倒影的制作过程是先把商品抠取出来，并把制作倒影的那个面也分离出来，将二者放到同一个图层组中。然后把这个图层组中的图形进行垂直翻转、适当变形，并与原商品图片的底部对齐。最后修改混合模式，并用蒙版做出过渡效果。下面将简单介绍制作倒影的方法。

第1步 新建图层，填充颜色并调整顺序。在Photoshop软件中打开商品包装盒素材图片，在"图层"面板中新建"图层1"图层，填充颜色为"#8d8d8d"，然后调整图层顺序，如图2-90所示。

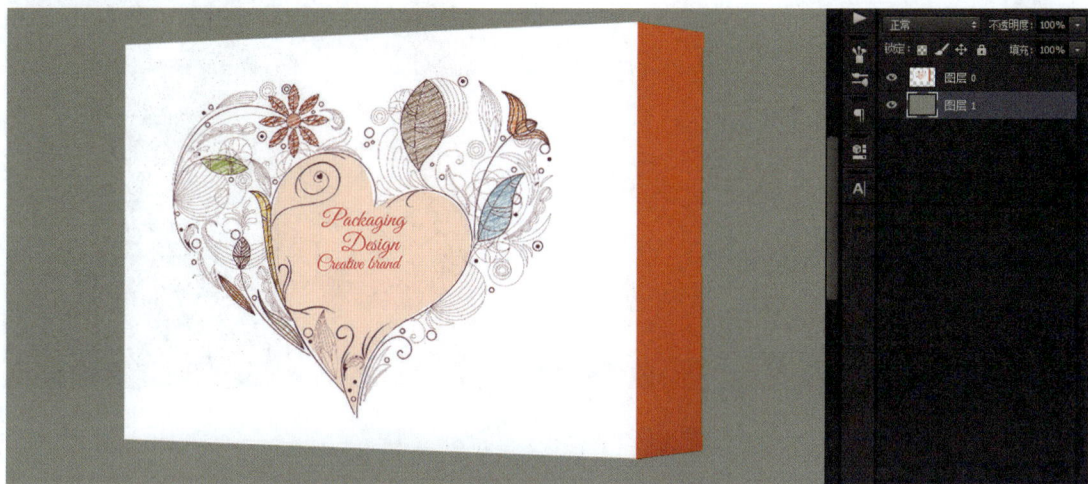

▲ 图2-90 新建图层填充颜色并调整顺序

第2步 分离包装。选中"图层0"，按【Ctrl】+【J】组合键复制一个新的"图层0拷贝"，如图2-91所示，选择工具栏中的矩形选框工具，将包装正面框选出来，然后单击鼠标右键，在弹出的快捷菜单中选择"通过剪切的图层"选项，剪切出"图层2"。

▲ 图2-91 选择"通过剪切的图层"选项

第3步 创建图层组并调整顺序。分别选中"图层0拷贝"和"图层2"图层，按【Ctrl】+【G】组合键创建图层组并命名为"倒影"，然后把"倒影"图层组调整到"图层0"和"图层1"图层之间，如图2-92所示。

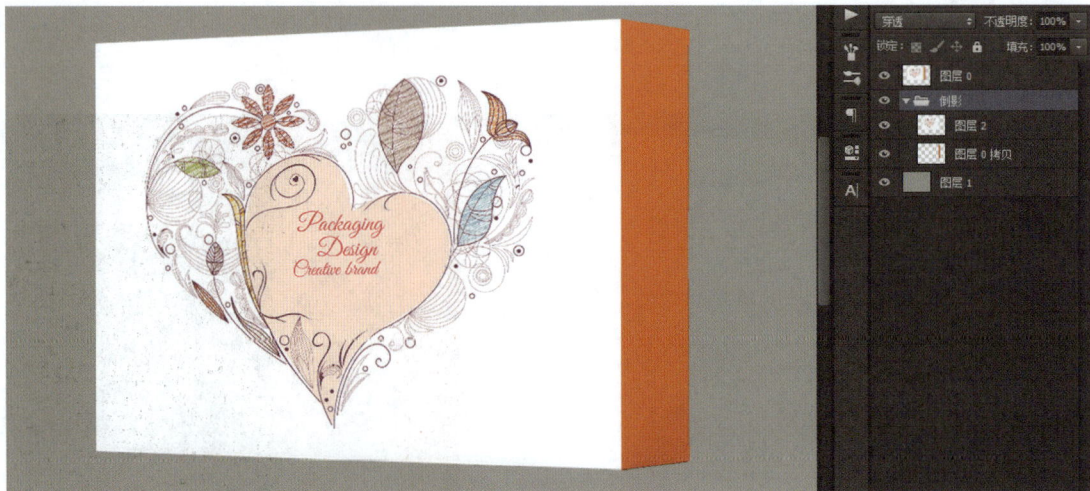

▲ 图2-92　创建图层组并调整顺序

第4步 翻转倒影。选中"倒影"图层组，选择"编辑"→"变换"→"垂直翻转"命令，如图2-93所示。然后拖曳"倒影"图层组至包装盒的下角，与原始图层中包装盒的下角重合。

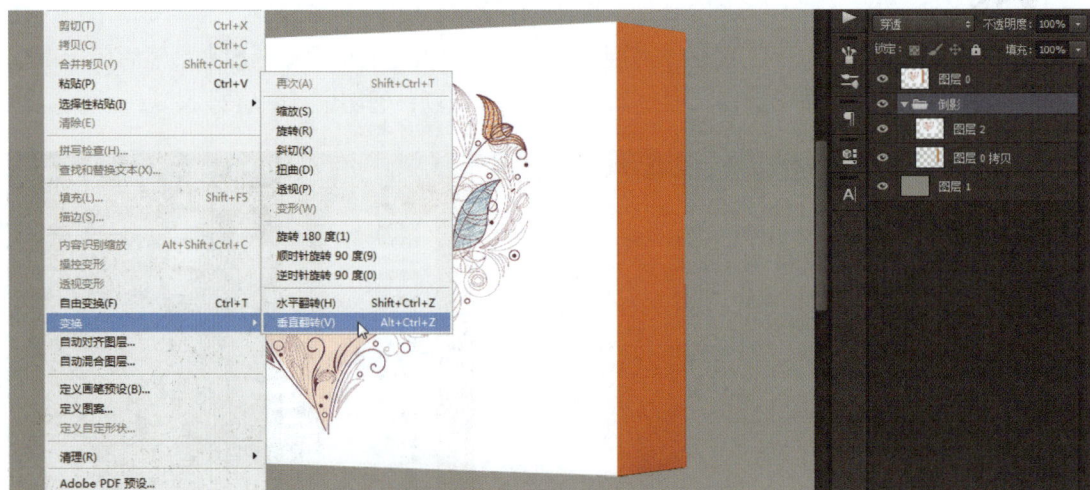

▲ 图2-93　选择"垂直翻转"命令

第5步 调整倒影形状。选中"图层2"图层，按【Ctrl】+【T】组合键进入自由变换模式，然后按住【Ctrl】键的同时按住鼠标左键，将鼠标指针移动到变形框左侧边的中心点上，使左侧面的上边线与原始图片的边线重合，然后按【Enter】键，如图2-94所示，再对"图层0拷贝"图层进行同样的操作。

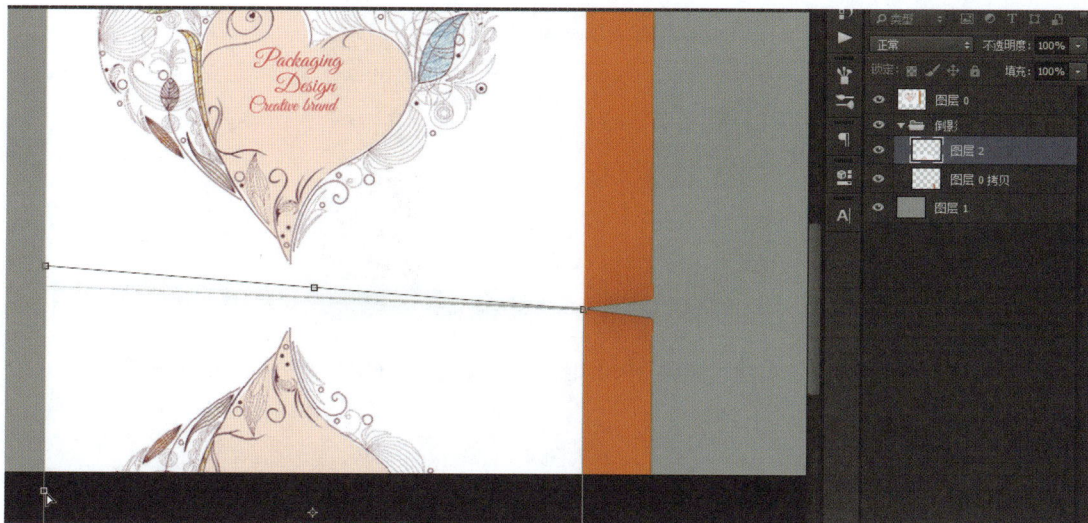

▲ 图2-94　调整倒影形状

第6步　添加图层蒙版并设置渐变。首先单击"图层"面板下方的"添加图层蒙版"按钮，为"倒影"图层组添加一个图层蒙版。然后单击工具栏中的渐变工具，将渐变设置为从白色到黑色后在画布上拖曳渐变，形成倒影，如图2-95所示。

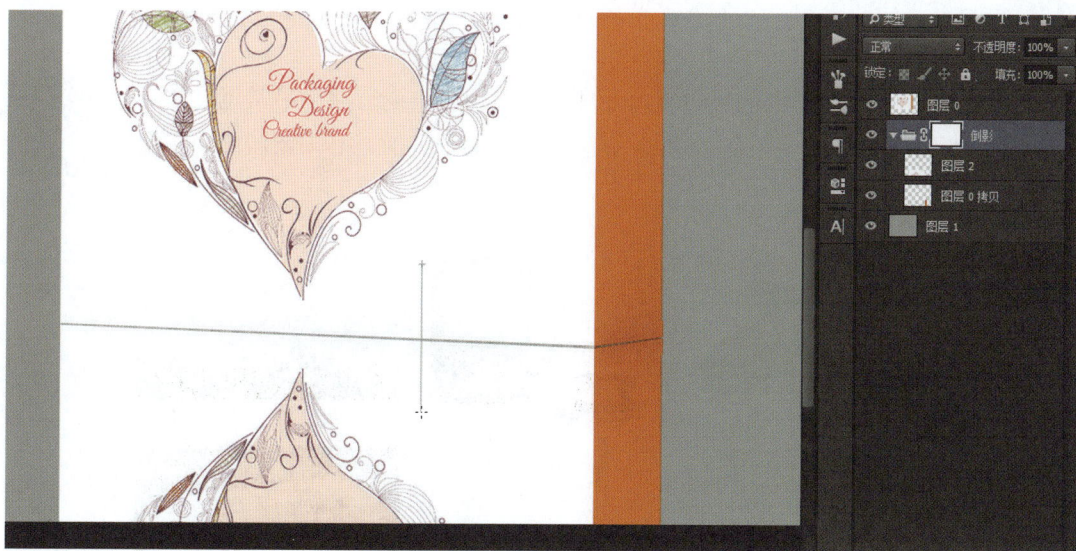

▲ 图2-95　添加图层蒙版并制作渐变效果

第7步　最后调整"倒影"图层组的不透明度，以及"倒影"图层组的角度和位置，最终效果如图2-96所示。

▲ 图2-96 调整"倒影"图层组的不透明度以及角度和位置后的效果

2.6 制作店铺海报

在电商美工的工作中，通过特效合成海报是最考验美工能力的，不仅对美工的Photoshop软件的操作技术要求高，更考验美工的创新思维能力。在进行店铺装修时，经常需要做一些特效海报来提升店铺的视觉效果。目前，电商行业中特效合成海报大体分为场景海报、创意海报、活动海报等3类，接下来本节将介绍这些特效合成海报的制作方法。

2.6.1 制作场景海报

场景海报是由多个不同的场景组合而成的，在目前电商行业中最常见，它能实现用相机无法完成的一些视觉效果。在制作场景海报之前，必须要搜集一些素材图片，如图2-97所示。

扫码看视频

▲ 图2-97 素材图片

下面是一张通过图2-97的图片素材制作而成的茶壶场景海报，如图2-98所示。

▲ 图2-98 茶壶场景海报

下面介绍该场景海报的制作方法。

第1步 处理素材图片。启动Photoshop软件，将茶壶、石头、薄荷叶、茶叶等素材图片抠取出来待用，如图2-99所示。

▲ 图2-99 处理素材图片

第2步 新建文件。从菜单栏中选择"文件"→"新建"命令，或按【Ctrl】+【N】组合键进行新建，在弹出的"新建"对话框中设置相关参数，新建一个大小为1200像素×600像素的空白文件，如图2-100所示。

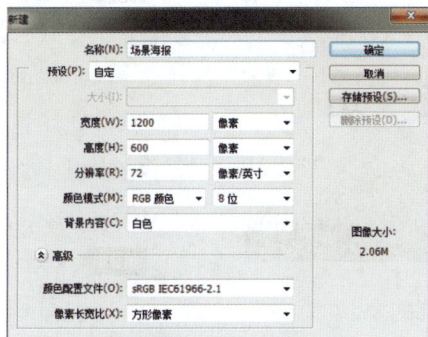

▲ 图2-100 新建文件

57

第3步 确定主要商品的位置。从准备好的素材文件夹中把抠好的茶壶、石头先拖到新建的空白文件里，再输入主要文案，确定它们的位置，如图2-101所示。

▲ 图2-101　输入文字并调整各元素的位置

第4步 添加背景素材。将准备好的背景素材粗略地拼合于当前画面的背景中，确定它们的位置，如图2-102所示。

▲ 图2-102　添加背景素材

第5步 调整素材的大小。调整图片中刚刚拖进去的茶园背景及茶叶素材的大小，如图2-103所示。

▲ 图2-103　调整素材的大小

第6步 处理石头。图中的石头表面显得

凹凸不平，接下来先将"茶壶"图层隐藏，用多边形套索工具将石头比较平整的部位抠取出来，然后多次复制抠出来的图层，覆盖在石头不平整的部位，将石头修复平整，如图2-104所示。

▲ 图2-104　处理石头

第7步 调整石头。将石头的所有图层创建为一个图层组，并命名为"石头"，在该图层组中使用"色相/饱和度"命令调整石头的颜色，使用"曲线"命令调整石头的明暗对比，取消"茶壶"图层的隐藏，如图2-105所示。

▲ 图2-105　调整石头

第8步 添加其他元素。大体的场景海报已经制作完成，此时看上去还是感觉缺少点什么，这时候再添加一些元素来补充海报的空洞感，让场景海报的意境更美。从原来准备好的素材中将飘叶和薄荷叶拖进海报，如图2-106所示。

第9步 调整阴影。刚刚添加的薄荷叶和飘叶都还没有融合到场景当中，这时需要分别给它们添加阴影，这样整个场景海报就制作完成了，效果如图2-107所示。

▲ 图2-106　添加其他元素

▲ 图2-107　场景海报效果

2.6.2　制作创意海报

创意海报是通过Photoshop软件将多个素材图片制作成不同艺术效果的创意展现方式。创意海报比传统的合成海报的视觉效果更夸张、活跃，更有灵动性。

扫码看视频

本小节主要讲解模特的裙子为喷溅的油墨效果的创意海报。制作油墨裙子最快捷的方法就是使用油墨素材，抠出油墨图后贴到裙子上面，控制好角度和大小，为局部有叠加的区域增加一些投影即可，创意海报效果如图2-108所示。

▲ 图2-108　创意海报效果

第1步　新建文件。启动Photoshop软件，按【Ctrl】+【N】组合键新建文件，在弹出的"新建"对话框中设置大小为1080像素×800像素，分辨率为72像素/英寸（1英寸=2.54厘米），然后单击"确定"按钮，如图2-109所示。

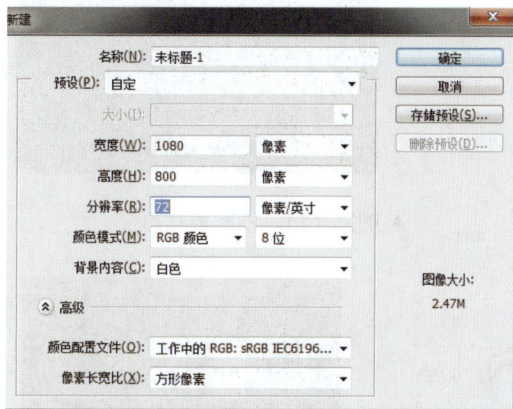

▲ 图2-109　新建文件

第2步　打开模特素材图片并拖到新建文件中。打开模特素材图片，用移动工具将其拖到新建的文件中，并调整好位置，如图2-110所示。

▲ 图2-110　打开模特素材图片并拖到新建文件中

第3步　抠出模特腿部。把模特图层复制2个，然后选择最底部的"模特1"图层，将其他图层暂时隐藏，用钢笔工具把模特腿部抠取出来，如图2-111所示。

第4步　抠出模特裙子。选择中间的"模特1 副本"图层，用钢笔工具把模特裙子抠取出来，如图2-112所示。

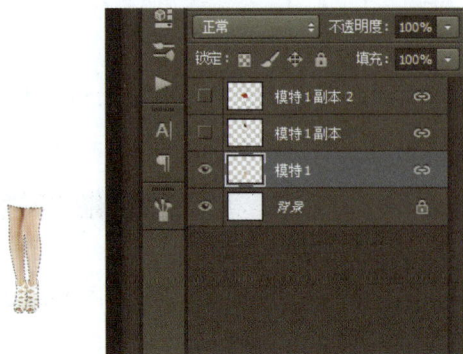

▲ 图2-111　抠出模特腿部

▲ 图2-112　抠出模特裙子

第5步 抠出模特上半身。选择顶部的"模特1副本2"图层，用"通道"→"钢笔"命令把模特上半身抠取出来，如图2-113所示。

▲ 图2-113　抠出模特上半身

第6步 新建图层组。在"模特1副本"图层上新建一个图层组，命名为"喷溅"，如图2-114所示。

▲ 图2-114　新建图层组

第7步 添加并调整第1张喷溅素材。打开已经抠好的喷溅素材，用移动工具将其拖到"喷溅"图层组中，然后按【Ctrl】+【T】组合键调整大小、位置、角度，如图2-115所示，局部有不自然的区域或者多余的区域可以添加图层蒙版，然后用柔边黑色画笔擦除。

▲ 图2-115　添加第一张喷溅素材并调整大小、位置、角度

第8步 添加并调整其他喷溅素材。依次打开其他的喷溅素材，用同样的方法调整大小、位置、角度，如图2-116所示。

▲ 图2-116　添加并调整其他喷溅素材

第9步 调整喷溅素材色调。调整好所有喷溅素材的大小、位置、角度之后，再对需要调色的喷溅素材进行调色，这样整个喷溅裙子就制作好了，如图2-117所示。

▲ 图2-117 调整喷溅素材色调

第10步 添加文字并调整。最后添加一个背景图层，输入海报文案，调整文字的大小、位置，至此创意海报就制作完成了，效果如图2-118所示。

▲ 图2-118 添加文字并调整后的效果

2.6.3 制作活动海报

电商美工经常会遇到一些大型促销的店铺活动，如年中大促、99品牌盛典、"双11""双12"、年货盛典等，这些活动都需要设计一个比较有活动氛围的页面，而活动海报就是整个页面的主题，买家通常可以通过活动海报直接了解活动想要传达的促

扫码看视频

扫码看视频

销信息，从而判断是否符合自己的需求，因此制作活动海报是至关重要的。

扫码看视频

下面通过制作运动鞋淘宝嘉年华活动海报来讲解制作一个有活动氛围的海报的方法。制作活动海报时，要注意两个方面。一方面，注意颜色的选择，通常美工都会选择红色、橙色、紫色等一些比较时尚亮眼的颜色来衬托活动氛围；另一方面，主题文字表达要简洁明了。制作完成后的活动海报效果如图2-119所示。

▲ 图2-119 活动海报效果

第1步 新建文件。启动Photoshop软件，按【Ctrl】+【N】组合键新建文件，文件大小为1920像素×700像素，分辨率为"72像素/英寸"，颜色模式为"RGB颜色"，背景内容为"白色"，然后单击"确定"按钮，如图2-120所示。

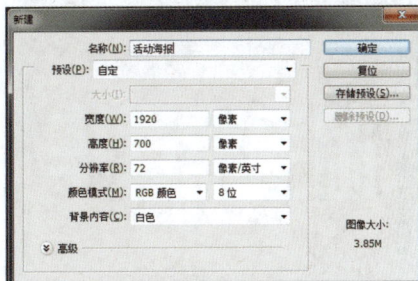

▲ 图2-120 新建文件

第2步 制作主题文字。

（1）新建文件之后，将背景色设置为"#ef0631"，在图像窗口左侧的工具栏中选择横排文字工具，单击图像窗口中间位置，

输入主题文字"淘宝嘉年华",设置文字的字体为"方正粗谭黑简体"、大小为"150像素"、颜色为"#ffffff",如图2-121所示。

▲ 图2-121　输入并设置文字

（2）在"图层"面板中选择主题文字图层,单击鼠标右键,在弹出的快捷菜单中选择"转换为形状"选项,然后使用左侧工具栏中的钢笔工具对主题文字进行简单的调整,效果如图2-122所示。

▲ 图2-122　将文字转换为形状后的效果

（3）用钢笔工具删除多余的点,通过移动点调整文字的轮廓,形成图2-123所示的效果。

▲ 图2-123　调整文字的轮廓

（4）在主题文字上制作阴影效果。在主题文字图层上新建一个空白图层,选择左侧工具栏中的矩形选框工具,在图像窗口中随意绘制一个矩形选框,然后选择渐变工具,

设置前景色为"#ef0631",背景色为"白色透明",在绘制的矩形选框中拖曳出一个渐变图层,如图2-124所示。

▲ 图2-124　绘制矩形选框并拖曳出渐变图层

（5）按【Ctrl】+【D】组合键取消矩形选框,将渐变图层移动到主题文字的上面,在"图层"面板中选择渐变图层,单击鼠标右键,在弹出的快捷菜单中选择"创建剪贴蒙版"选项,如图2-125所示。

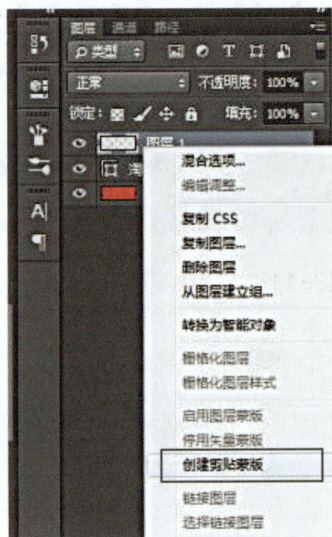

▲ 图2-125　选择"创建剪贴蒙版"选项

（6）用同样的方法在主题文字上的其他部位制作阴影效果,最终效果如图2-126所示。

▲ 图2-126　制作完成后的效果

第3步 制作主题背景。

（1）将主题文字相关的所有图层创建成一个图层组，命名为"主题文字"，在左侧的工具栏中选择圆角矩形工具，绘制一个圆角矩形1，设置填充颜色为空，描边颜色为"#fff100"，粗细为"20点"，宽为"820像素"，高为"500像素"，圆角半径为"120像素"，与主题文字居中对齐，如图2-127所示。

▲ 图2-127　绘制圆角矩形1并填充颜色

（2）在左侧的工具栏中选择矩形工具，绘制第1个"矩形1"，大小为1000像素×250像素，填充颜色为"#610487"，无描边，在"图层"面板中选中"矩形1"图层，单击鼠标右键，在弹出的快捷菜单中选择"创建剪贴蒙版"选项，按【Ctrl】+【T】组合键进入自由变换模式，将"矩形1"逆时针旋转45°，如图2-128所示。

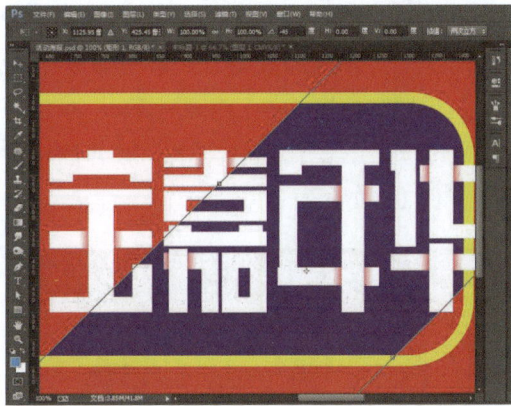

▲ 图2-128　绘制"矩形1"并调整

（3）选中"圆角矩形1"图层，按【Ctrl】+【J】组合键，复制一个"圆角矩形1拷贝"，再选中"圆角矩形1"图层，设置填充颜色为"不填充"，将该图层调整到"圆角矩形1拷贝"上面，然后按上一步骤的操作分别绘制几个矩形，填充颜色分别为"#3987f4""#ff38e4""#610487"，将这些矩形围绕在"圆角矩形1拷贝"边缘，最后选中这些图层并将其创建成图层组，命名为"主题背景"，最终效果如图2-129所示。

▲ 图2-129　制作主题背景后的效果

第4步 补充主题活动文案。

（1）在左侧的工具栏中选择横排文字工具，在图像窗口中输入活动文案"2017购物狂欢"，设置字体为"汉仪旗黑 70s"、字号为"72像素"，输入"活动当天全场满299元包邮"，设置字体为"方正粗谭黑简体"、字号为"55像素"，选中所有文字图层并居中对齐，如图2-130所示。

▲ 图2-130　输入文字并设置

（2）在左侧的工具栏中选择椭圆工具，绘制一个大小为168像素×168像素、填充颜色为"#fff100"的圆形；在左侧的工具栏中选择多边形工具，绘制一个大小为18像素×18像素、填充颜色为"#fff100"的三角形；在左侧的工具栏中选择横排文字工具，在图像窗口中分别输入"活动时间"（字体为"汉仪旗黑 70s"、字号为"24像素"）和"2017年11月11日"（字体为"汉仪旗黑 90s"、字号为"30像素"），如图2-131所示。

▲ 图2-131　绘制图形与输入、设置文字

（3）选中上面新建的所有图层及"主题文字"图层组重新创建成一个新的图层组，

命名为"主题文案"，在"图层"面板中单击"添加图层样式"按钮，在弹出的列表框中选择"外发光"选项，如图2-132所示。

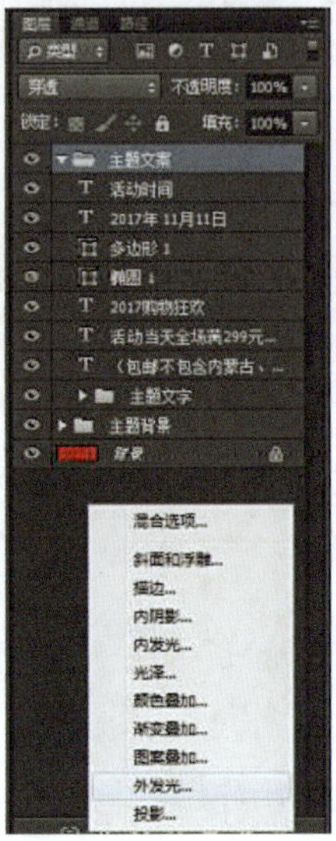

▲ 图2-132　为主题文案添加图层样式

（4）在弹出的"图层样式"对话框中，设置"外发光"选项的参数，其中外发光颜色为"#000000"，其他参数的设置如图2-133所示。

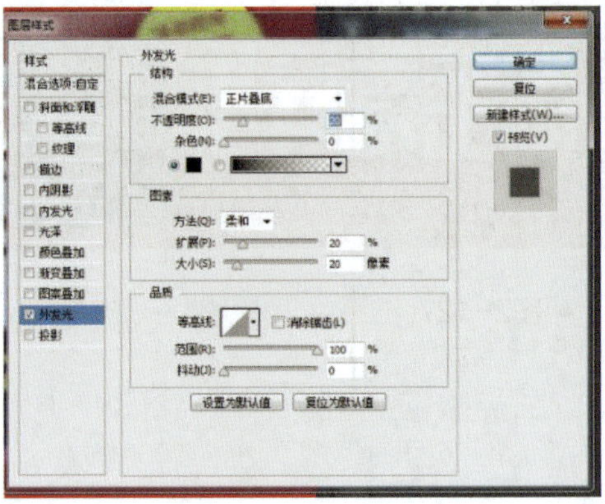

▲ 图2-133　设置"外发光"选项的参数

第5步 制作活动氛围。

（1）先添加一些商品作为背景，为主题衬托活动氛围。从素材文件夹中将已经准备好的商品素材图片依次拖曳到文件中，然后

调整图片的大小、位置、方向，如图2-134所示。

▲ 图2-134 添加商品素材图片并调整大小、位置、方向

（2）将刚刚添加进来的商品素材图片的图层全部选中，然后创建成图层组"产品"，在"产品"图层组的上面新建一个图层，设置填充颜色为"#ef0631"，选中该图层，单击鼠标右键，在弹出的快捷菜单中选择"创建剪贴蒙版"选项，设置图层混合模式为"叠加"、不透明度为"40%"，如图2-135所示。

▲ 图2-135 创建剪贴蒙版并设置

（3）制作商品阴影，让海报更有空间层次感。选择"主题背景"图层组，在"图层"面板下方单击"添加图层样式"按钮，在弹出的列表框中选择"外发光"选项，在弹出的"图层样式"对话框中，设置"外发光"选项的参数，其中外发光颜色为"#000000"，其

他参数的设置如图2-136所示。

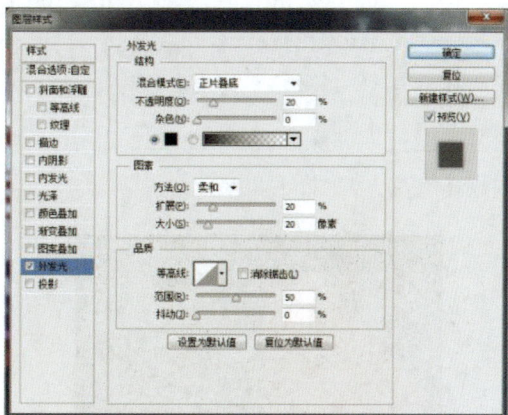

▲ 图2-136 设置"外发光"选项的参数

第6步 制作海报背景。

（1）在左侧的工具栏中选择矩形工具，绘制一个"矩形2"，设置填充颜色为"#e1022d"，适当地旋转一定角度，在"图层"面板中单击"添加图层样式"按钮，选择"外发光"选项，在弹出的"图层样式"对话框中，设置"外发光"选项的参数，其中外发光颜色为"#000000"，其他参数的设置如图2-137所示。

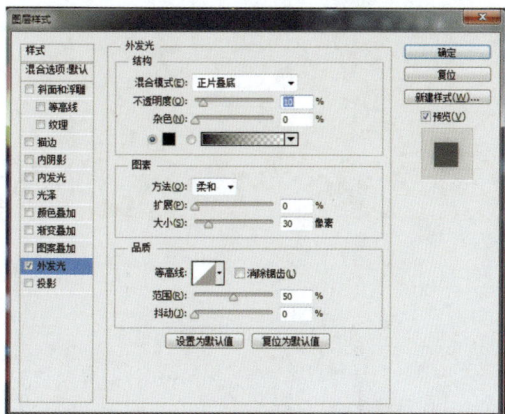

▲ 图2-137 设置"外发光"选项的参数

（2）选中"矩形2"图层，按【Ctrl】+【J】组合键复制一个"矩形2拷贝"图层，设

置填充颜色为"#5f0b85"，适当地调整其位置。用同样的方法再复制一个"矩形2拷贝2"图层，设置填充颜色为"#650890"，适当地调整其位置。再复制一个"矩形2拷贝3"图层，设置填充颜色为"#f9123f"，适当地调整其位置，如图2-138所示。

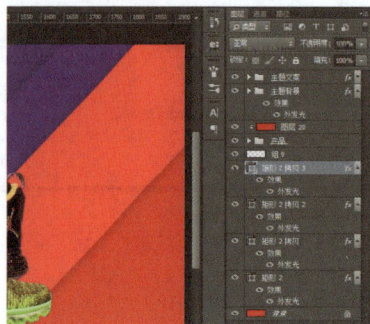

▲ 图2-138　复制一个"矩形2拷贝3"图层

（3）在图像窗口的左侧同样复制几个矩形，效果如图2-139所示。

▲ 图2-139　复制几个矩形后的效果

（4）适当地添加素材进行装饰，至此活动海报就制作完成了，最终效果如图2-119所示。

第3章
网店图片的规划与拍摄

　　随着电商行业的发展，店铺商品的拍摄也是一项重要的装修工作，买家都是通过商品的图片来了解商品，进而购买的。作为电商美工，不仅要熟悉淘宝商品图片的拍摄规划，还应该掌握一些商品的拍摄技能。

本章学习要点 ● ● ●

- ✪ 淘宝拍摄的特点
- ✪ 淘宝商品拍摄的基本流程
- ✪ 选择合适拍摄工具的极简法则
- ✪ 拍摄必备基本技能
- ✪ 手机也能拍出好图片
- ✪ 主图的规划与拍摄
- ✪ 商品描述详情页图片的规则与拍摄
- ✪ 室外拍摄的注意事项

网上开店赚钱不难

3.1 淘宝拍摄的特点

淘宝拍摄就是针对淘宝店铺的商品进行拍摄。淘宝拍摄具有以下特点。

1. 图片尺寸小

由于淘宝图片只用于电脑和手机浏览，不需要印刷，因此，不需要很高的分辨率。相反，分辨率高了，图片文件的占用空间也相对较大，这样会影响网页展示的速度，从而影响买家的购物体验，这是得不偿失的。

淘宝店铺要求的最小图片尺寸为500像素×500像素，如图3-1所示，一般建议图片尺寸为800像素×800像素，这样文件既不大，也不影响店铺网页的展示速度，又能更好地展示商品的细节。这个要求300万像素的普通数码相机完全可以满足，更何况1000万像素以上的专业单反数码相机，现在很多手机都是800万像素以上了。

▲ 图3-1 淘宝店铺图片

> **高手支招** 一般地，淘宝店的商品主图大小控制在500～800像素，商品图片为500像素×500像素；天猫店的商品主图为800像素×800像素；无线端的商品主图为800像素×1200像素；电脑端的详情页商品图片宽度为790像素，高度不限。

2. 拍摄数量多

一般情况下，要拍摄的商品数量多、品种多、款式多，每个品种要拍摄多张图片，因此拍摄的工作量非常大。

3. 拍摄要求相对简单

卖家对图片的要求就是能吸引买家的眼球，激起买家的购买欲望，提高转化率。要达到这个看似简单的目标，拍摄时必须要尽量展示出商品的功能和细节，使图片视觉效果精美、突出商品的卖点。如果有一定的资金条件，建议请专业的摄影师来拍摄，这样拍摄出高质量的商品图片的概率更大。

4. 商品图片风格与店铺风格相统一

由于同一个商品可能多个店铺都在出售，每个淘宝卖家都希望自己的商品特色鲜明，以吸引买家的注意力。

在拍摄商品时，即使同一个商品也可以拍摄出不同的风格，不同的风格适合不同的消费群体，因此，拍摄的图片一定要结合店铺的整体风格，并与店铺的风格相吻合，这样才可以与其他店铺有所区别，从而适合店铺定位的消费群体。

同一件首饰，由于搭配的不同，所面对的受众也发生了变化，如图3-2和图3-3所示。

▲ 图3-2 适合中老年人的复古风格　　　　▲ 图3-3 适合青年人的时尚风格

3.2 淘宝商品拍摄的基本流程

3.2.1 制订商品拍摄方案

拍摄商品前，要制订一个初步的拍摄方案。方案的主要内容如下。

（1）知晓要拍摄哪些商品，并熟悉拍摄商品的属性和特点。

（2）知晓每个商品的拍摄风格，以及每个商品的拍摄方式。

（3）明确每个商品的拍摄要求和具体数量，以及要用到哪些拍摄技巧和方法。

（4）准备拍摄器材和道具，如果需要模特，拍摄前要与模特进行充分的交流与沟通。

3.2.2 准备拍摄商品

首先，按拍摄计划准备好要拍摄的高质量的商品。其次，商品外表要干净整洁，拍摄前最好将商品外观擦干净，如拍摄衣服时要先将其熨烫，使其整洁和有形。因为只有好的商品才能拍摄出好的图片，也只有高质量的图片才能打动买家的心。如果商品本身不好，技术再高超、再专业的摄影师也拍不出好的图片。

3.2.3 拍摄环境

拍摄环境通常指室内拍摄环境和室外拍摄环境，无论是室内拍摄环境还是室外拍摄环境，最重要的一点是光线要充足。一般情况下，晴天适合拍摄的时间为早上7点到下午5点。如果有条件，在露天拍摄的效果更好；如果没有条件，室内拍摄也可以。在室内拍摄时，要尽量将拍摄商品靠近窗边放置，以获得更充足的光线。当然，如果有自己的摄影棚更好，这样可以根据拍摄需要布光。图3-4所示为简易摄影棚。

▲ 图3-4　简易摄影棚

▲ 图3-6　各种颜色的背景纸

3.2.4　拍摄的道具

除了相机、灯光和三脚架外，淘宝拍摄还需要配备常用的一些道具，如静物台、背景、点缀用的花草或其他映衬物，以及拍摄过程中常用到的纯棉白手套、蓝胶、胶带、大力夹、喷水壶和渔线等，胶带和大力夹如图3-5所示。

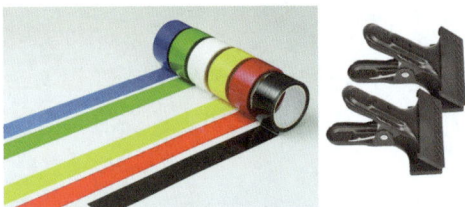

▲ 图3-5　胶带和大力夹

背景的选择非常广泛，可以是专门的背景纸或背景布，也可以是家中的白色桌面、白色绒布、床上的凉席或床单等。选择背景的目的是通过它与商品颜色的互补来反映商品本来面貌，一般情况下最好准备两种背景材料：一种浅色的，用于衬托深色商品；一种深色的，用于衬托浅色商品。背景纸如图3-6所示。

3.2.5　摆姿势

当将商品和道具准备齐全后，在拍摄前应该对商品进行造型摆放，即给商品摆姿势。给商品摆姿势也是有讲究的，首先放平与商品颜色互补的底衬，然后将商品整齐地摆放在底衬上。注意：商品摆放既要美观，又要突出其卖点。商品摆好之后，若觉得画面颜色过于单一，或者画面不够丰富，可在底衬上商品的旁边配上一些装饰小物件，如鲜花、绿植等，使整个拍摄画面有场景感。图3-7所示为女士凉鞋的摆姿。

▲ 图3-7　女士凉鞋的摆姿

3.2.6　正式拍摄

当一切准备就绪之后，就可以开始拍摄了，根据拍摄现场的情况来决定拍摄商品的姿势和位置。可以直接手握相机进行拍摄

（见图3-8），也可以将相机固定在三脚架上进行拍摄，也许可能会站在梯子上俯拍。当然，正式拍摄之前会调整相机的白平衡，进行对焦和测光等。

▲ 图3-8 直接手握相机进行拍摄

高手支招　拍摄小件商品时，最好选择微距拍摄模式。新手摄影师一般对相机的手动功能都不太熟悉，建议选择自动拍摄功能。另外，按快门的时候手一定不能抖动，否则图片会模糊。防止手抖动的最好方法是将相机固定在三脚架上。

3.2.7　拍摄后修图

拍摄的商品图片都是要通过后期处理才能上传到店铺的。一方面是因为相机的像素都很高，拍摄的图片很大，而店铺上传的图片不允许超过120KB；另一方面，拍摄的图片可能存在一些缺陷，如污点、色差、曝光不足等。所以，拍摄的图片通常要使用图像处理软件（如Photoshop）进行后期处理后才能使用。

高手支招　有时候，拍摄出来的淘宝宝贝图片的效果不是很好，但通过后期图像处理软件就可以将其处理成一张画面精美、构图优秀、色彩饱和、视觉效果极佳的图片。

3.3　选择合适拍摄工具的极简法则

常言道："工欲善其事，必先利其器。"要想拍摄符合店铺要求的精美图片，就必须选择一款合适的相机和一些必要的配件。

对于电商人员来说，数码相机的选择要根据店铺商品的拍摄要求来决定。如果店铺对图片的要求不是很高，而且预算也不多，普通的家用数码相机就能够满足要求；如果店铺对图片的要求比较高，并且不考虑长期做实物拍图，可以考虑具有手动功能的数码相机；如果店铺对图片要求较高，预算也较多，可以考虑购买专业的单反数码相机。常用的几种相机及其配件特点如表3-1所示。

表3-1　常用的几种相机及其配件特点		
种类	特点	图示
便携式全自动数码相机	操作简单，不需要手动设置，自动对焦，没有接触过相机的卖家也可以轻松上手。但不适合在多种环境下拍摄，拍摄商品图片时需要持续自然光线。不具备手动功能，价格便宜	
具有手动功能的数码相机	手动功能的使用范围很广，可以更精确地控制光圈、快门、景深、焦距、色彩等，总之，手动功能使用得当可以得到超出自动功能很多的高质量图片，表现出自动功能无法表现的细节，可满足大多数淘宝卖家拍摄商品的需求	
单反数码相机	与普通的数码相机相比，单反数码相机的品质和专业度较高，其优点是感光元件面积大，成像质量好，光感控制好，可以更换镜头，适合在任何环境下拍摄，可以得到高质量的图片	
三脚架	三脚架是拍摄工作中必不可少的器材，是保证拍摄质量的有力武器。三脚架的最大作用是稳定机身，保证拍摄过程中相机不抖动，从而保证了拍摄图片或影像不模糊	
灯光设备	要想拍出较高质量的商品图片，灯光设备是少不了的。商品图片如何，灯光起了决定性作用，特别是在室内拍摄的情况下。如果灯光不充足，拍出来的图片不仅会发暗、发黑，还会出现颜色不均匀或偏色的情况。即使经过图像处理软件的后期处理，也无法达到高质量的图片效果。 通过灯光的布局，可以让拍摄的图片更有层次感，让平淡的画面变得更饱满，体现出极佳的光影效果和质感，可以很好地突出拍摄主题	

3.4 拍摄必备基本技能

有了拍摄硬件之后，还得熟悉和掌握一些基本的拍摄知识，这样才可拍摄出满意的宝贝图片。

3.4.1 从直方图可以看出图片的曝光情况

相信大多数人对直方图这个概念并不陌生，通常出现在数码相机的显示屏，以及Photoshop的色阶、曲线的工具面板之中。

1. 什么是直方图

直方图是指一个具有二维坐标系的图表，其作用是量化图片的曝光量。摄影师能够根据直方图直观地看出图片的曝光情况。直方图的横轴代表亮度，用0～255数值表示，而中间的数字就是不同亮度的灰色，如图3-9所示。纵轴代表图片中对应亮度的像素数量。

直方图中柱子的高度，代表了画面中的亮度，可以看出画面中亮度的分布和比例。超出左边线条的部分在画面中显示为纯黑，由于它超出了图像传感器的感知范围，这个阴影区域内不会记录任何信息，故被称为暗调溢出。超出右边线条的部分在画面中显示为纯白，也超出了图像传感器的感知范围，这个高光区域内也不会记录任何信息，故被称为高光溢出。波峰是在中间偏左的位置即阴影区域内，说明画面中有很多深灰或者深色部分，如图3-10所示。

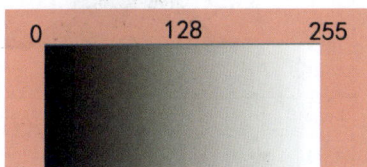

▲ 图3-9 亮度

▲ 图3-10 RGB直方图

在相机的照片预览模式中，可以同时看到R（红）、G（绿）、B（蓝）每个通道的直方图，以及叠加后的RGB直方图，如图3-11所示。

在Photoshop软件中，打开图片，按【Ctrl】+【L】组合键，在弹出的"色阶"对话框中查看图片的曝光情况，如图3-12所示。可以通过调整参数来调整图片的明暗和色彩。

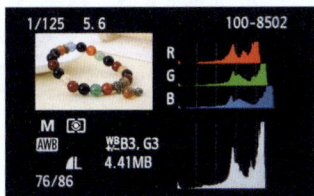

▲ 图3-11 相机中的直方图

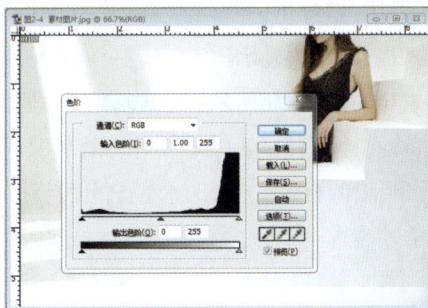

▲ 图3-12 "色阶"对话框

2. 直方图在前期曝光中的作用

在拍摄前期，直方图有以下三大作用。

（1）发现图片中的过曝和欠曝区域。

（2）提示环境亮度反差是否超过了相机能记录下来的宽容度。

（3）帮助拍摄者准确地向右曝光，获得质量更高的信息记录。

3. 如何用直方图来判断图片的曝光

在拍摄图片时，相机会通过快门曝光，将现场环境的实际亮度映射到0～255的图片记录区间上。直方图的竖轴就表示相应部分所占画面的面积，峰值越高说明此明暗值的像素数量越多。表3-2所示的是曝光的3种情况。

表3-2　曝光的3种情况		
曝光情况	特点	直方图
曝光过度（Overexposure）	图像偏向右边，即高光区域堆积大量像素；左边基本上没有图像，即阴影区域没有像素	没有暗部信息 曝光过度
正常曝光（Normal exposure）	图像很平均地从左到右分布，中间的图像比较多，呈现为钟的形状，类似于正态分布	暗部信息　亮部信息 正常曝光
曝光不足（Underexposed）	图像偏向左边，即阴影区域堆积大量像素，右边基本上没有图形，即高光区域没有像素	没有亮部信息 曝光不足

了解了3种曝光情况之后，可以根据图片的直方图来判断图片的曝光情况了。

（1）一幅较好的摄影作品，从直方图显示中可以看到明暗细节，在柱状图上的表现就是从左到右都有均匀分布，同时直方图的两侧不会有像素溢出。

（2）如果直方图显示只在左边有，说明画面没有亮部信息，整体偏暗，表示曝光不足。

（3）如果直方图显示只在右边有，说明画面缺少暗部信息，表示曝光过度；如果整个直方图贯穿横轴，没有峰值，同时明暗两端又同时溢出，说明这张图片很可能反差过高，这样会使画面的明暗两极都产生不可逆转的细节损失。

下面通过实物图片来分析图片的曝光情况，如图3-13至图3-17所示。

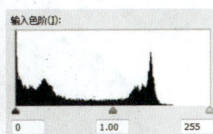

输入色阶(I):

曝光不足

左端产生溢出，暗部细节损失较大
右端（亮部）没有像素，亮度不足
说明：对于数码照片来说，如果图像的亮度
在直方图两端产生溢出，将会造成信息丢失
且不可挽回

▲ 图3-13 曝光不足

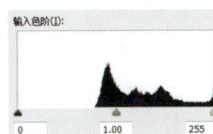

输入色阶(I):

曝光过度

左端没有像素，缺少暗部信息
右端溢出，亮部细节损失较大

▲ 图3-14 曝光过度

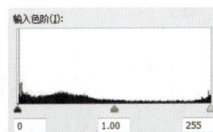

输入色阶(I):

反差过高

两端都产生溢出，这将给图片的暗部和亮部
都造成不可逆转的细节损失

▲ 图3-15 色彩反差过高

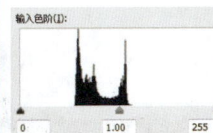

输入色阶(I):

反差过低

左端和右端都富余大量的空间，像素集中在
中间部分。一般来讲，如果直方图的分布在
水平方向大于直方图宽度的1/4，图像的层
次信息不会产生肉眼能观察到的细节损失

▲ 图3-16 色彩反差过低

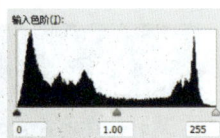

曝光正常

亮度分布在最暗和最亮之间，左端（最暗处）
和右端（最亮处）都没有溢出，也就是说暗
部和亮部都没有损失细节

▲ 图3-17　曝光正常

3.4.2　用好光圈、快门和ISO值让图片更精彩

光圈、快门、ISO值（感光度）都会影响图片的曝光，了解并掌握光圈、快门、ISO值的
相关知识，是拍出好图片的基本前提。

1．光圈

光圈的大小会影响进光量与景深，光圈F值越小，表示光圈越大。

（1）光圈与画面亮度的关系。

相同的ISO值与快门条件下，光圈越大，画面会越亮。

（2）光圈与景深的关系。

大光圈（F值小）易于营造背景模糊的浅景深，小光圈（F值大）的拍摄主体与背景都会
较为清晰，如图3-18所示。

▲ F4.5

▲ F8.0

▲ F11.0

▲ F14.0

▲ F18.0

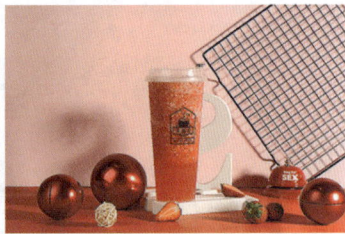
▲ F22.0

▲ 图3-18　不同光圈下的景深

昏暗或室内场景，建议开大光圈进行拍摄（ISO 500，F2.8，1/60秒），如图3-19所示。拍摄风景时，建议使用小光圈（通常使用F8~F16），以得到整体清晰的图像，如图3-20所示。

▲ 图3-19　大光圈的拍摄效果

▲ 图3-20　小光圈的拍摄效果

2. 快门

快门是用控制时间长短来调节光线进入相机感光元件的装置。与光圈相反，快门的快慢与镜头无关，只和相机本身的性能有关。快门速度表示相机进行拍摄时快门保持开启状态的时间。快门速度和镜头的光圈大小（也叫焦距比数）一起决定相机的曝光量。安全快门是指避免手持晃动而造成图像模糊的最低快门速度。最低快门速度至少应该是镜头焦距的倒数。例如，一个90毫米焦距的镜头使用的最低快门速度是1/90秒。

快门具有以下几个方面的作用。

（1）控制进光量。

快门用速度控制进光量，以达到正确的曝光。拍摄时，通常将快门与光圈配合使用，光圈加大一档（即光圈数值变小），则快门相应变快一档（即快门数值变大）。

（2）凝固速度。

使用高速快门（即快门数值大）可以拍摄运动中的物体，即抓拍（将运动中的物体的瞬间清晰地凝固住）。例如，奔跑中的运动员、漫天的飞雪、飞驰的汽车以及飞溅的水珠等，效果如图3-21所示。

快门速度代表曝光时间的长短。一般情况下，光线越充足，所需的曝光时间越短；反之所需的曝光时间越长。如果长时间曝光，需要搭配三脚架来稳定相机，防止因晃动使图像产生残影。

（3）表现速度或意境。

慢速快门则表示曝光时间长。慢速快门会使物体变得模糊，常用于产生艺术效果的拍摄中。例如，用慢速快门记录水流的轨迹，展现水的丝滑感，如图3-22所示。不过使用慢速快门拍摄时，一般最好用三脚架来稳定相机，以免拍摄过程中发生抖动使画面模糊。

▲ 图3-21 凝固速度的拍摄效果 ▲ 图3-22 表现速度或意境

> **高手支招** 快门主要的作用就是凝固速度与表现速度或意境。在赛车运动的场合，很多人用抓拍的手法来表现速度感。在风景拍摄中也有很多用慢速快门让水流或者瀑布呈现烟雾状来表现意境和氛围。

3. ISO值

感光度（ISO值）指相机感光元件对光线的敏感程度。ISO值越高，其接受的光量也就越多。在相同的光圈与快门条件下，画面会随着感光度的增加而变得明亮，相对的画面的噪声（颗粒感）也会增加，画质会变差。

不同品牌与等级的相机，在ISO值表现上会有明显差异。同一相机的ISO值不同，其图像效果也不相同。从图3-23所示的图片中可以发现，ISO值越高，噪声越重，并且在色彩上也有影响。

▲ ISO 100　　　▲ ISO 200　　　▲ ISO 400

▲ ISO 800　　　▲ ISO 1600　　　▲ ISO 3200

▲ 图3-23 同一相机不同的ISO值不同的效果

如果户外阳光充足，降低ISO值可得到画质较佳的图像（ISO160，F5.9，1/160秒），如图3-24所示。

如果室内光线昏暗，则容易拍出晃动、模糊的照片，如图3-25所示。建议提高ISO值，增加快门速度，即可获得稳定的图像（ISO 500，F2，1/80秒）。

▲ 图3-24　户外阳光充足的拍摄效果　　　　▲ 图3-25　室内光线昏暗的拍摄效果

3.4.3　采用合理的构图让图片看上去更动感、更时尚

构图就是指把人、景、物等拍摄对象安排在画面当中以获得最佳布局、最美视觉效果的方法。下面介绍淘宝拍摄中最常用的几种构图方法。

（1）中心构图。这是常用的基础构图方法，即将拍摄对象放置在画面中央。此种构图方法多用于商品拍摄等多种场合，如图3-26所示。

（2）对角线构图。将拍摄的主要对象放置在画面的对角线上。如果让拍摄对象的主体形状沿着对角线布局，拍摄效果将会非常理想，如图3-27所示。

▲ 图3-26　中心构图　　　　　　　　　　▲ 图3-27　对角线构图

（3）S形构图。将S形状的拍摄对象（如公路、河流等）放置在画面的中央，是让画面充满动感的一种构图方法。S形构图效果如图3-28所示。

（4）九宫格构图。这是一种将画面分成纵横三等分（即9部分），在等分线交叉点处放置拍摄对象的构图方法。使用这种构图方法拍摄的画面具有一定的稳定性，如图3-29所示。

高手支招　拍摄者究竟应该使用哪种构图方法要根据具体情况而定，但无论采用哪种构图方法，都应该遵守"有主有次，相互呼应，虚实对比，藏露隐现，简繁适中，疏密适中"的构图规律，从而达到图片既符合表现主题，整体画面又和谐统一的视觉效果的目的。

▲ 图3-28　S形构图

▲ 图3-29　九宫格构图

　　拍摄角度对拍摄效果有很大影响，即使拍摄对象的位置固定，如果相机的拍摄角度不同，拍摄出来的效果也会不同。图3-30所示为不同角度拍摄。

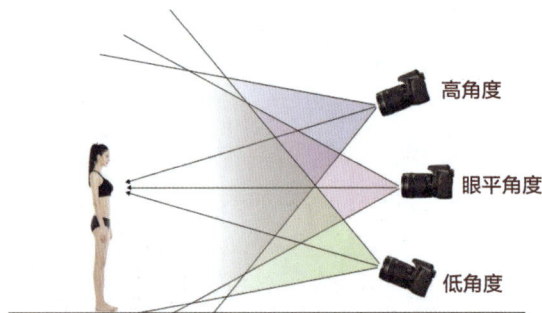

▲ 图3-30　不同角度拍摄

　　图3-31所示的图片就形象地反映了因拍摄角度的不同图片在视觉上产生的变化。由于拍摄角度的不同，拍摄对象和背景看起来都发生了改变。

▲ 图3-31　不同角度拍摄效果

3.4.4　选择适当的曝光模式

　　曝光模式通常有4种，即自动曝光模式、光圈优先模式、快门优先模式和手动曝光模式。

1. 自动曝光模式

自动曝光模式是由相机根据拍摄环境，自动选择相对合适的光圈和快门进行曝光的一种曝光模式。非常适合新手或对要求不高的拍摄。

2. 光圈优先模式

光圈优先模式是根据拍摄需求先确定光圈大小，然后相机根据光圈自动选择合理曝光的快门速度。使用光圈优先模式，必须考虑景深的变化，拍摄不同的主题需要不同的景深来表现。例如，使用大光圈可以拍摄出商品清晰而背景虚化的效果。

> **高手支招** 即使使用光圈优先模式，相机也会根据光圈的通光量来选择一个建议的快门速度，快门速度与光圈的关系如图3-32所示。如果使用小光圈拍摄，则相应的快门速度也会变慢，这时通常需要使用三脚架来固定相机以防图片模糊。

快	← 快门速度 →	慢
1/250秒	← 1/125秒 →	1/60秒
F4	← F5.6 →	F8
小（光圈开大）	← 光圈值 →	大（光圈缩小）

▲ **图3-32** 快门速度与光圈的关系

3. 快门优先模式

快门优先模式就是根据拍摄需求先确定快门速度，然后相机根据需要自动匹配一个适当的光圈大小。此曝光模式多用于创作特殊的摄影效果。例如，拍摄运动中的物体，由于物体的高速移动，需要使用高速快门才能够捕捉。

> **高手支招** 通过控制快门速度，不仅可以定格瞬间画面，还可以"延长"时间。例如，利用较慢的快门速度来拍摄奔跑中的运动员。拍摄时跟随画面主体移动，可以拍出主体清晰、背景模糊的画面效果。

4. 手动曝光模式

手动模式就是拍摄人员根据拍摄需要自己设置光圈大小和快门速度。一般情况下，选择恰当的曝光，但有时因拍摄的需要，需要通过手动曝光模式设置曝光过度、曝光不足、模糊画面，以便更好地表现画面。例如，要求背景和前景点都亮，而主体对象变为剪影的画面效果，就需要手动设置才能得到此效果。

恰当曝光又称为正常曝光，是指采用合适的光量进行拍摄，从而获得视觉效果良好的亮度。恰当曝光的标准比较模糊，哪种亮度最好，实际上与拍摄者的拍摄意图有着非常密切的关系。但是在拍摄者并未有意识地使画面较明亮（或较暗）的情况下，恰当曝光通常会自然而然地落在一定亮度范围内。当亮度大幅超出该范围时称为"曝光过度（过曝、过亮）"，相反的情况则称为"曝光不足（欠曝、过暗）"。曝光效果示例如图3-33所示。

◆ 曝光过度　　　　　　　◆ 恰当曝光　　　　　　　◆ 曝光不足

▲ **图3-33**　不同曝光下的拍摄效果

3.4.5　使用微距模式拍摄商品细节

由于微距模式可用于拍摄商品细节，通常用于拍摄珠宝首饰、昆虫、花草以及各种微小物体。

在微距模式下拍摄时，通常要靠近拍摄对象，合焦范围会变小，因此，对焦要精准。为了防止跑焦，可以使用小光圈（光圈值变大）强调前后的虚化效果，让合焦部分更加醒目，使主题更加突出。

在手持相机拍摄的情况下，采用微距模式拍摄时，可以将ISO值设置为自动（ISO值设置偏高），以减少因手抖动而造成画面模糊的现象，如图3-34所示。

▲ **图3-34**　采用微距模式抓拍商品细节

高手支招　对于一些体积较大的商品，可以使用变焦镜头来拍摄。但如果想放大拍摄微小商品，仅有标准变焦镜头是不够的，最好使用近距离拍摄专用的微距镜头进行近距离拍摄，如图3-35所示。

▲ **图3-35**　使用近距离拍摄专用的微距镜头放大拍摄微小商品

3.4.6　查看拍摄的图片的参数

有时候看到别人拍摄的图片非常漂亮，就想了解别人拍摄时使用的是什么相机，什么焦段以及其他参数，以供自己在今后的拍摄过程中参考使用。下面就介绍查看拍摄的图片参数常用的两种方法。

1.　在相机上查看

目前，查看拍摄的图片参数的方法有很多种，最简单快捷的就是直接在相机上查看，大家仔细观察可以发现相机上有一个【INFO.】按键，这个按键一般情况下很少使用，但是在查看拍摄的图片的参数时起到很大的作用，具体的操作步骤如下。

第1步 在回看拍摄的图片的时候按【INFO.】键，可以看到拍摄的图片的快门速度为1/60秒，光圈值为F20，如图3-36所示。

第2步 再按【INFO.】键，可以看到拍摄的图片的快门速度为1/60秒，光圈值为F20，ISO值为400，拍摄模式为TV快门优先，测光模式为点测光，白平衡模式为AWB自动白平衡，拍摄的图片风格为自动，色彩空间为sRGB，还可以看到拍摄时间等数据，如图3-37所示。

▲ 图3-36　查看拍摄的图片的快门、光圈参数　　▲ 图3-37　查看拍摄的图片的各种参数

2.　借助软件查看

在相机上查看拍摄的图片参数的方法比较简单，但是局限于只能查看相机本身拍出的图片，如果只有一张图片，想查看它的参数，那就需要借助其他的软件，目前大部分人都会使用光影魔术手软件来查看图片的参数，具体的操作步骤如下。

第1步 先在电脑里安装光影魔术手软件。

第2步 打开要查看的图片，选择状态栏中的"图片信息"选项，在弹出的对话框中，可以看到这张图片是用什么相机拍摄的，以及焦距、感光度、光圈值、快门速度等参数，如图3-38所示。

▲ 图3-38　用光影魔术手软件来查看图片的参数

3.4.7 正确的拍摄姿势

采用正确的持机动作和拍摄姿势不仅可以让拍摄工作顺利地完成，而且还会影响所拍图片的效果。为了防止出现手抖动现象，应该掌握正确的持机方法。

1. 取景器拍摄

（1）取景器拍摄时，右手握持手柄，左手支撑镜头下部，基本上是用双手包裹住相机。

（2）一只眼睛贴紧眼罩，通过眼睛和双手的3点来支撑相机更稳定。

（3）为了能迅速捕捉快门时机，不要过度用力。不要忘记双肘夹紧身体。纵向持机时手肘容易不自觉地张开，需要特别注意。

（4）双脚稍微左右分开，保持身体稳定，使身体正面朝向拍摄对象，具体持机动作如图3-39所示。

横向持机　　　　　　竖向持机（1）　　　　　　竖向持机（2）

▲ 图3-39　持机动作

> **高手支招**　图3-40所示的持机动作不正确：手肘张开的状态下，相机不稳定；捏着相机边缘的持机动作不正确。

2. 实时显示拍摄

（1）观察液晶监视器的实时显示拍摄时，身体与相机要有一定距离，否则容易引起手抖动。与取景器拍摄一样，持机时也要双肘夹紧身体，右手切实握持手柄，左手支撑镜头下部。

（2）触摸操作时将相机置于掌中使其稳定，和取景器拍摄一样要夹紧双肘，托住镜头下部，将相机置于掌中，稳定持机。具体持机动作如图3-41所示。

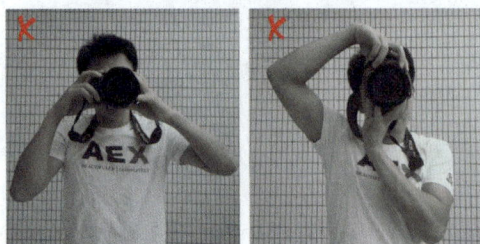

▲ 图3-40　不正确的持机动作　　　　　▲ 图3-41　实时显示拍摄持机动作

3.5 手机也能拍出好图片

随着科学技术的发展，智能手机的拍摄功能越来越强大，有的手机的拍摄功能甚至已经超越了相机。没有单反相机，照样能拍出好图片，下面来学习手机拍摄的方法和技巧。

1. 握稳手机

由于智能手机都轻巧，拍摄时很容易出现晃动，从而导致拍出的图片模糊。因此在拍摄时一定要握稳手机，特别是没有光学防抖功能手机的更应如此。此外，按拍摄按钮时一定要轻。使用手机进行宝贝拍摄时，可以横握手机，这样拍摄按钮比较好控制，如图3-42所示，也可以竖握手机，这样拿着比较舒服些，手机的握法要根据构图来决定。

> **高手支招**　　使用三脚架可以增加相机稳定性，特别是在夜间降低快门速度拍摄时，能够获得更稳定的效果。对于手机拍摄"发烧友"来说，应该考虑购入一个便携式三脚架，这样不仅可以拍出更稳定、更清晰的图片，同时也可以增强延时摄影等功能的易用性。

2. 选择最佳分辨率和长宽比

进入手机的相机设置菜单，如图3-43所示，首先确定当前使用的最高可用分辨率；然后选择长宽比，对于大多数的手机来说，选择"经典"的4∶3的长宽比，而不要选择16∶9的长宽比，除非你的手机采用的是16∶9传感器，因为只有手机相机本身所采用的是原生16∶9传感器，才会默认能够拍出"宽屏"的图片。

▲ 图3-42　横握手机的方法　　　　　　▲ 图3-43　手机的相机设置菜单

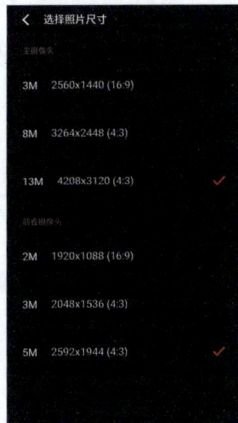

3. 准确对焦让拍摄主体更清晰

焦点就是视觉中心，它决定了一张图片的视觉重点。如果拍摄的画面中主体不清晰，说明拍摄者没有准确地对焦，如图3-44所示。

由于智能手机的摄像头都有自动对焦功能，每次打开拍摄模式时，焦点都是默认在画面的中心位置，这时可以将对焦位置调整到需要突出表现的位置，也就是将对焦位置选取在画面中最吸引人的部分，即将最想表现的部分作为焦点，保持快门处于半按状态。在对准焦点以后，要稍微停顿一下，以便相机准确对焦，然后再从容地按下拍摄按钮，这样可以避免拍摄出的图片发虚。图3-45所示为准确对焦的效果。

▲ 图3-44　没有准确对焦

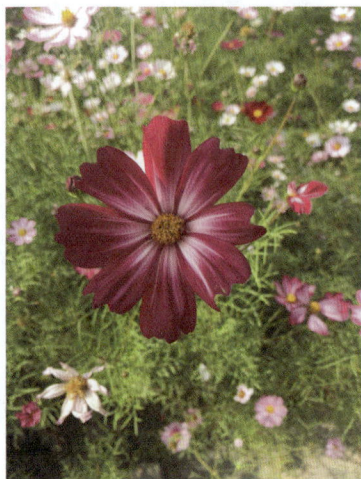

▲ 图3-45　准确对焦的效果

4. 不要使用数码变焦

由于数码变焦会降低图像质量，且变焦程度越大图像质量越差，所以拍摄时应尽量避免使用数码变焦。可以近距离拍摄，或者在拍摄之后，利用手机内置的图像编辑功能对图像进行裁剪，以达到需要的效果。

5. 通过点击屏幕调整对焦和曝光

要想让拍出的图片更有层次感和立体感，可以通过控制光线来实现。但如果发现图片的曝光不准或者有些失焦，就可以通过在屏幕上点击拍摄对象来调整对焦和曝光，如图3-46所示。

6. 选择合适的拍摄模式

大多数智能手机都有丰富的拍摄功能，可以添加各种拍摄特效，还可以针对不同的场景提供不同的拍摄模式，如微距模式、全景模式、专业模式、慢镜头模式等，如图3-47所示。掌握这些拍摄模式能让拍摄工作变得更加简单、轻松。但使用手机拍摄淘宝宝贝时，建议不要使用这些固有模式，而应选择正常模式。

▲ 图3-46　通过点击拍摄对象来调整对焦和曝光

▲ 图3-47　选择拍摄模式

7. 运用闪光灯补光可让拍摄主体更清晰

如果拍摄环境中的光线不好，拍摄时曝光不充分，拍摄画面较暗，主体就得不到充分体现，如图3-48所示。这时就可以使用手机中的闪光灯进行补光，补光后就能拍摄出清晰可见的画面效果，如图3-49所示。

▲ 图3-48 曝光不充分拍摄画面较暗

▲ 图3-49 补光后拍摄的清晰画面效果

手机中的闪光灯大都为LED灯，手机闪光灯设置通常有3种模式：自动闪光灯模式、开启闪光灯模式和关闭闪光灯模式。拍摄时建议选择自动闪光灯模式，手机将自动分析现场光线环境，根据现场光线的明暗自动开启或关闭闪光灯进行拍摄。

8. 室内拍摄要注意手机测光

由于室内光线环境比较复杂，不像室外光照条件比较好，因此，在光线条件复杂的环境中必须注意不同测光位置对拍摄画面的影响。光线环境复杂会使主体与周围环境形成较大的反差，如果测光位置选择不当，就会使拍摄的画面过暗或过亮，拍摄的物体会失去细节。在明暗分布不均匀的环境中，如果选择在暗部位置进行测光，则会导致较亮的位置出现曝光，如图3-50所示；如果选择在亮部位置进行测光，则会导致较暗的位置失去细节，如图3-51所示。因此，应该将测光位置选择在明暗较适中的位置或明暗过渡位置，如图3-52所示。

▲ 图3-50 选择在暗部位置进行测光

▲ 图3-51 选择在亮部位置进行测光

▲ 图3-52 选择在明暗较适中的位置或明暗过渡位置进行测光

9. 利用手机的不同滤镜

手机中有很多自带的滤镜，如安卓手机里的复古、翡翠、洛可可、去雾等滤镜，苹果手机中的冲印、岁月、怀旧等滤镜，这些滤镜功能可以使拍摄画面产生不同的艺术效果，特别适合拍摄一些精美的小物品，如图3-53所示。

▲ 图3-53　不同滤镜的效果

10. 同时拍摄多张图片

无论是用手机还是用数码相机拍摄，都可以一次性拍摄多张图片，以便有更多选择好图片的机会，如图3-54所示。

> **高手支招**　可以使用手机内置的图像编辑软件来调节图片的对比度和亮度，以及对画面多余的部分进行裁剪，如图3-55所示。

▲ 图3-54　一次拍摄多张图片

▲ 图3-55　编辑图片

3.6　主图的规划与拍摄

众所周知，网络购物是通过商品图片来获取商品的相关信息，因此，商品图片的拍摄质量和视觉效果将直接影响商品的转化率。下面将介绍商品主图、细节特写图等各种图片的规划与拍摄事项。

3.6.1 商品主图规划

一个淘宝店铺给人的最佳视觉效果应该是布局整齐、商品陈列方式统一、用色柔和，这样更能体现店铺品牌。商品主图虽然独立于此款商品展示中，但多种商品集中展示时，就构成了整体陈列效果。如图3-56所示，A和B同为卖茶叶的店铺，A店铺的页面比较随意，杂乱无章，而B店铺的商品陈列页面整齐、统一有序，给人规范和美的感受。

从以上两个店铺商品的陈列布局的分析中可以看出，A店铺在拍摄商品时，并没有考虑到每种商品的摆放角度对整体布局的影响，因此当不同摆放角度的商品陈列时，页面就会显得非常凌乱。虽然可以通过软件对商品图片进行后期处理，但商品摆放角度是无法改变

▲ 图3-56 店铺商品陈列对比

的，因此在拍摄前，需要统一规划好每种商品的摆放角度，让店铺页面效果看起来更加专业。

3.6.2 商品细节特写图片的规划

细节更能彰显品质，基本上所有的商品主图都会提供细节展示，这样能让买家更好地了解商品品质和提高购物体验。在拍摄商品细节特写图之前，首先要站在买家的角度来确定商品细节的关注点，然后再进行拍摄，全方位地让买家了解商品信息。提供商品细节特写图片，不仅能让买家有更好的购物体验，有利于商品转化率的提高，更能提高店铺和商品的搜索权重。

目前，淘宝已全面开放支持细节特写和放大镜功能，不需要再单独申请。

那么，如何拍摄出优质的商品细节特写图片呢？在拍摄前，需要先了解细节特写图片的拍摄要求，具体如下。

（1）商品主图共5张，展示顺序分别为商品正面图（允许模特图）、商品背面图或侧面图、能展示商品品质或是特色的细节特写图3张，如图3-57所示。

（2）5张商品主图必须是同一款商品，图片要求是正方形，图片大小为800像素×800像素以上，即可自动拥有放大镜功能。

（3）如果一款商品有多个颜色，5

▲ 图3-57 商品主图

张商品主图建议统一为一种颜色，其他颜色的主图可在商品描述详情页里设置上传展示。

（4）商品细节展示包括但不限于以下内容。

款式特写：能表现商品独特设计的要素，如剪裁工艺、印染、刺绣、褶皱等。

做工特写：车线、内衬锁边、里料等。

材质特写：面料、颜色、面料纹路等。

配件特写：拉链、扣子、铆钉等。

（5）商品拍摄清晰，微距拍摄商品细节时，商品细节必须占该张图片70%的位置。

（6）商品细节特写图片必须单独拍摄，不允许在主图上进行裁剪完成。

3.6.3 使用摄影棚让拍摄更简单

新手卖家一听说摄影棚，觉得是"高大上"的东西，只是听起来很专业，其实，摄影棚很简单且易操作，价格也不贵，几百元以内就可以买到一套质量比较不错的摄影棚设备。用它拍商品，后期处理起来也更容易，如图3-58所示。

淘宝主图都要求是白底，因此，在拍摄时最好使用单一背景。当然，最好使用白色底衬，这样便于拍后将主图抠出。否则，复杂的背景会增加拍后抠图的工作量。解决这一问题的最好办法是在摄影棚中进行拍摄，特别是在拍摄小物件时，如果没有合适的背景，建议买一个小一点的摄影棚，简单、易用且方便，如图3-59所示。

▲ 图3-58 拍摄大物体（模特）的摄影棚　　　▲ 图3-59 拍摄小物件的摄影棚

因为摄影棚都配有专业的灯光，以满足拍摄时的光线要求，并且通常都是白色背景，拍摄出来的商品图片后期处理就变得更加简单、快捷。

3.7 商品描述详情页图片的规划与拍摄

商品（宝贝）描述详情页是影响商品成交转化的重要因素之一，一个成功且专业的商品描述详情页，由优质的商品图片，好的图片后期处理与制作，出色的营销方案和良好的售前售后服务等因素决定。因此，在设计商品描述详情页图片时，需要摄影师、美工、运营人员对商品和买家进行分析，确定展现的内容，再准备拍摄商品和制作图片。

3.7.1　买家想知道的商品信息

买家想知道的商品信息大体如下。

整体大图展示：商品的正面图或背面图，能通过大图对商品有直观和整体的了解。

多角度展示：从各角度全方位地了解商品外观。

功能信息展示：深入了解商品的功能，判断商品是否满足自己的需求。

参数信息展示：进一步了解商品的尺寸或重量。

款式颜色展示：查看是否有自己喜欢的颜色和款式。

细节特写展示：通过细节特写来判断商品的品质特点。

综合以上6点，买家可以大概判断出商品是否符合自己的要求。

3.7.2　卖家需要展示的商品信息

卖家需要展示的商品信息大体如下。

独特卖点信息展示：展示商品独家或独特的功能与卖点，从根本上打动买家，体现出商品的价值感和品牌感。

模特效果图展示：模特效果图比单纯的实物图更吸引人，它能带给买家犹如亲身体验的感觉，从而产生共鸣和认同感。

实力资质展示：通过商品的检验报告、合格证书、资质证书、荣誉证书、工厂实景、生产仓储、实体店铺门面等图片来展示自己的实力，进一步让买家产生信任感。

商品对比展示：通过与其他劣质商品的对比，体现自家商品的品质和独特功能。

场景实用展示：将商品使用效果或放在真实使用环境中的效果拍摄出来，让买家更深入了解该商品的实用性。

包装效果：通过展示商品的吊牌标签和运输时的外包装，体现品牌感和运输途中的安全性。

以上6点在商品描述详情页中经常用到，但因为商品不同，其性质特点也会不同，因此需要根据商品的实际情况来分析规划。

3.7.3　规划商品图片拍摄

在规划好商品描述详情页内容后，对于需要用图片表现的内容，就可以着手准备拍摄了。

整体大图：拍摄商品正面或背面时，一般以单色为背景，如图3-60所示。

多角度：对于一些非常立体的商品，经常会进行多角度拍摄，如图3-61所示。如果需要制作360°动态旋转展示的GIF动画图片，那么在拍摄时，以45°为单位进行拍摄，如0°拍一张，45°拍一张，90°再拍一张，依此类推。

▲ 图3-60　商品整体展示

▲ 图3-61　商品多角度展示

功能信息：将商品的功能特点拍摄出来，如图3-62所示。

参数信息：测量商品尺寸或对商品进行称重，如图3-63所示。

▲ 图3-62　商品功能信息

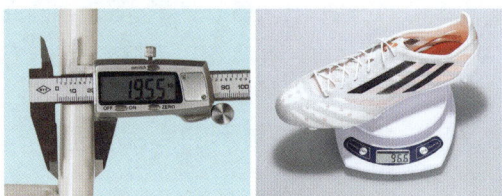

▲ 图3-63　商品参数信息

款式颜色：将多颜色或多款式的同一商品分别拍摄出来，如图3-64所示。

细节特写：拍摄出能体现商品质量和特色的细节，如图3-65所示。

▲ 图3-64　商品多色拍摄

▲ 图3-65　商品细节

独特卖点信息：拍摄商品的独特功能或者卖点，如图3-66所示。

模特效果图：拍摄模特效果图，更能提高商品的转化购买率，如图3-67所示。

▲ 图3-66　商品卖点信息

▲ 图3-67　模特效果图

实力资质：证明店铺或商品实力的资质报告都可以拍摄出来，如图3-68所示。

包装效果：拍摄商品的吊牌及发货时的包装效果，如图3-69所示。

▲ 图3-68　实力资质

▲ 图3-69　商品包装

商品对比：拍摄一些自家商品与其他劣质商品的对比图，更能体现自家商品的优良品质，如图3-70所示。

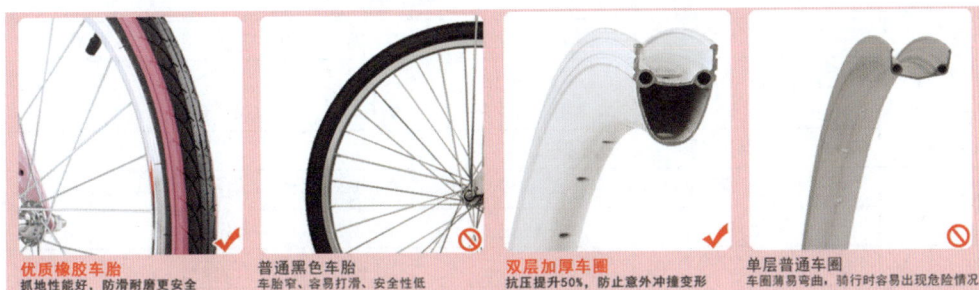

▲ 图3-70　商品对比

场景实用：拍摄商品的真实使用环境效果，如图3-71所示。

▲ 图3-71　场景实用

在商品拍摄前，可以先制作表格来规划拍摄计划，然后再拍摄，这样做更能保证拍摄质量。表3-3所示为连衣裙拍摄前的规划。

表3-3 连衣裙拍摄前的规划

商品名称	甜美高腰蝴蝶结欧根纱连衣裙	拍摄时间	2018年2月20日	样图	

细节特写要求	(1)商品正面图(含模特图)、商品背面图、设计细节图等 (2)商品细节展示包括但不限于以下内容 　款式特写:能表现商品独特设计的要素,如剪裁工艺、高腰设计、欧根纱等 　做工特写:车线、内衬锁边、里料等 　材质特写:面料、颜色、面料纹路等 　配件特写:拉链、蝴蝶结等

拍摄部位	拍摄要点	构图	拍摄数量
整体大图	正面、背面、侧面	静物台,水平拍摄	3
参数信息	肩宽、胸围、腰围、裙长(软尺测量)		
款式颜色	黑间白色、黑间香槟色	静物台,水平拍摄	3
细节特写	蝴蝶结可拆、隐形YKK拉链、欧根纱面料	静物台,水平拍摄	3
独特卖点信息	撞色设计、超大蝴蝶结、超大裙摆、高腰设计	静物台,水平拍摄	4
模特效果图	穿着效果、多角度拍摄	棚拍	10
实力资质	质检报告、吊牌、工厂区、实体店面等	静物台,水平拍摄	4
包装效果	精美手提袋、专用纸盒包装	静物台,水平拍摄	2
商品对比	优劣欧根纱对比、板型对比	静物台,水平拍摄	2
背景/场景	主图白色背景,模特场景粉色房间、咖啡屋		
摄影器材	单反数码相机、反光板、摄影灯		
道具	苹果、撞色方块等		

3.7.4 活用小道具让商品图片更真实、更抢眼

商品图片对于买家来说,非常重要,他们希望看到既能反映实物真实面貌又具视觉美感的图片。

在拍摄商品图片时,若能巧用一些小道具,往往能制造出非同一般的效果。其实,生活中存在很多可利用的小道具,巧用小道具不仅可以增加拍摄乐趣和效果,衬托商品的美感,而且让商品处于一个真实的场景中,使其看上去更真实、更吸引眼球。

图3-72所示为拍摄的面包图。图3-72(a)选用小麦穗做道具,用商品原材料搭配,给买家一种绿色、生态的感觉,突出面包的质量。而图3-72(b)选用餐具做道具,用商品的用途场景搭配,突出面包的实用性和生活的品质感。

（a）选用小麦穗做道具　　　　　　　　（b）选用餐具做道具

▲ 图3-72　拍摄的面包图

3.8　室外拍摄的注意事项

拍摄是光与影的完美结合，在拍摄时需要有足够的光线照射到拍摄对象上。最好的也是最简单的方法就是利用太阳光来拍摄。

3.8.1　选择最佳的拍摄时间

随着时间的变化，不仅光线的位置在变化，光线的强度也在变化，自然光线照射在拍摄对象上的光线效果也会随着光线的位置和强度的变化而不断改变。因此，在进行室外摄影时，就需要选择最佳的室外拍摄时间，以得到满意的拍摄效果。

一般来说，一天当中的最佳拍摄时间段为上午日出到上午10点、下午3点以后到日落。在这些时间段内，太阳光线柔和，强度适中，容易得到柔和的影调和色调。

3.8.2　光线的运用

虽然强烈的阳光能提供良好的照明条件，使画面环境有生气，画面色彩饱满，但阳光过于强烈，也会影响拍摄的质量，如容易出现光斑等问题。因此，在拍摄时一定要注意以下几点。

1．避免阳光直射

在户外拍照，应多让阳光从侧面照射拍摄对象，不要让太阳直射到拍摄对象上，如果太过生硬的直射光直接照射到拍摄对象上，很容易出现刺眼的光斑，从而影响画面的美感。

2．选择侧光、侧逆光

侧光、侧逆光是表现投影的理想光线，让太阳处于拍摄对象的背后并有一定的偏移，前面的光线可以照亮拍摄对象，使它的色彩和阴影变亮，轻微的角度则可以产生一些阴影来显示出拍摄对象的质地。

高手
支招　　　侧光是指从拍摄对象侧面照射过来的光线。这种光线不仅能够很好地表现出拍摄对象的立体感，还能丰富画面的阴暗层次，起到很好的塑形作用。

3. 忌用顺光、逆光拍摄

顺光是指照射在拍摄对象正面的光线。虽然这种光线可以很好地突出拍摄主体，也不会受阴影的干扰，但不能很好地表现拍摄对象的质感和轮廓，拍摄出的图片表现力平平，因此拍摄商品时一般不要选择顺光拍摄。

逆光是指从拍摄对象后面照射过来的光线。由于这种光线会让背景变得明亮，而使拍摄对象漆黑一片，只有轮廓没有层次，因此在拍摄商品时，应尽量避免逆光拍摄。

第4章
淘宝视频的拍摄与制作

目前，电商行业中越来越多的卖家选择以拍摄商品视频的方式来展示商品。视频比静态的商品图片更具有说服力，也更加生动，同时可以表现出图片无法表现的特性，因此本章将简单介绍作为一个电商美工应该掌握的视频拍摄与制作。

本章学习要点 ● ● ●

- ✪ 淘宝视频拍摄
- ✪ 使用爱剪辑制作视频
- ✪ 主图视频、详情视频的制作与发布

网上开店 赚钱不难

4.1 淘宝视频拍摄

在电商行业中，视频越来越受欢迎，它不仅能快速吸引买家的目光，还能在最短的时间内展示商品的信息及使用方法等。店铺对主图视频、详情视频的支持，使得越来越多的卖家开始把商品视频的制作加入到店铺装修的范围内。

4.1.1 淘宝视频的要求

网店视频通常分为详情视频与主图视频两种，它们对视频的尺寸和时长要求各不相同，下面分别介绍。

1. 详情视频

详情视频的添加可以改善买家浏览体验，展示完整的商品信息。淘宝详情页中上传视频的要求如下。

（1）视频格式。淘宝后台会对上传的视频进行统一转码审核（不支持GIF动态图片格式），支持多种格式，包括AVI、MOV、ASF、WMV、NAVI、3GP、REALVIDEO、MKV、FLV等。

（2）视频尺寸。推荐尺寸为1280像素×720像素。

（3）视频时长。时长建议不能超过10分钟，对视频大小无要求。

> **高手支招** 淘宝店（旺铺专业版）、天猫店对详情视频的要求是相同的。

2. 主图视频

主图视频的要求如下。

（1）视频格式。淘宝后台会对上传的视频进行统一转码审核（不支持GIF动态图片格式），支持所有视频格式，常见的视频格式有AVI、MOV、ASF、WMV、NAVI、3GP、REALVIDEO、MKV、FLV等。

（2）视频尺寸。视频的宽高比必须为1：1，最好是800像素×800像素，大于800像素的也可以，但低于800像素的会比较模糊，视频大小不超过2GB。

（3）视频时长。主图视频时长≤9秒。

（4）一个视频只能绑定一个商品。

3. 手机淘宝对视频的要求

手机端主图视频尺寸建议为800像素×800像素，最长时长为10秒；详情视频尺寸无限制，视频最长时长为60秒。建议主图视频的输出宽高比设置为1：1，尺寸越大，清晰度越高。通常拍摄的视频宽高比为4：3和16：9两种。为了制作宽高比1：1的视频，最好用宽高比4：3的比例来拍摄。制作的时候，注意视频应铺满全屏，这就需要适当地调整。

4.1.2 淘宝视频的拍摄流程

淘宝视频拍摄流程如下。

1. 了解商品特点

拍摄淘宝视频前需要对商品有一定的认识与了解，包括商品的特点及商品的使用方法等，只有了解了商品后才能选择合适的模特、拍摄环境和拍摄时间，以及根据商品的大小和材质来确定拍摄的器材和布光等。在拍摄时，对商品特色之处进行重点表现，可以帮助买家更好地了解商品，打消顾虑并购买。如图4-1所示为某吸尘器的主图视频，虽然放置在主图中的视频只有短短的9秒，但它将吸尘器的特点和使用方法展示得一清二楚。

▲ 图4-1 某吸尘器的主图视频

2. 道具、模特与场景的准备

道具、模特与场景的准备是拍摄淘宝视频中重要的一步。

（1）道具。视频拍摄的道具有很多，但道具要根据商品来准备。如需要为商品进行解说，则要准备录音设备；如需在室内拍摄，则需要准备相应的摄影灯等。图4-2所示为室内视频拍摄场景。

▲ 图4-2 室内视频拍摄场景

（2）模特。不同的商品需要选择不同的模特，部分商品可能不需要模特。

（3）场景。一般而言，拍摄的场景分为室内场景和室外场景。室内场景需要考虑灯光、背景、布局等，室外场景则需要选择一个合适的地点和天气，避免在人物杂乱的环境和灰色天气下拍摄。无论是哪种场景，一款商品都需要拍摄多段视频，以便多方位展示商品，以及后期的挑选与剪辑。

3. 视频拍摄

在一切准备就绪后，就可以按照制订好的拍摄计划进行视频拍摄了。在拍摄过程中，针对不同商品的拍摄要求运用不同的拍摄方法与技巧。

4. 后期合成

视频拍摄后，需要将多余的视频部分删减，然后将多个视频场景组合，以及进行添加字幕、音频、转场和特效等后期编辑。这些工作需要借助视频编辑软件来完成，常用的视频编辑软件有会声会影、爱剪辑和Premiere等。由于爱剪辑对于新手而言更容易掌握，且功能强大，因此，本书主要讲解用爱剪辑软件进行视频编辑和合成的方法。

4.1.3 视频构图的基本原则

构图是视频拍摄的基本技巧之一，是对画面中各元素的组成、结合、配置与取舍，从而更好地表达视频的主题与美感。同样的事物，不同的角度就有不同的构图。

视频拍摄中必须有一个主体，将视频的兴趣中心点引到主体上，给人以最大限度的视觉吸引力。视频构图的基本原则如下。

1. 主体明确

突出主体是对画面进行构图的主要目的。主体是表现主题思想的主要对象。在视频拍摄的构图上，要将主体放在醒目的位置。从人们的视觉习惯来讲，把主体放置在视觉的中心位置上，更容易突出主体，如图4-3所示。

2. 陪体衬托

如果只有主体而没有陪衬，画面会显得呆板、无变化，但是陪衬又不能喧宾夺主，主体在画面上必须显著突出，如图4-4所示。

▲ 图4-3　直接拍摄主体对象　　　　　▲ 图4-4　有陪衬的拍摄效果

3. 环境烘托

在拍摄时，将拍摄对象置于合适的场景中，不仅能突出主体，还能给画面增加浓厚的现场真实感，如图4-5所示。

4．前景与背景的处理

一般而言，位于主体之前的景物为前景，位于主体之后的景物为背景。前景能弥补画面的空白感，背景则是影像的重要组成部分。前景与背景不仅能渲染主体，还能使画面富有层次感、立体感，如图4-6所示。

▲ 图4-5　环境烘托拍摄效果

▲ 图4-6　前景与背景的处理

5．画面简洁

选用简单的背景，可以避免买家对主体注意力的分散。如果遇到杂乱的背景，可以采取放大光圈的办法，让背景模糊不清，以突出主体。也可以选择合适的角度进行拍摄，避开杂乱的背景，使拍摄主体突出，如图4-7所示。

6．追求形式美

充分利用点、线、面等元素的结合，在视觉上追求画面感，如图4-8所示。

▲ 图4-7　画面简洁的拍摄效果

▲ 图4-8　点、线、面等元素结合的拍摄效果

4.1.4　视频拍摄的景别、方位、角度

为了更好地表现商品，可以选择不同的视频拍摄景别、方位和角度等。

1．拍摄景别

景别主要是指摄影机同拍摄对象间的距离的远近不同，而使画面中拍摄对象的大小发生改变。景别的划分没有严格的界限，一般分为远景、全景、中景、近景和特写。景别的划分是相对而言的，不是绝对的，同样的一个取景范围，它属于哪一类景别，要看它相对什么而言。例如一个窗户的全貌，对于一个房子来说，它是特写；但是对窗户本身来说，它是全景。

（1）远景。远景是远距离拍摄事物的一种画面。镜头离拍摄对象比较远，画面开阔。图4-9所示为远景拍摄效果。

（2）全景。全景是表现物体的全貌或人物全身的画面，全景在淘宝视频中应用很广，用于表现商品的整体造型。图4-10所示为全景拍摄效果。

▲ 图4-9　远景拍摄效果　　　　　▲ 图4-10　全景拍摄效果

（3）中景。中景指画框下边取景到拍摄者膝盖左右的部位或场景局部的画面。中景的取景位置离拍摄对象不远也不近，非常适中。中景在视频拍摄中占的比重较大，它不仅将拍摄对象的大概外形展示出来，而且在一定程度上显示了细节，是突出主体的常用镜头。图4-11所示为中景拍摄效果。

（4）近景。近景指拍摄人物胸部以上或物体的局部的画面。近景的取景位置离拍摄对象较近。近景能很好地表现拍摄对象的特征和细节等。图4-12所示为近景拍摄效果。

▲ 图4-11　中景拍摄效果　　　　　▲ 图4-12　近景拍摄效果

（5）特写。特写用于表现拍摄对象的细节，是淘宝视频拍摄中必须用到的镜头。细节的表现能体现商品的材质和质量等，如图4-13所示。

2. 拍摄方位

在拍摄商品视频时，从多个方位拍摄能更好地体现商品的全貌，进而给消费者全面的展示。

（1）正面拍摄。正面拍摄可以较好地展示商品的外观形象和重要功能，易给买家留下深刻的第一印象，如图4-14所示。若是需要模特的商品，如服装和首饰等，还需要在正面以多种造型进行拍摄展示。

（2）侧面拍摄。侧面拍摄包括正侧面拍摄和斜侧面拍摄。正侧面拍摄多用于表现商品的侧面效果。斜侧面拍摄不仅能表现商品的侧面效果，而且能给画面一种延伸感和立体感，因此，采用斜侧面拍摄方式的商品更多，如图4-15所示。

▲ 图4-13　特写拍摄效果

▲ 图4-14　正面的拍摄效果

（3）背面拍摄。一般为表现商品的全貌，背面拍摄也不可少，如服装、鞋子和包包等，如图4-16所示。

▲ 图4-15　斜侧面拍摄效果

▲ 图4-16　背面拍摄效果

3. 拍摄角度

在拍摄前观察被摄对象，选择最能表现其特征的角度。

（1）平视角度。拍摄点与拍摄对象处于同一水平线上，以平视的角度来拍摄物体，画面效果接近人们观察事物的视觉习惯。在商品摄影中，该角度能真实反映商品的形状等外部特征，如图4-17所示。

（2）仰视角度。拍摄点低于拍摄对象，以仰视的角度来拍摄物体。该角度能突出主体，表现拍摄对象的内部结构，如图4-18所示。

▲ 图4-17　平视角度拍摄效果

▲ 图4-18　仰视角度拍摄效果

（3）俯视角度。拍摄点高于拍摄对象，以俯视的角度拍摄位置较低的物体。这种拍摄方式在淘宝视频拍摄中最常用，如图4-19所示。

▲ 图4-19 俯视角度拍摄效果

4.2 使用爱剪辑制作视频

视频编辑软件有很多，其功能也大同小异。对淘宝美工而言，使用简单实用的视频编辑软件即可满足工作需要。当然，每一种软件都有它的优点和缺点，用哪种软件还是按照个人的偏好来选择为好。本节介绍爱剪辑视频剪辑软件的常用方法。

4.2.1 剪切视频

作为一款颠覆性的视频剪辑软件，爱剪辑创新的人性化界面不仅能够让人快速上手剪辑视频，无须花费大量的时间学习，而且其超乎寻常的启动速度、运行速度也使视频剪辑过程更加快速、轻松。

扫码看视频

1. 添加视频

第1步 启动爱剪辑软件，新建一个空白文件，如图4-20所示。

▲ 图4-20 新建一个空白文件

第2步 在主界面顶部单击"视频"选项，在视频列表下方单击"添加视频"按钮，在弹出的对话框中选择要添加的视频文件，单击"打开"按钮，或者双击视频列表下方"已添加片段"列表中的文字提示"双击此处添加视频"，即可快速添加视频，如图4-21所示。

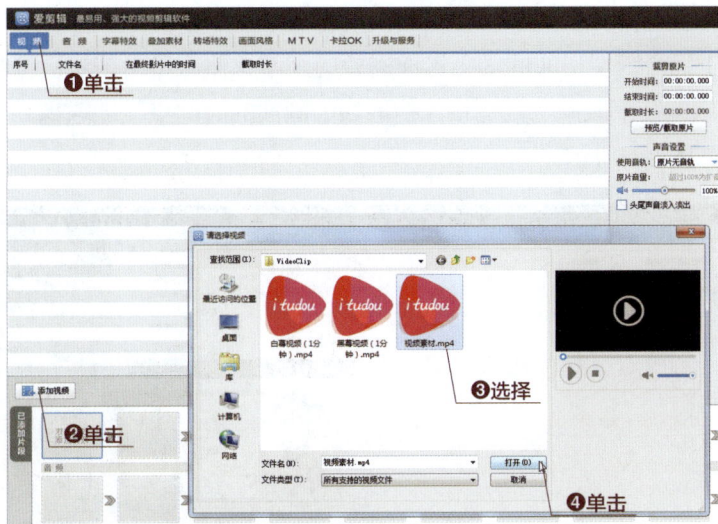

▲ 图4-21　添加视频

高手支招　也可以直接将视频文件拖曳到爱剪辑的"视频"编辑窗口中。

2. 自由剪辑视频片段

在主界面右上角的视频预览框的时间进度条上，单击凸起的向下箭头，或者按【Ctrl】+【E】组合键，打开"创新式时间轴"面板，并结合"音频波形图"和"超级剪刀手"精确踩点。

通过"创新式时间轴"面板剪辑视频片段时，可使用按键快速调用相应的功能。

【+】键：放大时间轴。

【-】键：缩小时间轴。

【↑】、【↓】键：逐帧选取画面。

【→】、【←】键：5秒微移选取画面。

【Ctrl】+【K】或【Ctrl】+【Q】组合键：一键分割视频，如图4-22所示。

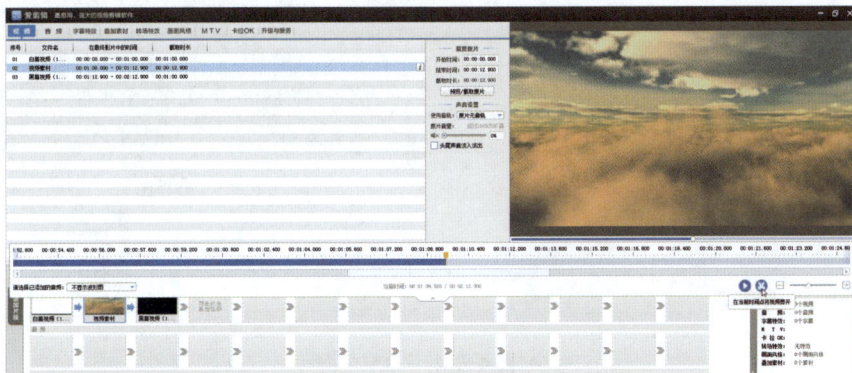

▲ 图4-22　一键分割视频

也可以双击界面底部"已添加片段"列表中的缩略图，弹出"预览/截取"对话框，通过按【Ctrl】+【E】组合键调出时间轴，选取需要的画面，然后单击该对话框中的"截取的开始时间"和"截取的结束时间"处，快速拾取当前画面的时间点，截取视频片段，最后单击"确定"按钮，如图4-23所示。

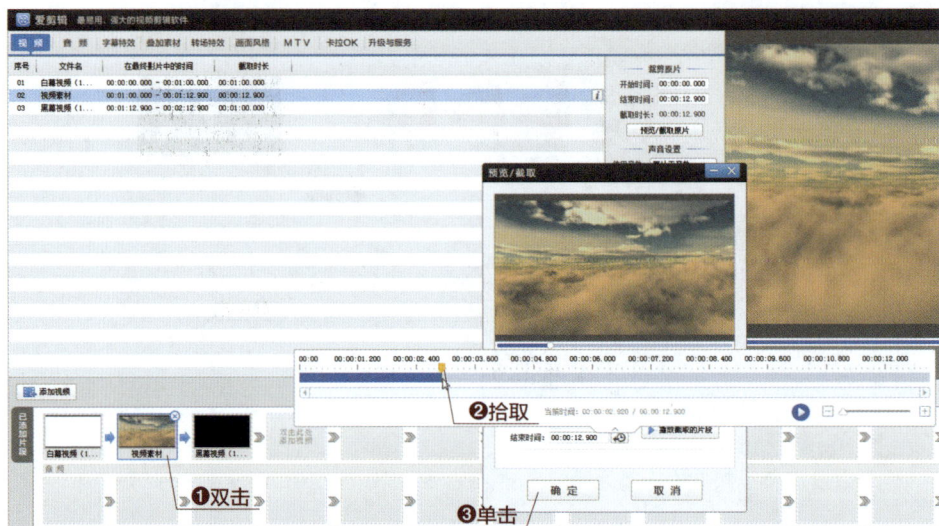

▲ 图4-23 截取视频片段

3. 保存文件

编辑完成后，将所编辑的文件保存成扩展名为.mep的工程文件，以方便下次编辑修改。单击视频预览框左下角的"保存"按钮（或按【Ctrl】+【S】组合键），即可保存剪辑的文件。

4. 导出视频

第1步 视频剪辑完毕后，单击视频预览框右下角的"导出视频"按钮，弹出"导出设置"对话框。

第2步 设置相关参数，单击"导出"按钮，即可导出视频，如图4-24所示。

▲ 图4-24 导出视频

导出视频时，如果原片清晰度足够，可选择视频导出格式为"720P"或"1080P"的MP4，并参考视频网站的清晰度标准，设置合适的比特率，一般720P的MP4设置为3500kbit/s以上最佳。

视频格式有很多种，如果导入、导出的视频格式不符合要求，则可以使用视频格式转换工具将其转换成符合要求的格式。常用的视频格式转换工具有格式工厂、会声会影、魔影工厂等。另外，格式工厂还有增添数字水印等功能。

4.2.2 为视频配音

使用爱剪辑给视频配音的操作很简单，其具体的操作步骤如下。

扫码看视频

1．添加及截取音频

第1步 添加视频后，单击"音频"选项，在"音频"面板中单击"添加音频"按钮，在弹出的下拉列表框中，根据需要单击选择"添加音效"或"添加背景音乐"选项，如图4-25所示。

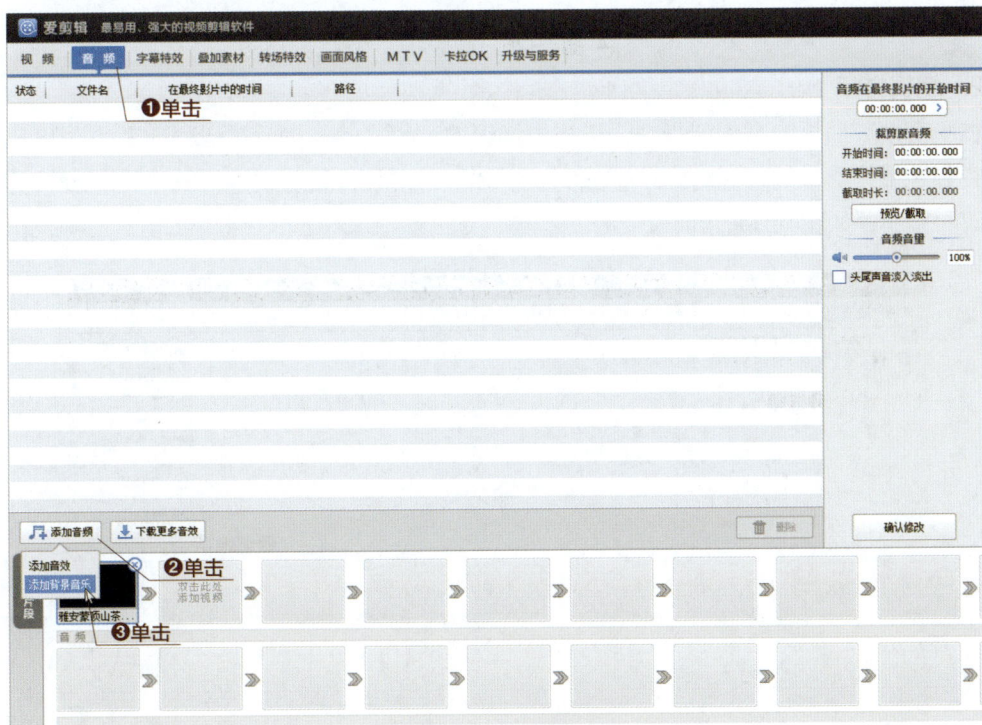

▲ 图4-25 添加音频

第2步 在弹出的文件选择框中，选择要添加的音频文件，弹出"预览/截取"对话框，截取音频片段，在"此音频将被默认插入到"组中，选择需要的选项，这里单击"最终影片的10秒开始处"单选按钮，然后单击"确定"按钮即可，如图4-26所示。

爱剪辑在支持各种纯音乐格式作为背景音乐的同时，还支持提取视频的音频作为台词或背景音乐，并可实时预览视频画面，方便快速提取视频某部分的声音（如某句台词）。

▲ 图4-26　截取音频

2. 编辑音频

在"音频"面板的音频列表中，选择要编辑的音频文件，然后在音频列表的右侧，分别对"音频在最终影片的开始时间""裁剪原音频""音频音量"组进行编辑，然后单击"确认修改"按钮，如图4-27所示。

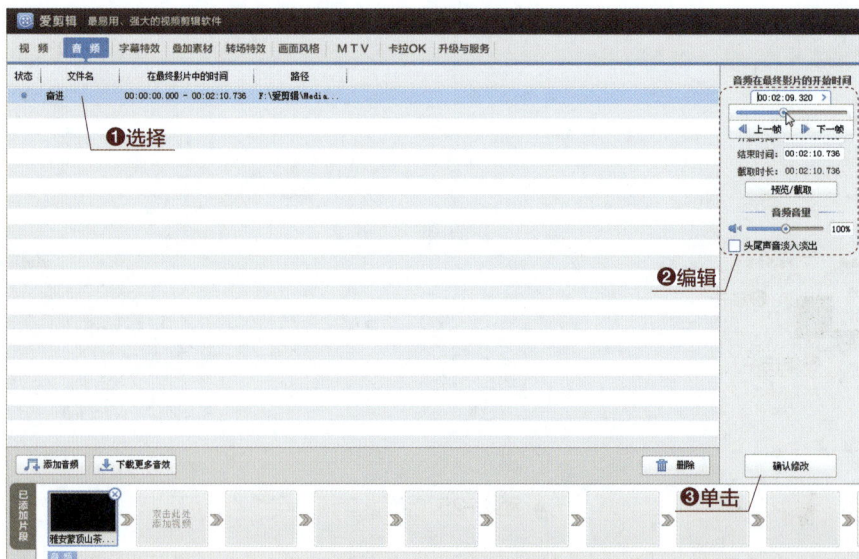

▲ 图4-27　编辑音频

3. 删除音频

在"音频"面板的音频列表中，选择要删除的音频文件，单击音频列表右下角的"删除"按钮，如图4-28所示。

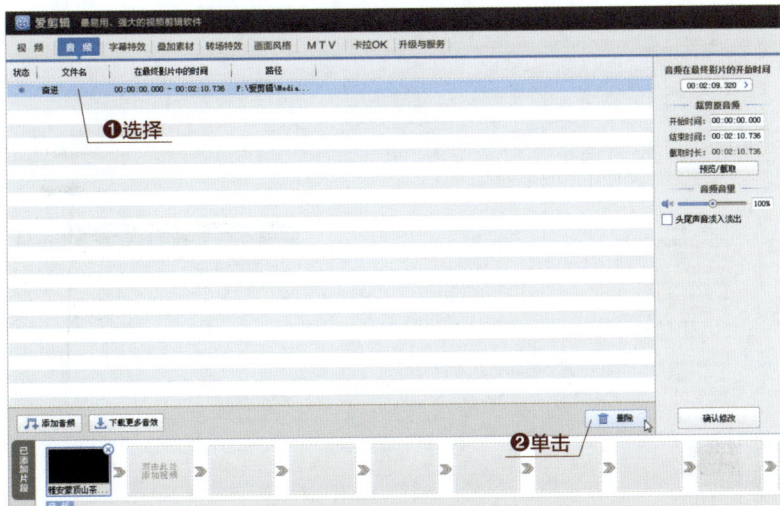

▲ 图4-28　删除音频

4.2.3　为视频添加字幕

利用爱剪辑不仅能为视频添加音频、字幕，而且还可以轻松地制作字幕特效。添加字幕的具体步骤如下。

扫码看视频

1. 输入文字

第1步 在主界面中单击"字幕特效"选项，在右上角视频预览框的时间进度条上，单击要添加字幕特效的时间点，将时间进度条定位到要添加字幕特效处，如图4-29所示。

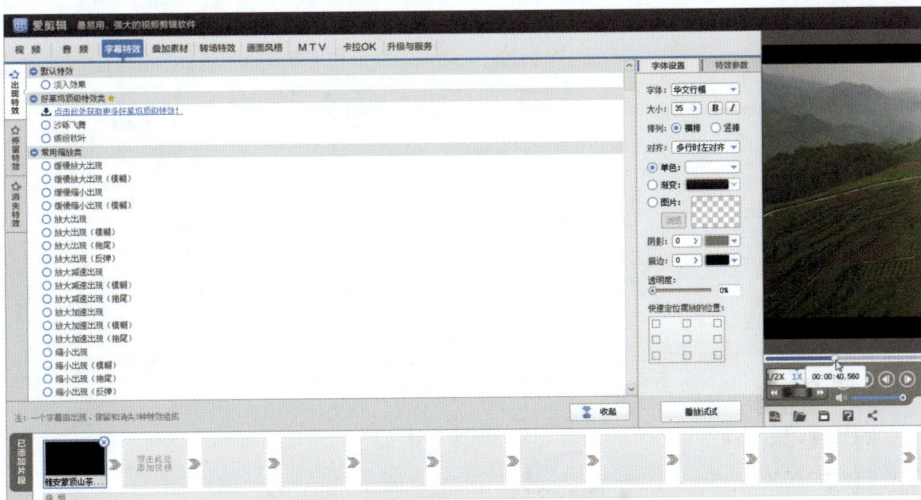

▲ 图4-29　定位添加字幕特效时间点

第2步 双击视频预览框，在弹出的"输入文字"对话框中输入文字内容，单击"顺便配上音效"下方的"浏览"按钮，为字幕特效配上音效，然后单击"确定"按钮，如图4-30所示。

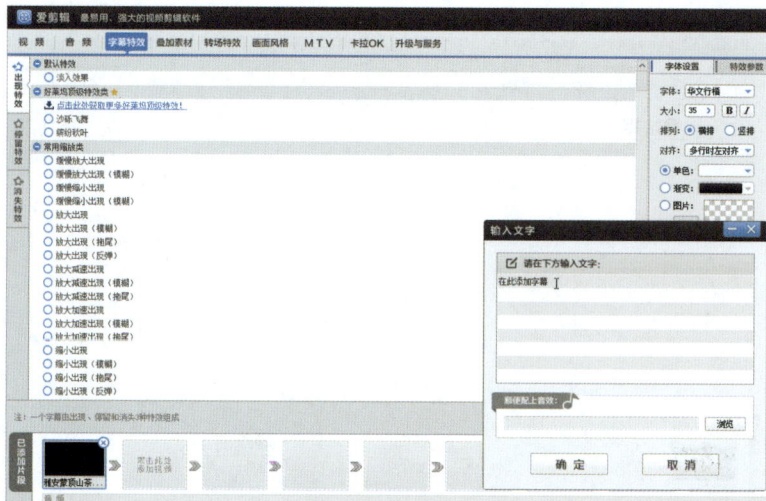

▲ 图4-30　输入文字

2. 给字幕应用字幕特效

第1步 给字幕应用酷炫的字幕特效。确保在视频预览框中选中要添加字幕特效的字幕，使其处于带方框的编辑状态后，在"字幕特效"面板中，选择相应的"出现特效""停留特效""消失特效"等字幕特效，即可应用相应字幕特效。

第2步 如果需要取消"出现特效""停留特效""消失特效"中的某一种字幕特效，在相应特效列表中取消该类字幕特效的选中即可，如图4-31所示。

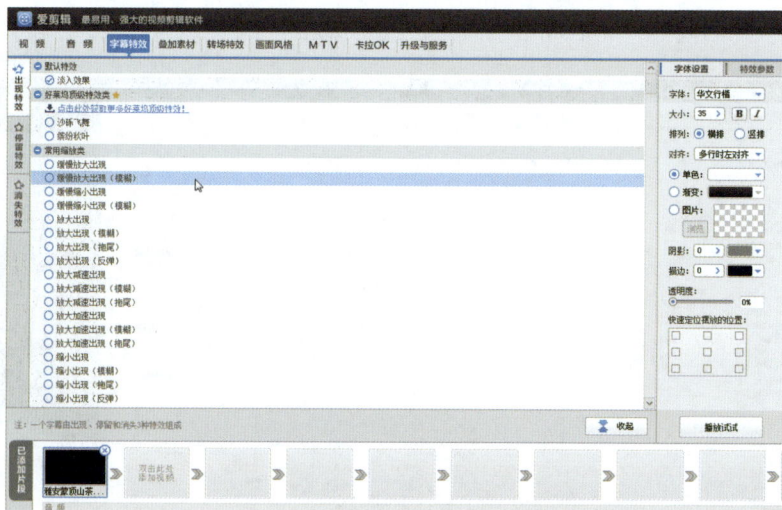

▲ 图4-31　"字幕特效"面板

3. 设置字幕样式效果

可以设置字幕的字体、颜色、阴影等样式效果。方法为：在视频预览框左侧的"字体设置"栏中，对字幕的字体、大小、排列、颜色、阴影、描边、透明度等进行设置，如图4-32所示。

4.设置字幕特效的持续时长和速度

在视频预览框左侧的"特效参数"栏中，可对字幕的特效时长进行设置。该设置决定了字幕特效的速度。字幕特效时长越短，字幕特效速度越快；字幕特效时长越长，字幕特效速度越慢。同时，该设置也决定了字幕特效的持续时长，如图4-33所示。

▲ 图4-32 设置字幕样式效果　　▲ 图4-33 设置字幕特效的持续时长和速度

5. 删除字幕特效

如果想删除字幕特效，在"所有字幕特效"列表的右上角单击"垃圾桶"按钮，即可删除字幕特效，如图4-34所示。

▲ 图4-34 删除字幕特效

4.2.4 为视频添加转场特效

恰到好处的转场特效能够使不同场景之间的视频片段过渡更加自然，并能实现一些特殊的视觉效果。爱剪辑提供了数百种转场特效，添加转场特效的操作步骤如下。

扫码看视频

1. 为视频片段添加转场特效

如果需要在两个视频片段之间添加转场特效，可选择位于后位的视频片段，并为其应用转场特效即可。例如，在视频片段A（前）和视频片段B（后）之间添加转场特效，具体的操作步骤如下。

第1步 在"转场特效"面板底部的"已添加片段"列表中选择视频片段B。

第2步 在"转场特效"列表中选择需要应用的转场特效。

第3步 在效果列表右侧的"转场设置"面板中设置"转场特效时长"，即为转场特效持续的时长，单击"应用/修改"按钮即可，如图4-35所示。

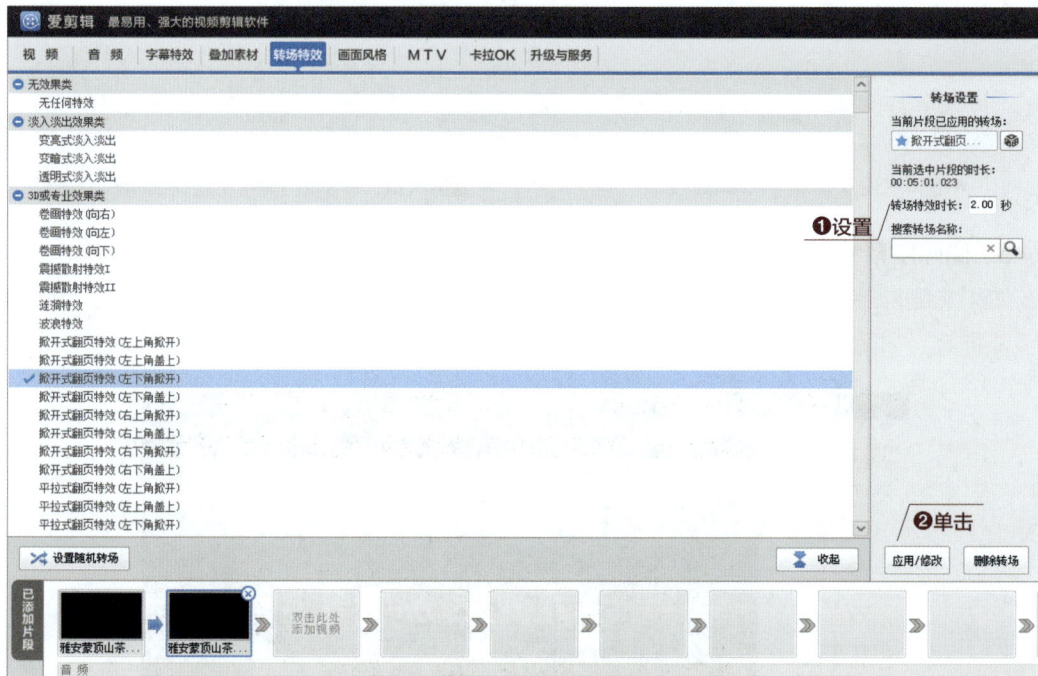

▲ 图4-35 设置转场特效时长

2. 修改设置好的转场特效

第1步 在"已添加片段"列表中选择要修改转场特效的视频片段。

第2步 在主界面的顶部单击"转场特效"选项卡，在"转场特效"列表中，会看到应用的转场特效已被勾选。如需应用其他转场特效，直接双击其他转场特效即可。

第3步 在"转场设置"面板中修改参数，单击"应用/修改"按钮即可，如图4-36所示。

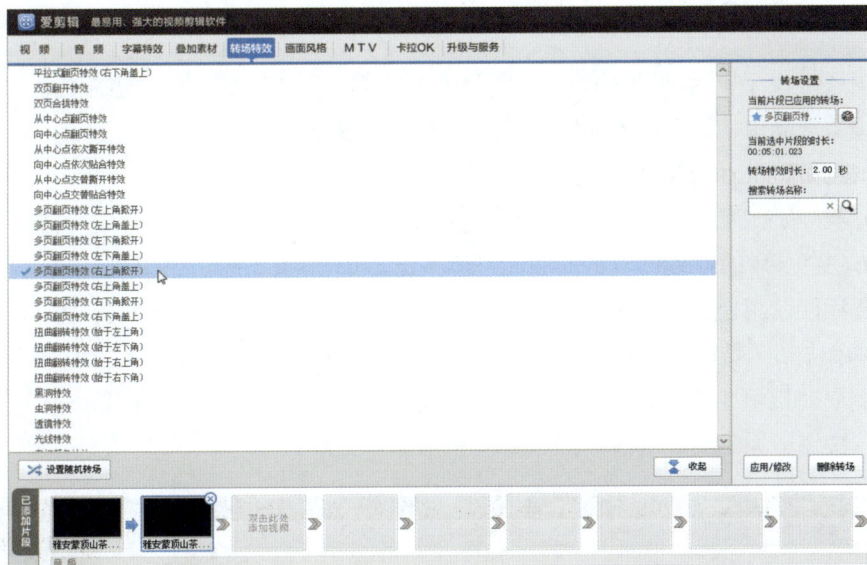

▲ 图4-36 在"转场设置"面板中修改参数

3. 删除设置好的转场特效

第1步 如果想删除转场特效，在"已添加片段"列表中选择要删除的转场特效所应用的视频片段。

第2步 在主界面的顶部单击"转场特效"选项，在"转场特效"列表中会看到应用的转场特效已被勾选。

第3步 在右侧的"转场设置"面板中单击"删除转场"按钮即可，如图4-37所示。

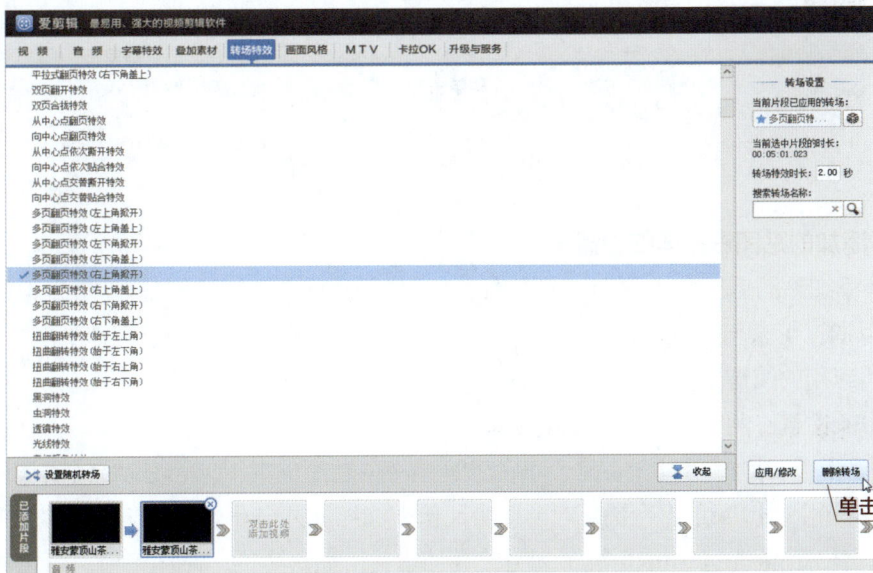

▲ 图4-37 删除设置好的转场特效

4.2.5　为视频添加Logo图片

爱剪辑还提供了丰富的贴图素材，以及可以一键应用的动感特效，使制作个性化的视频更加简单。给视频添加Logo图片的操作步骤如下。

扫码看视频

1.　为视频添加Logo图片

第1步 导入视频后，单击"叠加素材"选项卡，单击左侧的"加贴图"选项卡。

第2步 在右上角的视频预览框的时间进度条上，单击要添加贴图的时间点，将时间进度条定位到要添加贴图处。

第3步 单击贴图特效列表左下方的"添加贴图"按钮，或者双击视频预览框，在弹出的"选择贴图"对话框中选择贴图，也可在"顺便配上音效"下方单击"浏览"按钮，最后单击"确定"按钮，为贴图配上音效，如图4-38所示。

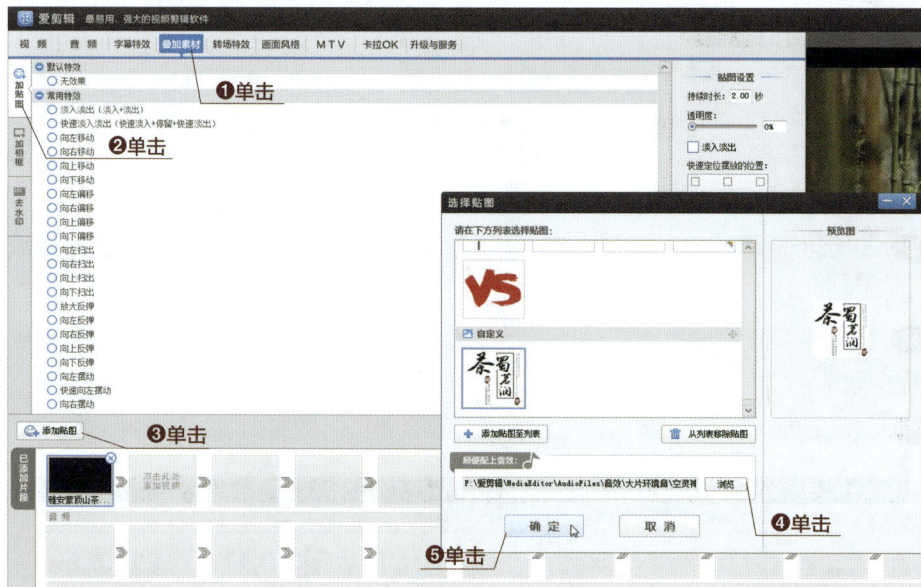

▲ 图4-38　为视频添加Logo图片

2.　对添加的贴图进行详细设置

第1步 添加贴图后回到主界面，此时右上角视频预览框里的贴图已处于带方框的可编辑状态，可以通过可编辑方框，实现放大、缩小、旋转、变形、移动以及删除贴图操作。编辑贴图时，可应用的按键如下。

- 【Esc】键：将贴图一键居中或复原。
- 【↑】【↓】【←】【→】键：对贴图进行位置向上、向下、向左或向右1个像素的调整。
- 【Shift】+【Esc】组合键：对贴图等比例智能缩放并自动居中。
- 九宫格定位框+【Shift】键：利用"叠加素材"面板中的"贴图设置"组中的九宫格定位框，可快速定位贴图位置。默认情况下，贴图摆放位置会离视频画面边缘适当的距离，当按下【Shift】键时，则会紧靠视频画面边缘，如图4-39所示。

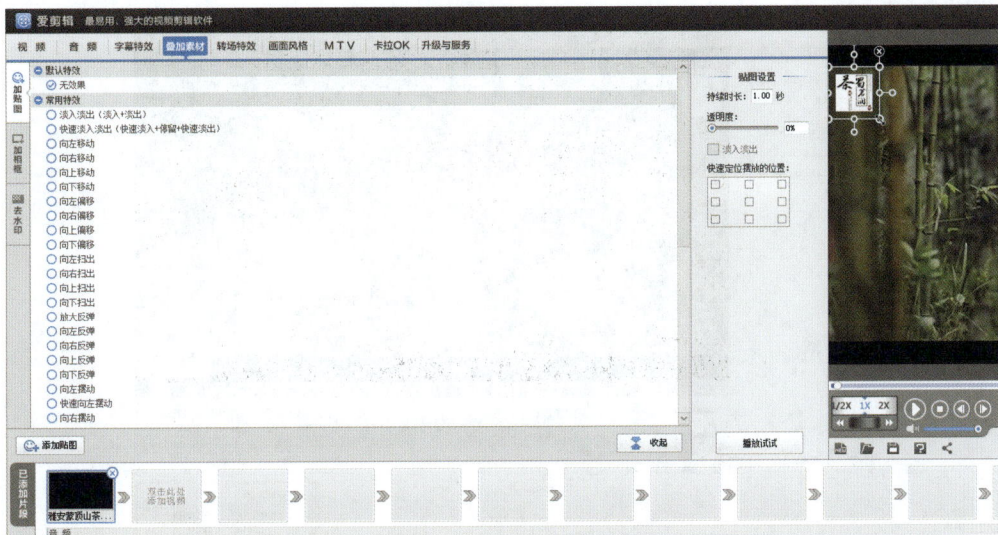

▲ 图4-39　快速定位贴图位置

第2步 在左侧"加贴图"的特效列表中，单击选择要为贴图添加的特效，即处于选中状态的特效。

第3步 在视频预览框中单击播放按钮可以预览效果，在"贴图设置"组中可以进行更详细的设置，如图4-40所示。

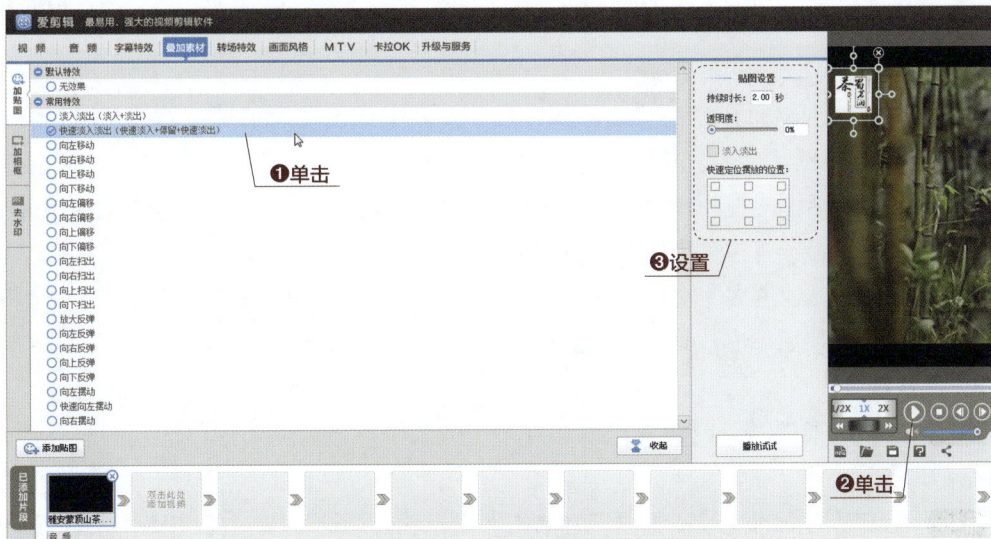

▲ 图4-40　对添加的贴图进行详细设置

3．删除已添加的贴图

如果想删除贴图，则在"所有叠加素材"列表中选择需要删除的贴图，单击"垃圾桶"按钮即可，如图4-41所示。

▲ **图4-41** 删除已添加的贴图

4.2.6 调整视频播放速度

使用爱剪辑可以调节视频播放速度的快慢，以实现一些特殊或有意境的视觉效果。其具体的操作步骤如下。

1. 调慢视频

第1步 在导入视频时，或在"已添加片段"列表中双击要调节速度的视频时，会弹出"预览/截取"对话框。

第2步 在该对话框的视频预览框下方单击"魔术功能"选项卡，在"魔术功能"面板的"对视频施加的功能"下拉列表中，选择"慢动作效果"选项。

第3步 拖曳"减速速率"滑块到合适的数值位置，设置减速速率，其数值越大，则调节后视频速度越慢，最后单击"确定"按钮确认设置，如图4-42所示。

2. 调快视频

第1步 在导入视频时，或在"已添加片段"列表中双击要调节速度的视频时，会弹出"预览/截取"对话框。

第2步 在该对话框的视频预览框下方单击"魔术功能"选项卡，在"魔术功能"面板的"对视频施加的功能"下拉列表中，选择"快进效果"选项。

第3步 拖曳"加速速率"滑块到合适的数值位置，设置加速速率，其数值越大，则调节后视频速度越快，最后单击"确定"按钮确认设置，如图4-43所示。

扫码看视频

❶ 单击
❷ 选择
❸ 设置
❹ 单击

▲ 图4-42　调慢视频

▲ 图4-43　调快视频

4.2.7　设置视频画面尺寸并导出视频

视频编辑完成后，需将视频按需要的格式与尺寸导出。爱剪辑提供了20多种默认的视频画面尺寸选项，还可以根据自己的需求设置视频画面的尺寸。设置视频画面尺寸并导出视频的操作步骤如下。

扫码看视频

第1步 在完成视频编辑之后，单击"导出视频"按钮，在弹出的"导出设置"对话框的"参数设置"组中设置导出尺寸。

第2步 单击"浏览"按钮选择导出路径，然后单击"导出"按钮，如图4-44所示。

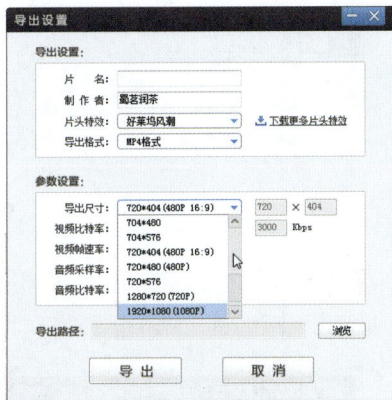

▲ 图4-44　设置视频画面尺寸并导出视频

4.3　主图视频、详情视频的制作与发布

本节主要介绍主图视频、详情视频的制作与发布的方法。

使用主图视频、详情视频可以让买家快速地了解宝贝的作用和功能，提高宝贝购买的转化率。

扫码看视频

4.3.1　制作主图视频、详情视频

主图视频的时间限制在9秒以内，因此在制作主图视频时，最关键的一点就是控制时间，其次是控制视频的尺寸。主图视频一般为正方形，根据主图的大小确定视频尺寸为800像素×800像素。详情视频的时间没有限制，尺寸大小也没有限制，只要保证画面清晰和文件的大小即可。主图视频与详情视频的制作方法大致相同，下面以通过爱剪辑来制作淘

宝主图视频为例，讲解视频制作的具体的操作步骤。

第1步 新建空白文件。启动爱剪辑软件，在弹出的"新建"对话框中设置"片名""制作者""视频大小""临时目录"等参数，单击"确定"按钮，如图4-45所示。

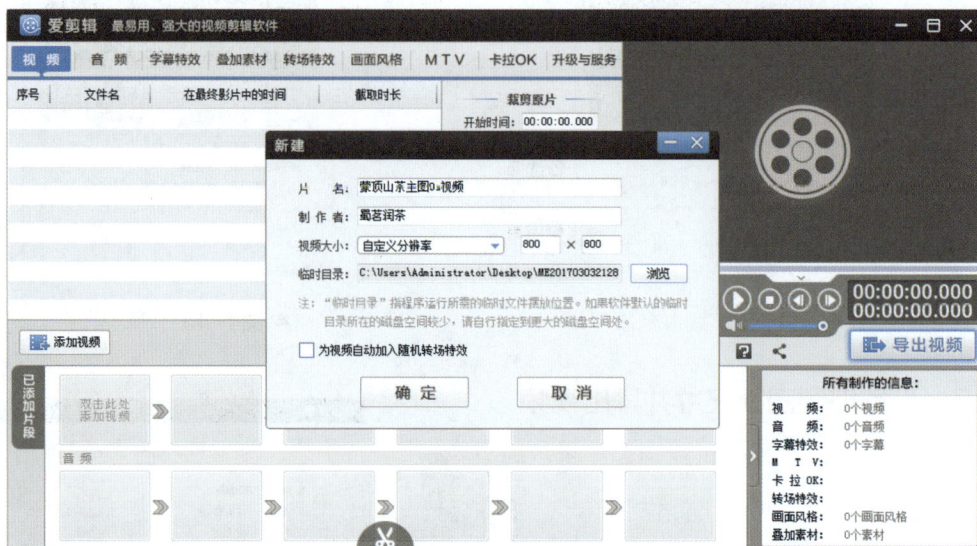

▲ 图4-45 新建空白文件

第2步 添加视频。单击"添加视频"按钮，在弹出的"请选择视频"对话框中找到并选择编辑的主图视频，单击"打开"按钮，如图4-46所示。

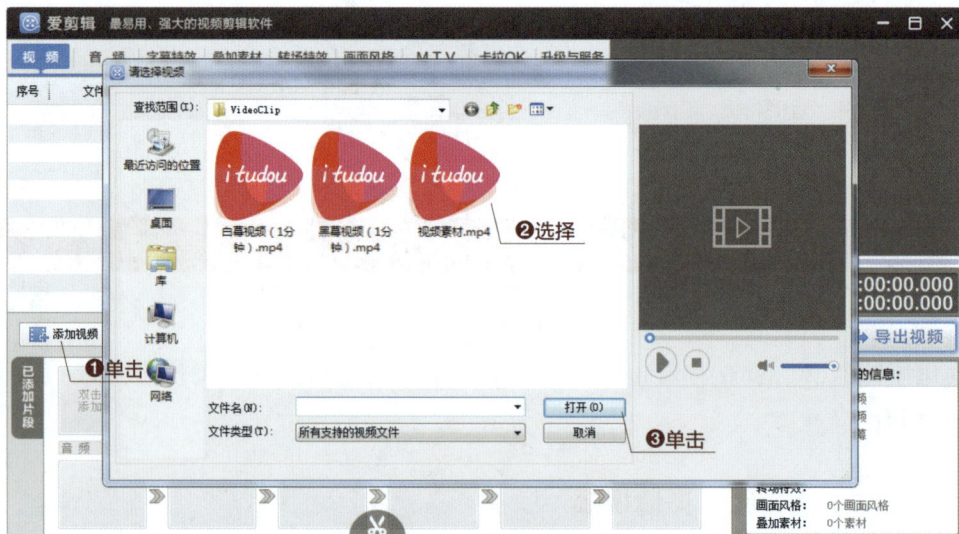

▲ 图4-46 添加视频

第3步 截取视频片段。添加完视频之后，在主界面右上角的视频预览框的时间进度条上，单击凸起的向下箭头（或者按【Ctrl】+【E】组合键），打开"创新式时间轴"面板，并结合

"音频波形图"和"超级剪刀手"精确踩点,截取需要的主图视频片段,如图4-47所示。

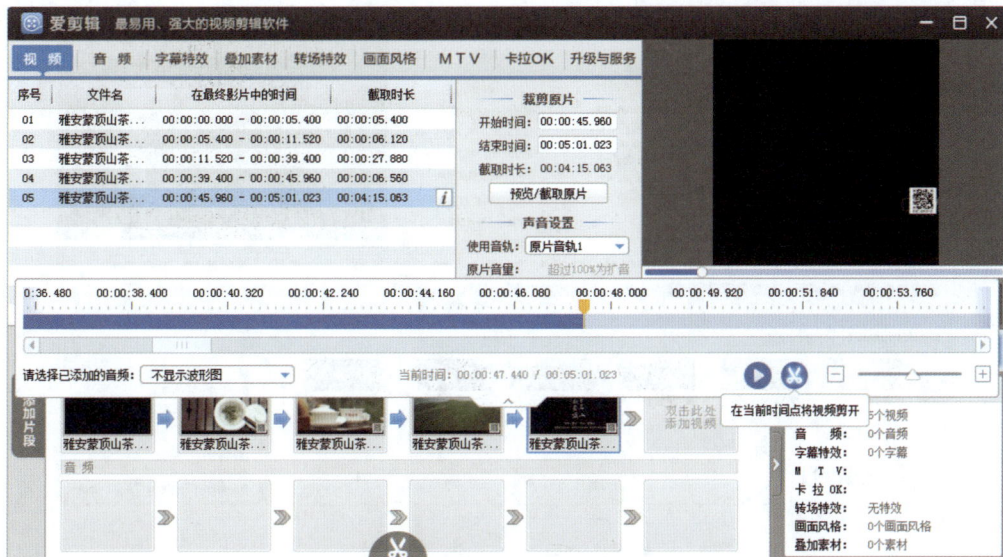

▲ 图4-47 截取视频片段

第4步 删除多余片段。截取完需要的主图视频片段后,可以看到"已添加片段"列表中多了4个视频片段,单击视频片段右上角的叉号图标,将其他多余的片段删除,留下主图视频,如图4-48所示。

▲ 图4-48 删除多余片段

第5步 进一步截取视频。删除完多余的视频片段,此时主界面右上角视频预览框中的时间显示视频的时长为12.68秒,而淘宝的主图视频只能在9秒以内,因此需要再重复前面的操作，截取多余的视频，如图4-49所示。

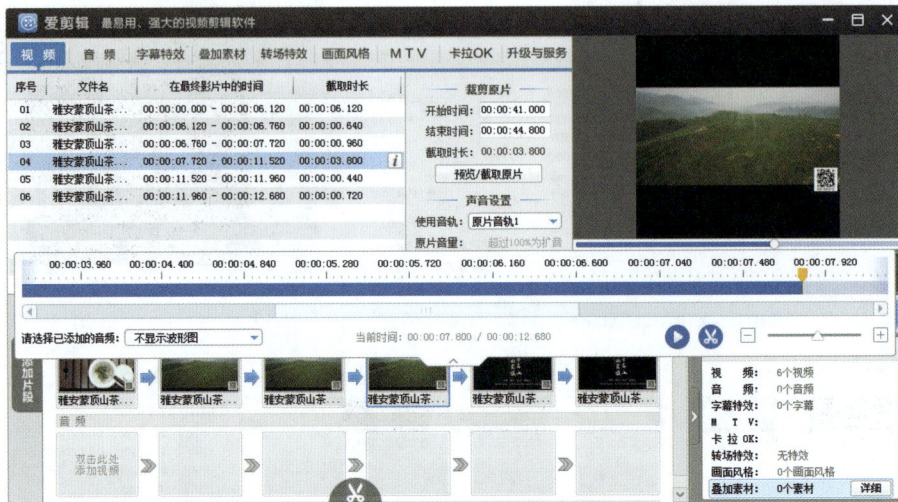

▲ 图4-49　进一步截取视频

第6步 确定主图视频。经过进一步的截取操作后，视频的时长最终确定在9秒内，此时主图视频就截取完成了，如图4-50所示。

▲ 图4-50　确定主图视频

第7步 导出主图视频。视频截取完之后，直接单击主界面右上角视频预览框右下角的"导出视频"按钮，在弹出的"导出设置"对话框中设置视频的尺寸和格式等参数，单击"浏览"按钮选择导出路径，最后单击"导出"按钮即可，如图4-51所示。

高手支招　在制作主图视频和详情视频时，还可以添加背景音乐、配音、字幕、特效等，这样一段专业级的淘宝商品演示视频就完成了。

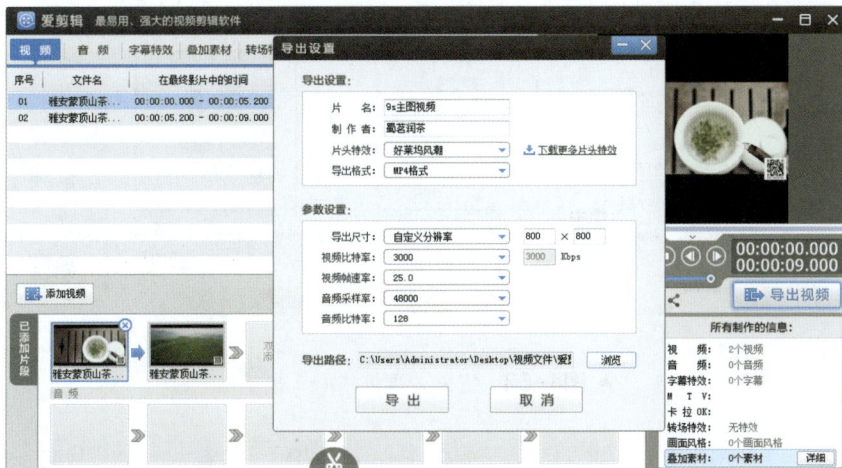

▲ 图4-51　导出主图视频

4.3.2　将视频上传到淘宝店铺装修后台

视频导出后需要上传到淘宝店铺装修后台，才能应用到店铺中，不管是主图视频还是详情视频，都是用同样的方式上传，其具体的上传操作步骤如下。

第1步　在淘宝后台，进入卖家中心。启动千牛软件，登录卖家账号，再单击"卖家中心"选项，随即进入"淘宝网卖家中心"后台，如图4-52所示。

▲ 图4-52　"淘宝网卖家中心"后台

第2步　进入"媒体中心"模块。进入卖家中心之后，单击左侧"店铺管理"模块右上角的向下箭头按钮，将其展开，然后单击"媒体中心"选项，如图4-53所示。进入"媒体中心"模块。

▲ 图4-53　进入"媒体中心"模块

第3步 进入"视频管理"页面。进入"媒体中心"模块后，会看到一个"我的多媒体视频"模块，里面有"上传新视频""制作互动视频""我的账户及余额"3个选项。我们要上传视频，因此选择"上传新视频"选项，进入"视频管理"页面。如未订购无线视频服务，将会弹出图4-54所示的对话框，单击"立即订购"按钮，购买无线视频套餐后就可以正常使用无线视频服务了。

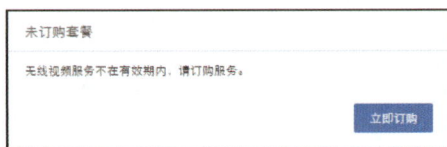

▲ 图4-54　"未订购套餐"对话框

第4步 上传视频。订购无线视频服务之后，可以看到，淘宝视频分为"无线视频"和"电脑端视频"。如果视频是用在无线端，则选择"无线视频"；如果是用在电脑端，则选择"电脑端视频"，如图4-55所示。

▲ 图4-55　上传视频

第5步 添加视频。选择"电脑端视频"后，单击视频窗口中右上角的"上传视频"按钮，在弹出的"上传视频"对话框中，单击"+"按钮选择上传本地视频，或者将视频直接拖曳到"+"按钮处也可上传视频，如图4-56所示。

▲ 图4-56　添加视频

淘宝支持的视频文件类型有.wmv、.avi、.mpg、.mpeg、.3gp、.mov、.mp4、.flv、
.f4v、.m4v、.m2t、.mts、.rmvb、.vob和.mkv。

第6步 编辑视频信息。在弹出的"上传视频"对话框中选择要上传的视频文件，输入视频标题、描述、标签，然后进行分组，设置视频封面，勾选"同意《上传服务协议》"复选框，视频上传成功后单击"确认"按钮，如图4-57所示。

第7步 进入转码审核阶段。视频文件上传且保存成功后，进入转码审核阶段，可以在素材管理中查看视频状态和编辑视频信息，待视频转码审核成功后就可使用了，如图4-58所示。

▲ 图4-57　编辑视频信息

▲ 图4-58　进入转码审核阶段

高手支招　如果还有其他视频要上传，单击"断续上传"按钮继续上传即可。

4.3.3　发布主图视频、详情视频

视频上传到淘宝后台，不管是主图视频还是详情视频，发布方式都是一样的。下面介绍视频的发布方式。

第1步 进入卖家中心。启动千牛软件，登录卖家账号，单击"卖家中心"选项。

第2步 进入"宝贝管理"模块。进入"卖家中心"之后，在页面左侧找到"宝贝管理"模块，然后单击"出售中的宝贝"选项，如图4-59所示。

▲ 图4-59　进入"宝贝管理"模块

第3步 编辑宝贝。在"出售中的宝贝"模块中选择需要添加视频的宝贝，单击宝贝右边的"编辑"按钮，进入编辑宝贝后台。注意：不同的类目，其编辑宝贝后台都会有所差异，但是宝贝属性都大同小异。如图4-60所示。

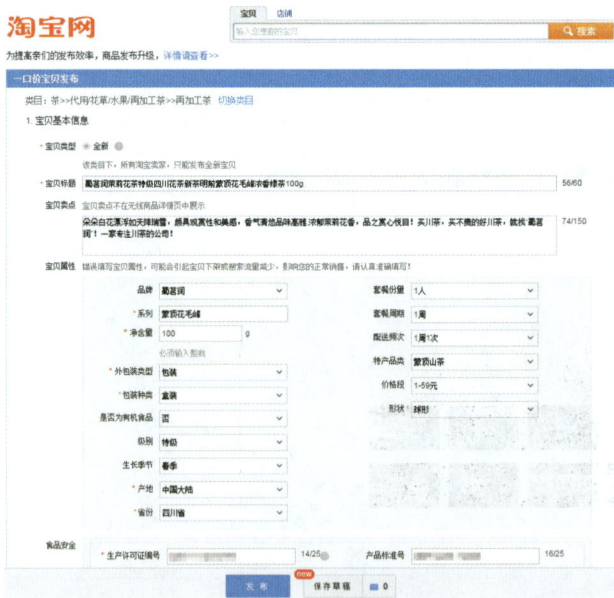

▲ 图4-60　编辑宝贝

第4步 添加主图视频。在编辑宝贝后台中找到"电脑端宝贝图片"选项，单击"主图视频"中的"+"按钮，如图4-61所示，在弹出的"视频中心"对话框中选择对应的主图视频，再单击"确定"按钮。

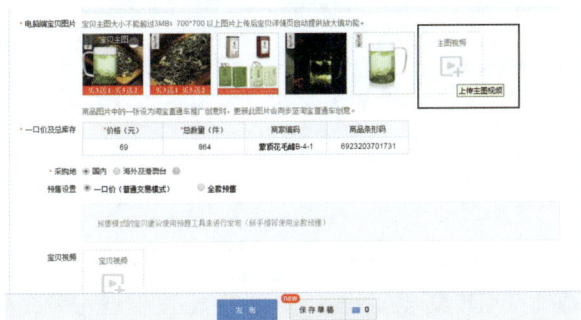

▲ 图4-61 添加主图视频

第5步 添加详情视频。同样在编辑宝贝后台中找到"宝贝视频"选项，单击"+"按钮，如图4-62所示，在弹出的"视频中心"对话框中选择对应的详情视频，再单击"确定"按钮。

▲ 图4-62 添加详情视频

第6步 确认发布。添加完视频之后，单击"发布"按钮，视频就对应添加到主图和详情里面了，如图4-63所示。

▲ 图4-63 将视频对应添加到主图和详情里

第5章
店铺装修后台基本操作

店铺管理和宝贝分类管理是电商美工必须掌握的技能，本章主要讲解店铺装修后台中店铺管理、宝贝分类管理、淘宝图片空间管理和新品发布的方法。

本章学习要点 ●●●

- ✪ 店铺管理
- ✪ 宝贝分类管理
- ✪ 淘宝图片空间管理
- ✪ 新品发布

网上开店赚钱不难

作为电商美工，除了拥有一定的图像处理和视频编辑的操作技能之外，还必须掌握店铺装修后台的操作方法。店铺装修后台统称为"淘宝网卖家中心"（以下简称"卖家中心"），卖家中心包含了多个模块，分别是交易管理、自运营中心、物流管理、宝贝管理、店铺管理、营销中心、数据中心、货源中心等，如图5-1所示。其中店铺管理和宝贝管理是电商美工必须掌握的技能。

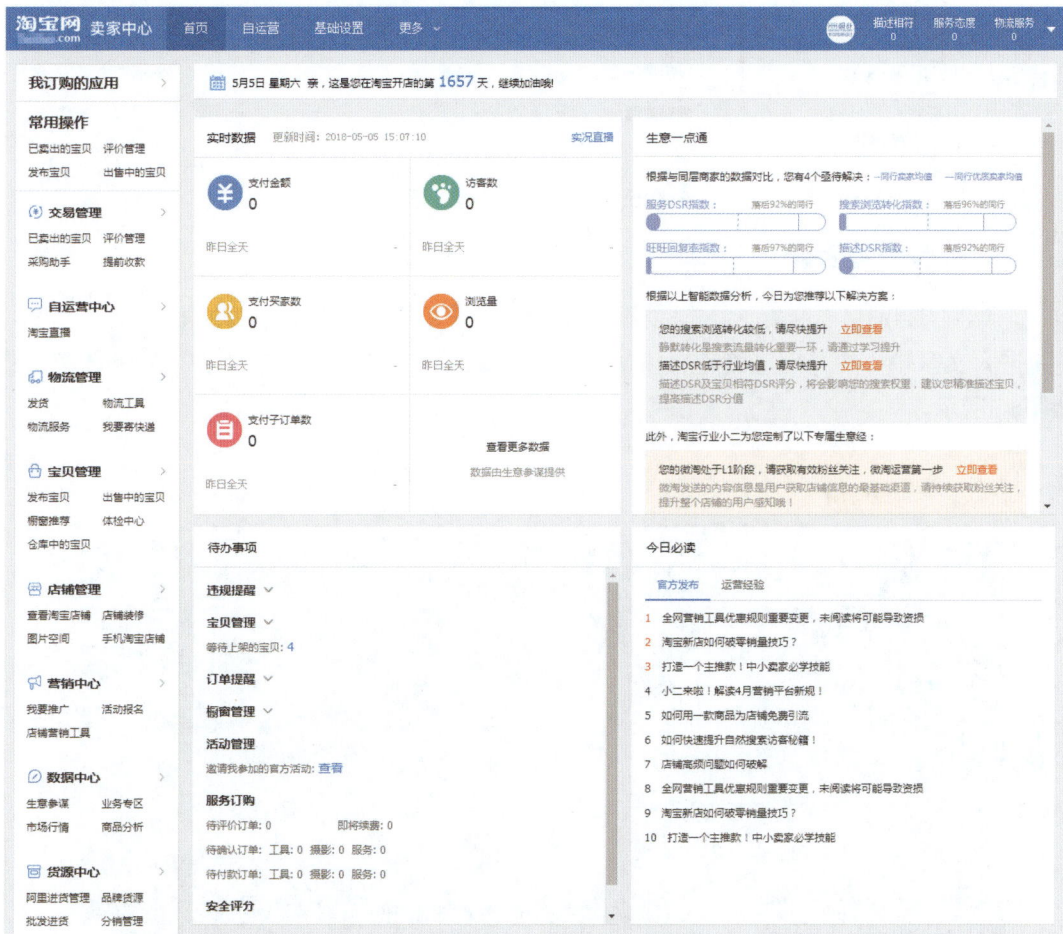

▲ 图5-1　淘宝网卖家中心

5.1 店铺管理

卖家中心的店铺管理是电商美工常用的模块，可以通过这个模块管理整个店铺，它主要包括查看淘宝店铺、店铺装修、手机淘宝店铺、图片空间、宝贝分类管理、店铺基本设置、域名设置等，如图5-2所示。下面主要介绍查看淘宝店铺、店铺装修、手机淘宝店铺、店铺基本设置。

▲ 图5-2 "店铺管理"模块

5.1.1 查看淘宝店铺

查看淘宝店铺是电商美工经常需要进行的操作之一，其具体操作步骤如下。

进入卖家中心的"店铺管理"模块，单击"查看淘宝店铺"选项，进入店铺的首页，如图5-3所示。

▲ 图5-3 店铺首页

5.1.2 店铺装修

好的店铺装修不仅可以在视觉上给买家带来赏心悦目的感觉，而且还可以增加买家对店铺的信心，从而提高店铺的转化率。淘宝店铺装修的基本操作步骤如下。

扫码看视频

1. 进入店铺装修模式

在卖家中心的"店铺管理"模块里单击"店铺装修"选项，进入店铺装修模式，如图5-4所示。手机端页面装修和PC端页面装修都在这里进行。

▲ 图5-4　"店铺装修"页面

2. 设置模块

在"店铺装修"页面中单击"PC端"选项，再单击"装修页面"选项进入装修页面，左侧列表中分别有"模块""配色""页头""页面""CSS"等选项，首先了解一下"模块"选项的功能。该选项中包含了20多个模块，每个模块都有相应的功能和作用，选择所需模块，并拖曳至相应位置，可完成相应的页面布局，如图5-5所示。

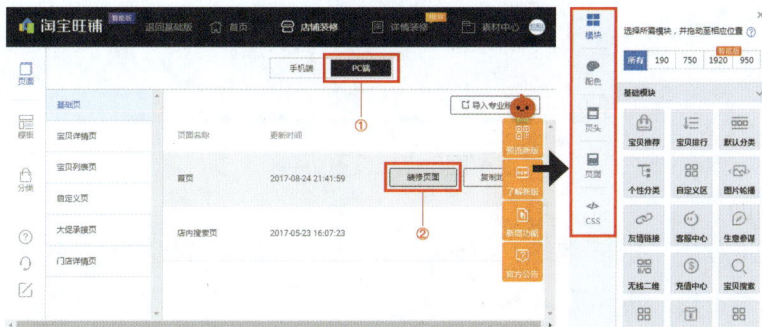

▲ 图5-5　设置模块

3. 设置配色

单击左侧列表中的"配色"选项，在展开的窗格中能够看到该选项一共包含了24种配色方案，此配色是与店铺的装修模板相匹配的，不同的装修模板其配色风格不同，如图5-6所示。

4. 设置页头

单击左侧列表中的"页头"选项，在展开的窗格中，页头有背景色和背景图两种设置方式。

（1）设置背景色：显示页头背景色。勾选"显示"复选框，然后选择页头背景色。若背景色设置不生效，可尝试删除背景图。

（2）设置背景图：更换背景图片。图片格式可以是GIF、JPG、PNG；图片大小应在200KB以内；背景显示有平铺、纵

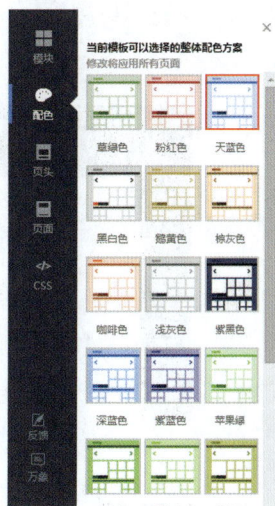

▲ 图5-6　设置配色

向平铺、横向平铺、不平铺4种方式，一般选择"不平铺"方式；背景对齐有左对齐、居中、右对齐3种方式，一般选择"居中"方式；还可开启或关闭"页头下边距10像素"设置。

> **高手支招** 以上设置默认只应用到当前页面，如需要设置整个店铺的页头，则需单击"应用到所有页面"选项，如图5-7所示。

▲ 图5-7 设置页头

5. 设置页面

单击左侧列表中的"页面"选项，在展开的窗格中，页面也有背景色和背景图两种设置方式。

（1）设置背景色：显示页面背景色。勾选"显示"复选框，然后选择页面背景色。若背景色设置不生效，可尝试删除背景图。

（2）设置背景图：更换背景图片。图片格式可以是GIF、JPG、PNG，图片大小在1MB以内。

以上设置默认只应用到当前页面，如需要设置整个店铺的页面，则需单击"应用到所有页面"选项，如图5-8所示。

▲ 图5-8 设置页面

6. 设置CSS

单击左侧列表中的"CSS"选项，在展开的窗格中，输入相应的"CSS"代码，这个需要付费才能使用，不过在店铺装修中很少用，基本上不用也可以满足店铺装修的需要，如图5-9所示。

▲ 图5-9　设置CSS

5.1.3　手机淘宝店铺

店铺装修分为电脑端装修和手机端装修。手机淘宝店铺装修主要是用于手机端的店铺装修。在此简单介绍手机淘宝店铺的入口及操作页面，手机淘宝店铺装修的具体方法与技巧将在第10章中详细讲解。

扫码看视频

1．打开手机淘宝店铺入口

在卖家中心的"店铺管理"模块中单击"手机淘宝店铺"选项，进入"手机淘宝店铺"页面，这里包含了"无线店铺"的"立即装修""活动页推广""发微淘""无线视频"，以及"码上淘"、店铺营销工具等选项，如图5-10所示。

▲ 图5-10　"手机淘宝店铺"页面

2．进入手机淘宝店铺装修后台

在"无线店铺"模块中选择"立即装修"选项，进入手机淘宝店铺装修后台，即"无线运营中心"，在这里就可以对手机淘宝店铺进行装修、推广以及设置营销活动等操作，如图5-11所示。

▲ 图5-11　手机淘宝店铺装修后台

5.1.4　店铺基本设置

扫码看视频

店铺基本设置主要包括店铺名称、店铺标志、店铺简介、经营地址、主要货源、店铺介绍等设置，其具体的设置步骤如下。

1．进入"店铺基本设置"页面

在卖家中心的"店铺管理"模块里单击"店铺基本设置"选项，进入"店铺基本设置"页面，如图5-12所示。

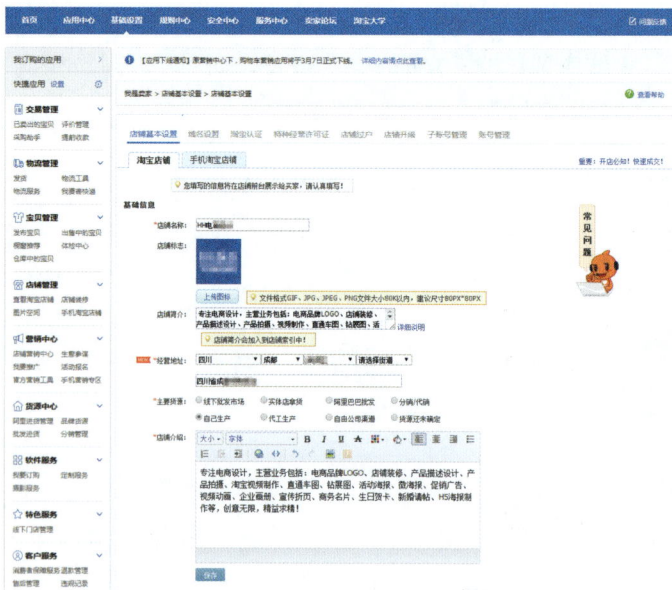

▲ 图5-12　"店铺基本设置"页面

2．设置店铺名称

给淘宝店铺取个好的名称是很重要的，淘宝买家就是通过搜索店铺名称来找到店铺的。

　　店铺取名的4点建议：①店铺名称首先要符合店铺的定位，能体现店铺商品导向；②店铺名称要简短易记，通常在2～6个字；③店铺名称要有个性，有内涵，表意明确且不要有生僻字；④店铺名称要具有亲和性，亲切自然，且尽量不要与别家店铺重名或者类似。

3. 设置店铺标志

店标就是一个店铺的标志，即店铺整体形象的标志，给人的感觉是最直观的，可以代表店铺的风格、卖家的品位、商品的特性，也可以起到宣传的作用。单击"上传图标"按钮，在弹出的对话框中选择设计好的图标图片即可。

　　①制作店标时，一定要注意店标图片的格式与尺寸，首先格式要求为GIF、JPG、JPEG、PNG格式，尺寸在80KB以内，建议尺寸为80像素×80像素。

②打开淘宝网搜索店铺，输入"零食"，可以看到与"零食"相关的店铺的搜索页面，如图5-13所示。由于店铺标志的个性化，它可以使店铺在页面展示中更醒目，更能吸引买家眼球，从而增加其进店欲望。

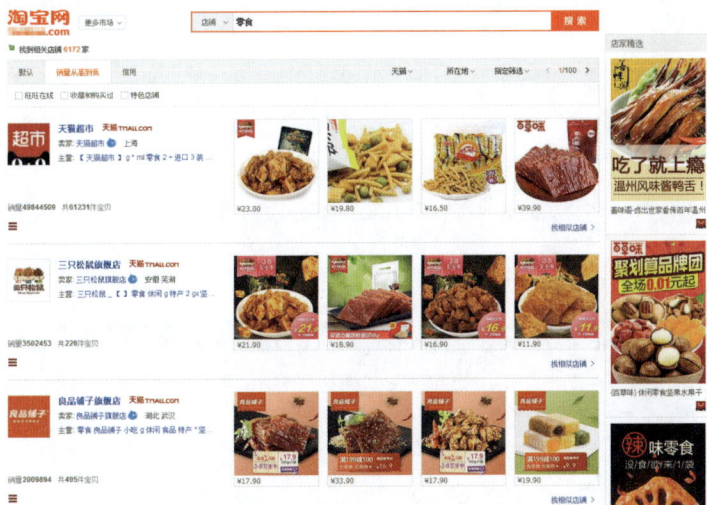

▲ **图5-13**　通过搜索查找店铺

4. 编写店铺简介

店铺简介会加入店铺的搜索中，店铺简介要符合店铺的定位，并且要合理地含有关键词。店铺简介不要长篇大论，要做到言简意赅、简单易懂。

店铺简介主要包括以下几个方面。

（1）掌柜签名：指的是店铺的签名，如"你的私人魔衣柜"。掌柜签名可以很好地表达卖家的个性，但切记不要太过夸大，以免起到相反的作用。

（2）主营商品：指的是店铺所卖主要商品的类型、风格等，如民族风格的羽绒服等。主营商品尽量填写店铺所卖商品的类型，以及适合人群和主打风格等，需要真实、客观，同时这也是与其他店铺区分的一种方式，切勿堆砌无用的词，尽量把最能代表店铺的主营商品展示给买家。

（3）店铺动态：指的是店铺最近的促销信息，如全场六折包邮等。店铺动态需要及时地发布促销信息、上新，并且需要真实、客观。如果信息虚假，不仅不会达到展示效果，还会让你的买家不信任，得不偿失。

5. 其他设置

其他设置包括以下几个方面。

（1）经营地址：需要填写真实的地址，因为后期有可能会涉及退换货服务。如果地址不正确，就会出现快递出错的现象。另外，经营地址也会涉及一定的搜索条件，买家会根据经营地址搜索他们想要的商品，所以一定要设置准确有用的经营地址。

（2）主要货源：是指商品的来源，根据店铺商品的实际情况填写即可。

（3）店铺介绍：可以参照店铺简介去编写，主要内容可以为店铺名称、主营商品、店铺商品优势及特点等。

> **高手支招** 基本设置填写完成后，单击"保存"按钮，店铺的基本设置就完成了。当然，可以随时对基本设置内容进行修改。

店铺域名也就是店铺的二级域名，可在"卖家中心"→"基础设置"→"域名设置"中设置店铺的二级域名，如图5-14所示。如果店铺还没有二级域名，要赶快设置一个简单、便于记忆的二级域名，最好还含有店铺的关键词拼音或者是英文单词。例如，主要卖女鞋的店铺，可以把域名设置为"××nvxie"，这样很容易记忆。

▲ 图5-14 设置店铺域名

> **高手支招** 二级域名就是淘宝店唯一的网络地址（IP地址），买家可以直接通过这个域名访问店铺。设置二级域名的好处：①比传统的域名更加好记；②由于域名有个性、有品牌，推广效果将更好；③二级域名直接显示在浏览器地址栏上，加深买家对二级域名的记忆。

5.2　宝贝分类管理

好的宝贝分类，能让买家快速准确地找到感兴趣的宝贝，同时也能将店铺流量合理分配到各个分类，大大降低店铺的流失率。

扫码看视频

5.2.1　进入宝贝分类管理

进入宝贝分类管理有两种方法。

方法一：进入"店铺装修"页面，在页面的最左侧单击"分类"选项，如图5-15所示，即可进入"宝贝分类管理"页面。

▲ 图5-15　单击"分类"选项

方法二：单击卖家中心的"店铺管理"模块，单击"宝贝分类管理"选项，如图5-16所示，进入"宝贝分类管理"页面。

▲ 图5-16　单击"店铺管理"模块与"宝贝分类管理"选项

5.2.2　添加、移动、删除宝贝分类

添加、移动、删除宝贝分类的方法如下。

第1步 进入"宝贝分类管理"页面，单击左上角的"分类管理"选项，如图5-17所示。

第2步 单击"添加手工分类"选项，在文本框内填写分类名称，单击"添加子分类"选项，在文本框内填写子分类名称，如图5-17所示。

▲ 图5-17　添加宝贝分类

第3步 单击"移动"栏中的上下移动图标，可调整宝贝的分类顺序。如需删除宝贝分类，单击"操作"栏中的"删除"选项即可。添加完宝贝之后一定要单击右上角的"保存更改"按钮，如图5-18所示。

▲ 图5-18　移动、删除宝贝分类

5.2.3　添加分类背景图片

给分类名称设置背景图片的操作步骤如下。

第1步 在"添加手工分类"选项卡中单击"添加图片"按钮，选中"内部图片地址"单选按钮，在图片空间里复制背景图片的链接，然后将其粘贴到文本框中，如图5-19所示。注意：图片的宽度应在160像素以内，且不支持外部图片链接。

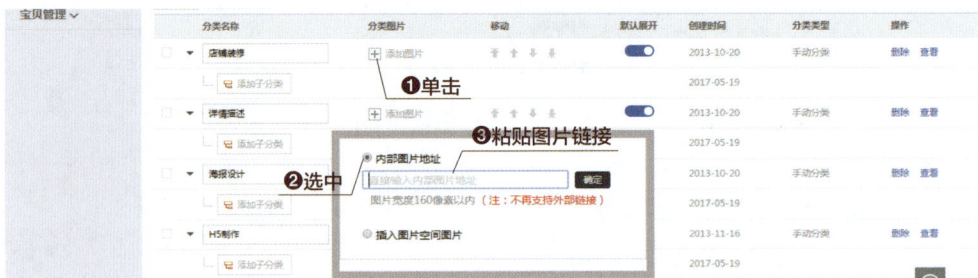

▲ 图5-19　设置背景图片

第2步 选中"插入图片空间图片"单选按钮，在打开的"从图片空间选择"选项卡里选择分类背景图片，如图5-20所示。

▲ 图5-20　选择分类背景图片

5.2.4　未分类宝贝管理

未分类宝贝管理的方法如下。

第1步 在"宝贝分类管理"页面中单击左侧"宝贝管理"模块中的"未分类宝贝"选项，勾选需要分类的宝贝。如果宝贝属于同一分类，可以直接勾选"全选"复选框，如图5-21所示。

▲ 图5-21　选择需要分类的宝贝

第2步 单击"批量分类"按钮，勾选分类宝贝对应的分类栏目。宝贝分类完毕后，单击相应的"应用"按钮即可，如图5-22所示。操作完之后，通常需要30分钟才能在店铺、分类、搜索中生效。

▲ 图5-22　批量分类

第3步 宝贝不属于同一分类的，在未分类的宝贝中勾选需要分类的单个宝贝，然后在"编辑分类"栏中单击宝贝后面的"添加分类"按钮，在弹出的下拉列表框中勾选宝贝的分类即可，如图5-23所示。

▲ 图5-23 编辑分类

5.3 淘宝图片空间管理

淘宝图片空间就是用来储存淘宝商品图片的网络空间。淘宝图片只允许链接到淘宝店内，而不能链接其他的网站。淘宝图片空间中的图片最多只能同时供3个店铺使用，超过就会显示为盗链。图片空间大小必须控制在购买的空间大小以内，不能超过购买的空间大小。

扫码看视频

5.3.1 进入图片空间

在卖家中心的"店铺管理"模块里单击"图片空间"选项，进入"图片空间"页面，左侧为图片目录，右侧左上角显示目前图片的所在位置，右上角分别是"上传图片""新建文件夹""回收站""高级搜索"等按钮选项，如图5-24所示。

▲ 图5-24 "图片空间"页面

5.3.2 创建图片文件夹

创建图片文件夹的方法如下。

第1步 进入"图片空间"页面之后，上传图片需要先建一个文件夹，以便对商品图片进行管理，单击右上角中的"新建文件夹"按钮，如图5-25所示。

▲ 图5-25 单击"新建文件夹"按钮

第2步 在弹出的"新建文件夹"对话框中输入文件夹名称，然后单击"确定"按钮，如图5-26所示。

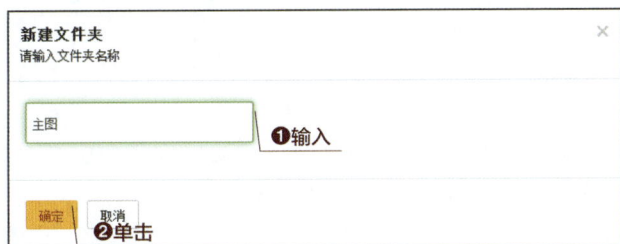

▲ 图5-26 输入文件夹名称

5.3.3 上传宝贝主图、详情图片

上传宝贝主图、详情图片的方法如下。

第1步 进入"图片空间"页面，选择左侧的图片目录，单击"上传图片"按钮，如图5-27所示。

第2步 上传图片有两种方式，分别为"高速上传"和"通用上传"。高速上传支持文件夹上传。选择一种上传方式，然后单击其下的"点击上传"按钮，这里单击高速上传下的"点击上传"按钮，如图5-28所示。

▲ 图5-27 单击"上传图片"按钮

▲ 图5-28　单击高速上传下的"点击上传"按钮

> 高手支招
> 上传图片时注意以下4点：①图片单张大小控制在3MB以内，尺寸超过系统规定，图片会自动被压缩；②自动压缩和宽度调整可能会使图片失真；③支持的图片格式为JPG、JPEG、PNG、GIF；④Mac电脑请使用"通用上传"上传方式。

5.3.4　图片的基本操作

进入"图片空间"页面，单击任意图片，其上方将出现多个功能选项，分别为全选、替换、移动、重命名、编辑、适配手机、删除，如图5-29所示。下面介绍其中几种功能选项。

▲ 图5-29　单击任意图片

1．替换图片

在进行店铺装修时，经常会遇到由于以前上传的图片效果不是很好，需要替换的情况，这时就要用到图片空间里的替换功能。进入"图片空间"页面，在图片空间中选择需要替换的图片，单击其上方的"替换"选项，在弹出的对话框中单击"选择文件"按钮，在弹出的"打开"对话框中双击要替换的图片，如图5-30所示。如需要给图片加水印，则在"上传图片"面板中勾选"添加水印"复选框，然后单击"确定"按钮，图片替换后1小时内生效。

> 高手支招
> 商品主图不支持在"图片空间"页面替换，需进入商品发布页进行替换。

▲ 图5-30 "打开"对话框

2. 移动图片

选择需要移动的图片，单击其上方的"移动"选项，在弹出的"移动到"对话框中选择需要移动到的文件夹，然后单击"确定"按钮，如图5-31所示。

3. 适配手机

选择需要适配的图片，单击其上方的"适配手机"选项，在弹出的"适配手机"对话框中单击"确定"按钮，如图5-32所示。

▲ 图5-31 "移动到"对话框

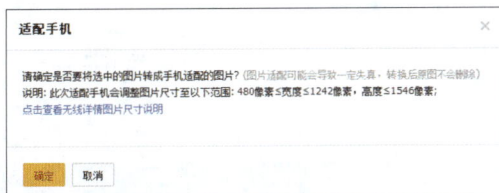

▲ 图5-32 "适配手机"对话框

> **高手支招** 适配手机是指将图片通过适配后直接应用到手机端的详情页上。如果没有适配手机，那么在手机端详情页添加图片时将不会显示图片，图片适配可能会导致图片失真，转换后原图不会被删除。

4. 复制图片链接

选择需要复制链接的图片，其图片下方会弹出3个选项，分别是"复制图片""复制链接""复制代码"，单击所需要的复制类型选项，如图5-33所示。

▲ 图5-33 复制图片链接

5. 删除图片

选择需要删除的图片，单击其上方的"删除"选项，在弹出的"删除文件"对话框中单击"确定"按钮，如图5-34所示。删除的图片7天内可以在回收站内还原。

▲ 图5-34 "删除文件"对话框

5.4 新品发布

发布宝贝需注意以下几点。

（1）选择正确的宝贝类目。在宝贝属性的选择中，宝贝属性各要素要与宝贝相匹配，避免属性选错。

（2）宝贝标题设置要准确、真实，不能欺骗买家，恶意提高浏览率。

（3）宝贝描述要准确无误。在发布宝贝时，尽量将宝贝的信息填写完整和准确，因为信息越完整、越准确，搜索到宝贝的概率就越大，宝贝权重也会越高。

扫码看视频

> **高手支招** 不同的宝贝类目发布宝贝的页面会有所不同，只要按照要求尽量完善宝贝的基本信息即可，避免违规犯错。

5.4.1 选择宝贝类目

选择宝贝类目的方法如下。

1. 进入"发布宝贝"页面

在卖家中心的"宝贝管理"模块里单击"发布宝贝"按钮,进入"发布宝贝"页面,如图5-35所示。

▲ 图5-35 "发布宝贝"页面

2. 在发布宝贝时选择类目

在发布宝贝时,选择类目最关键,使用类目搜索可以方便快捷地找到类目。对于一般的宝贝而言,淘宝系统会按照合理的类目或者属性进行分类。在"类目搜索"文本框中输入宝贝名称,单击"快速找到类目"按钮,淘宝系统会自动根据宝贝名称寻找与此相同的类目或属性。

也可以通过"您最近使用的类目"的下拉列表框找到相应的宝贝类目,选择类目并确认要发布的宝贝,如图5-36所示。

▲ 图5-36 选择类目

5.4.2 编辑宝贝属性

进入"一口价宝贝发布"页面，如果该类目下有属性绑定，淘宝系统也会自动默认或生成相关的属性内容。

如果想要修改类目信息，单击"切换类目"选项重新选择即可，根据要求填写宝贝基本信息，带"*"号的都是必填项，要特别注意宝贝标题，这关系到买家能不能搜索到宝贝，图5-37所示为"一口价宝贝发布"页面。

▲ 图5-37 "一口价宝贝发布"页面

5.4.3 添加宝贝主图

添加宝贝主图的方法如下。

1. 上传宝贝的主图

首先把图片上传到图片空间，单击方框中的"+"按钮，即可上传图片，如图5-38所示。

▲ 图5-38 单击方框中的"+"按钮

2. 选择主图

在弹出的"图片空间"对话框中单击"从图片空间选择"选项，在其中选择相应的宝贝主图，图片会被自动添加，如图5-39所示。

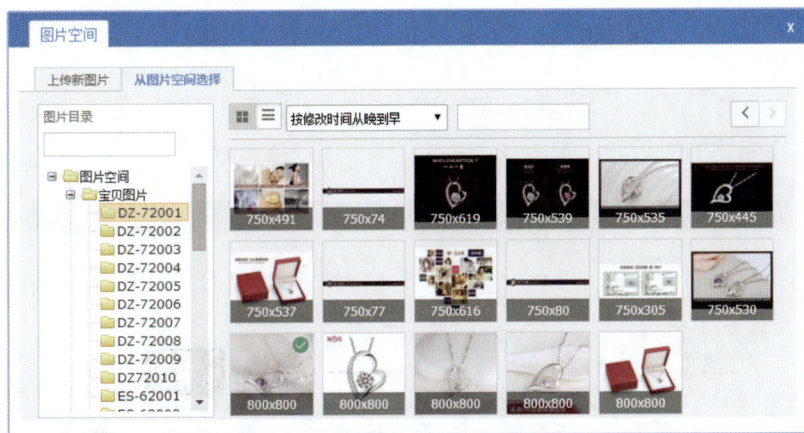

▲ 图5-39 选择宝贝主图

3. 调整主图

如需调整主图的顺序，可以将鼠标指针放到主图上，这时主图上会出现3个图标，单击相应的图标即可左移或右移调整主图顺序，还可删除重新添加图片，如图5-40所示。

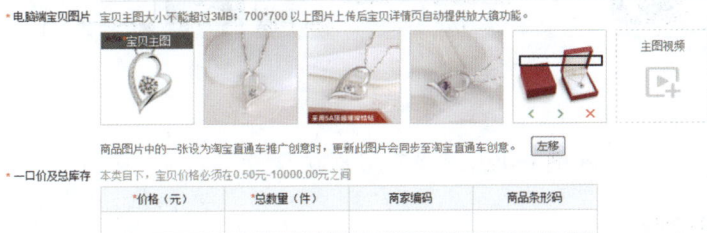

▲ 图5-40 调整主图

5.4.4 添加描述图片

添加描述图片的方法如下。

1. 添加电脑端描述图片

电脑端描述图片的宽度为750像素，高度任意。添加电脑端描述图片有2种方法：使用文本编辑，使用神笔模板编辑。不过电脑端的神笔模板编辑需要购买，所以在此只介绍使用文本编辑的方法。

第1步 首先选中"电脑端描述"选项中的"使用文本编辑"单选按钮，然后单击"图片"小图标，如图5-41所示。

▲ 图5-41 选中"使用文本编辑"单选按钮

第2步 在弹出的"图片空间"对话框中单击"从图片空间选择"选项，在其中选择宝贝的描述图片，按描述的先后顺序一一单击添加图片，如图5-42所示。

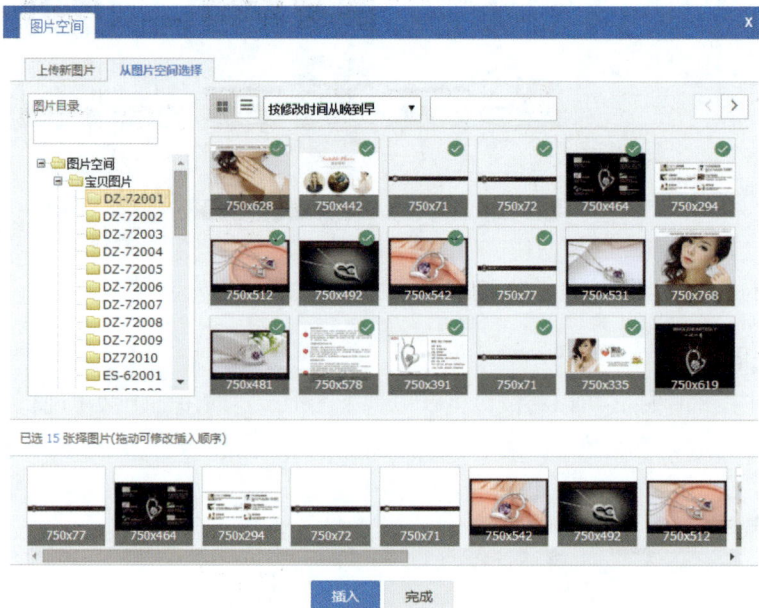

▲ 图5-42 选择宝贝的描述图片

2. 添加手机端描述图片

手机端的描述图片要求图片宽度为480～1242像素，且单张图片高度不能超过1546像素，总高度不限。添加手机端描述图片有3种方法：使用文本编辑，使用神笔模板编辑，导入电脑端描述图片。

（1）使用文本编辑。

第1步 单击"+添加"按钮，如图5-43所示。

第2步 在弹出的图标选项中单击"图片"图标，如图5-44所示。

第3步 在弹出的"图片空间"对话框中单击"从图片空间选择"选项，在其中选择宝贝的描述图片，按描述的先后顺序一一单击添加图片，然后单击"插入"按钮，如图5-45所示。

第4步 调整图片的先后顺序，将鼠标指针放到图片上，此时图片上会出现4个选项，单击相应的选项即可调整图片顺序，还可替换和删除图片，如图5-46所示。

▲ 图5-43 单击"+添加"按钮

▲ 图5-44 单击"图片"图标

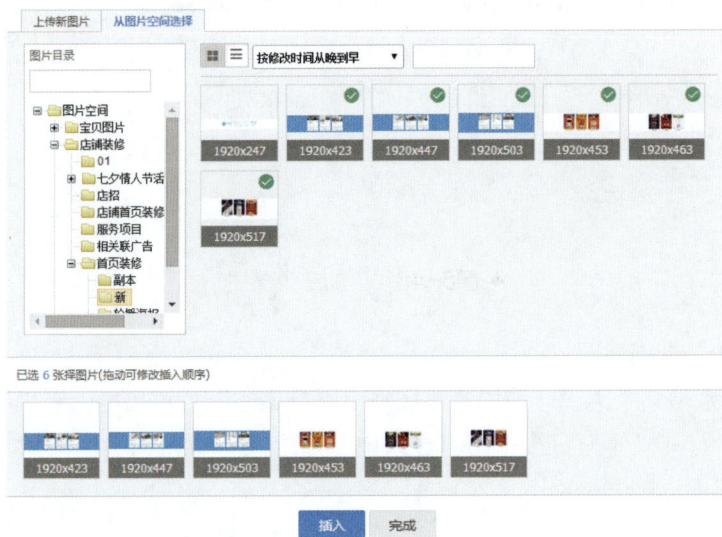

▲ 图5-45 选择并插入图片

▲ 图5-46 调整图片的先后顺序和替换、删除图片

（2）使用神笔模板编辑。

第1步 首先选中"使用神笔模板编辑"单选按钮，在页面中单击"修改"按钮，如图5-47所示。

▲ 图5-47 "使用神笔模板编辑"页面

第2步 在弹出的"神笔编辑"页面中，单击左侧工具条上的内容可以添加宝贝描述，如"图片添加"，添加完之后单击右上角的"完成编辑"按钮，如图5-48所示。

▲ 图5-48 添加宝贝描述

（3）导入电脑端描述图片。

有时候，特别是新手美工，他们会直接将电脑端描述图片直接导入手机端，用作手机端装修的描述图片。其操作为直接单击"导入电脑端描述"按钮，然后在弹出的面板中单击"确认生成"按钮，如图5-49所示。

▲ 图5-49 导入电脑端描述图片

高手支招 虽然这种一键导入的方法是将用作电脑端描述的图片添加到手机端最快捷、最方便的方法，但这种方法可能会导致图片在手机端上变得模糊或变形，所以尽量不要使用这种方法。毕竟，手机淘宝的描述图片与电脑端淘宝的描述图片在尺寸和精度上都有所区别。

5.4.5　设置售后保障服务

添加完主图、描述图片及其他宝贝属性之后，可设置宝贝物流服务、售后保障信息、宝贝其他信息（库存计数、上架时间以及橱窗推荐）等相关内容，设置完成后单击"发布"按钮就可以了，如图5-50所示。下面介绍其中两种。

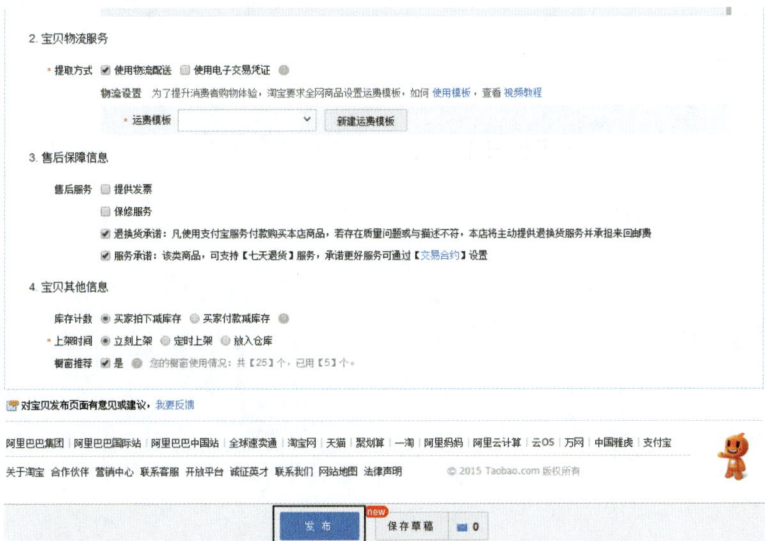

▲ 图5-50　设置"售后保障服务"

1. 设置宝贝物流服务

为了方便卖家定义的物流服务能够更加准确地进行展现，卖家在发布宝贝或编辑宝贝时，需要按新的功能进行设置，编辑前没有使用运费模板的宝贝，需要选择应用一个运费模板才能发布或保存草稿。

2. 设置上架时间

宝贝的上架时间最好是买家上网的高峰期，如晚上或者中午。上架期限最好为7天（100件商品用约15天完成，这样，每天都有商品排第1页）。因为宝贝离下架时间越近，排名就越靠前。下架后的宝贝会自动上架。

5.4.6　出售中的宝贝

将宝贝发布完之后，可以从卖家中心的"出售中的宝贝"模块中找到正在出售的宝贝，在这里可以重新编辑宝贝的基本信息，包括标题、属性、主图、详情、分类、包邮设置、上下架时间等。

在卖家中心的"宝贝管理"模块里单击"出售中的宝贝"选项，进入"出售中的宝贝"页面，在这个页面中可以通过宝贝的属性快速搜索到想要找的宝贝，还可对宝贝进行删除、下架，编辑宝贝的基本信息等操作，如图5-51所示。

▲ 图5-51 "出售中的宝贝"页面

5.4.7 仓库中的宝贝

仓库中的宝贝包括卖完下架、手动下架、即将开始、从未上架的宝贝,在这里同样可以通过宝贝的属性搜索宝贝。单击"编辑宝贝"按钮,进入宝贝发布页并编辑宝贝基本信息,包括标题、属性、主图、详情、分类、包邮设置、上下架时间等。

在卖家中心的"宝贝管理"模块里单击"仓库中的宝贝"选项,进入"仓库中的宝贝"页面,在这个页面中可以对宝贝进行删除、上架,以及编辑宝贝基本信息等操作,如图5-52所示。

▲ 图5-52 "仓库中的宝贝"页面

第6章
店铺装修基本流程

在网上开店跟实体店开店的原理是一样的。首先需要把店面整理干净，然后装潢店铺门面，再把商品归类摆放在货架上，最后才开门做生意。店铺的装修流程并不复杂，本章将详细介绍店铺装修基本流程。

本章学习要点 ● ● ●

- ✪ 选择合适的旺铺版本
- ✪ 店铺基础装修流程
- ✪ 店铺装修的注意事项

网上开店 赚钱不难

6.1 选择合适的旺铺版本

淘宝旺铺是淘宝网提供的一项店铺增值服务，是一套专业的店铺系统，用于管理商品和装修店铺。高版本的旺铺能让装修设计不受系统限制，它不仅可以提升买家的购物体验，而且能帮助卖家提高店铺人气。

6.1.1 旺铺基础版和旺铺专业版

淘宝旺铺有基础版和专业版之分，它们的基本功能是相同的，能满足一般店铺装修的需要。卖家可以使用免费的旺铺基础版，也可以选择功能强大的付费的旺铺专业版。

1. 旺铺基础版

旺铺基础版是永久免费的，功能类似于很早以前的旺铺扶植版，只有两栏结构而没有通栏布局，如图6-1所示。

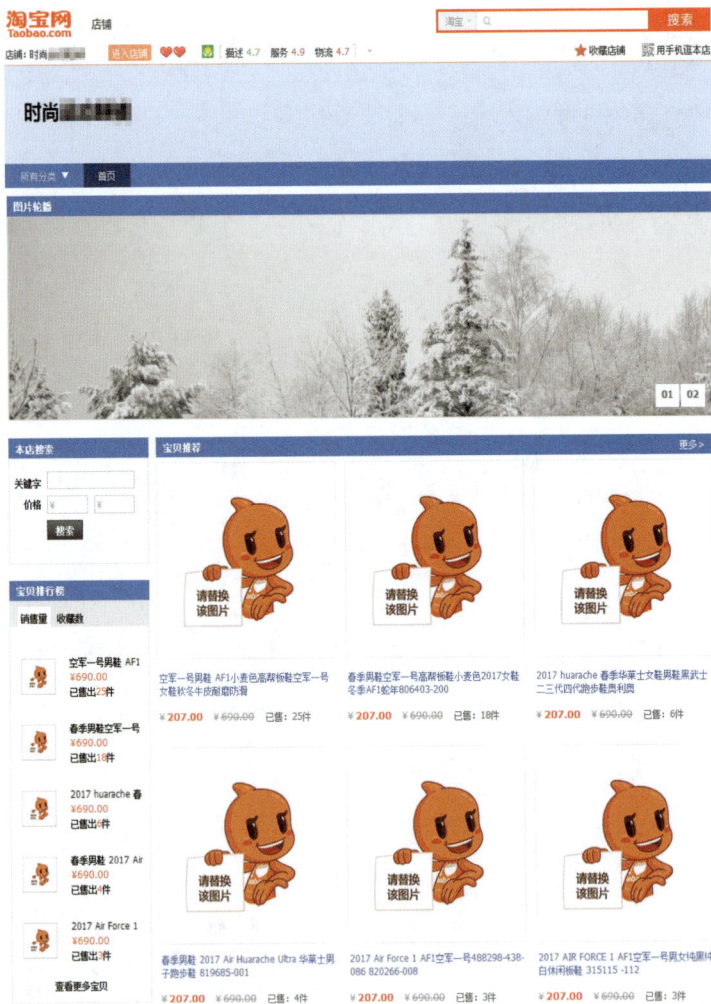

▲ 图6-1 旺铺基础版页面效果

进入淘宝店铺首页，在首页的最下端可以查看旺铺版本。

2. 旺铺专业版

旺铺专业版比旺铺基础版多5种功能模块，分别为页头背景、页面背景、页尾自定义、3个预置SDK免费模板，以及10个预置SDK免费试用模板，如图6-2所示。

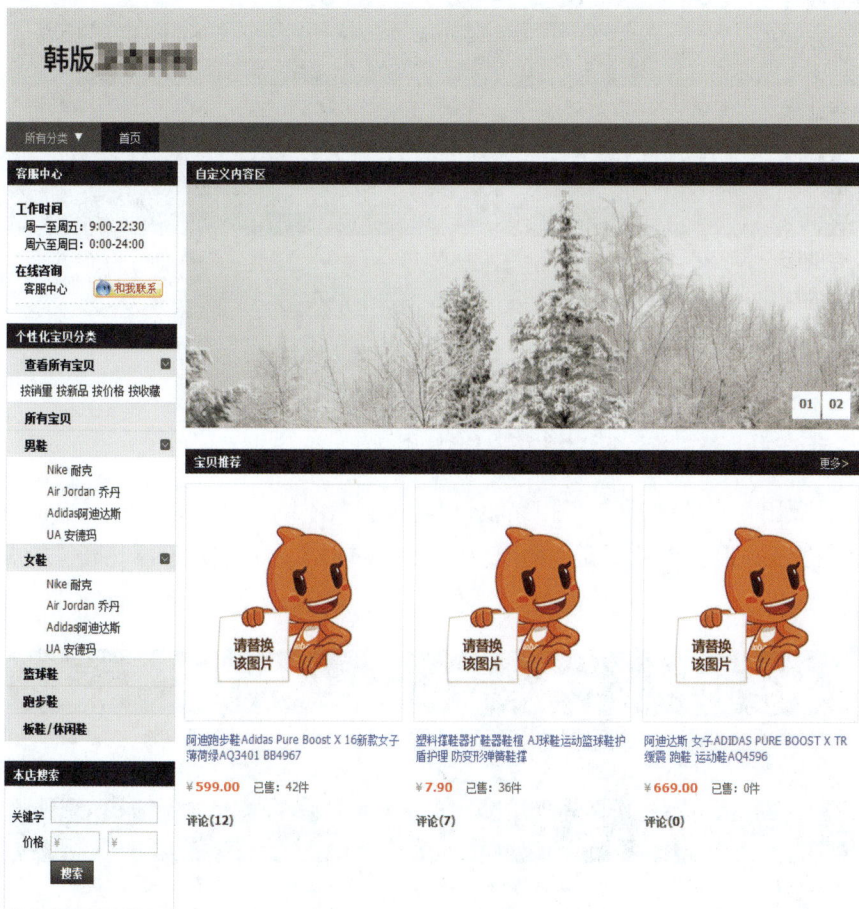

▲ 图6-2 旺铺专业版页面效果

淘宝旺铺专业版是付费版的旺铺，价格为50元/月，但是一钻以下的店铺可以免费使用旺铺专业版。以前旺铺版本分为扶植版、标准版、拓展版，淘宝推出了旺铺专业版以后便淘汰了以前的旺铺版本。

6.1.2 旺铺专业版与基础版装修功能对比

为了使店铺更具个性化，旺铺专业版在个别功能上做了升级，专业版与基础版的装修功能对比如图6-3所示。

153

	悬浮旺旺（新）	宝贝分类管理（新）	店招导航（新）	宝贝推荐（新）	宝贝图片尺寸展示（新）	关联推荐（新）
专业版	✔	✔	✔	✔	310/250/240/230/180/130px	✔
基础版		✔			310/250/240/230/180/130px	✔

	友情链接（新）	宝贝排行榜	图片轮播	客服中心	二级域名	列表页属性筛选
专业版	✔	✔	✔	✔	✔	✔
基础版	✔	✔	✔	✔		✔

	店铺动态（新）	智能搜索（新）	手机版店铺	分享组件（新）	支持旺铺css	店铺后院
专业版	✔	✔	✔	✔	✔	✔
基础版	✔	✔	✔	✔	✔	✔

	应用中心	麦麦协作	营销中心	装修分析	支持JS模板
专业版	✔	✔	✔	✔	✔
基础版	✔	✔	✔	✔	✔

▲ 图6-3 两个版本的装修功能对比

6.1.3 旺铺专业版与基础版功能模块对比

旺铺专业版和旺铺基础版除了在店铺装修功能上有不同之外，在功能模块上也有不同之处。在功能模块上，旺铺专业版新增的模块不多，只有3个，分别是悬浮旺旺（新）、分享组件（新）、二级域名，其他则保持不变，具体的功能模板对比如图6-4所示。

	页头背景（新）	页面背景	店铺自定义装修（新）	页尾自定义	列表页面模板数（新）	预置SDK免费试用模板数（新）
专业版	✔	✔	✔	✔	15	3
基础版			✔		1	

	首页可添加模板数	列表页可添加模板数	详情也可添加模板数	自定义页可添加模板数	默认配色套数	系统自动备份
专业版	40	15	15	40	24	✔
基础版	40	15	15	40	5	✔

	详情页宝贝描述模板数	可添加自定义页面数	页面布局管理	布局结构（首页）	自定义备份	预置SDK免费试用模板数
专业版	25	50	✔	通栏/两栏/三栏	20	10
基础版	3	6	✔	两栏/结构	10	

▲ 图6-4 两个版本的功能模块对比

高手支招 经过比较，可以看出旺铺基础版只能满足店铺的基本装修需求，如果对店铺视觉效果有更高的要求，如使用通栏店招、全屏海报、商品特殊的动态效果等，需要旺铺专业版的支持。

6.1.4　淘宝旺铺智能版

随着电商行业的发展，淘宝旺铺也在不断更新升级，2016年淘宝推出了一个旺铺智能版，下面简单介绍一下旺铺智能版的功能。

旺铺智能版包含旺铺专业版所有的功能，并新增了无线装修功能，可实现一站式装修、数据化运营、多媒体互动等。旺铺智能版的五大特色如下。

（1）电脑/手机装修整合：店铺装修后台整合并升级，提升装修效能，使店铺装修更方便快捷。

（2）店铺营销能力全面升级：更多自定义玩法，引导用户下单转化，无论是营销活动还是日常运营都更加有效方便。

（3）模块级千人千面：制定宝贝库，智能筛选，命中买家所需，卖买家需要的商品，店铺转化率才会高。

（4）大图热区切图：选择一张大图，可快速切图、添加链接，灵活配置，排版更个性、装修更快速。

（5）A/B页面测试：同步测试两个页面效果，为首页优化提供数据。

> **高手支招**　更多旺铺智能版的功能，如一键智能装修、智能单双列宝贝模块、1920宽屏装修、PC端悬浮导航、标签图模块、倒计时模块、千人千面模块/视频导购等，商家可自行尝试。

6.2　店铺基础装修流程

店铺基础装修的一般流程：选择店铺模板，设置整体配色方案，设置首页布局，添加自定义模块，创建自定义二级页面，宝贝详情页装修、宝贝分类页装修、店铺页尾装修、店铺备份与还原等。将宝贝上传后，接下来可以对店铺进行基础装修了。

6.2.1　选择店铺模板

其实，店铺的装修是很简单的，因为淘宝提供了免费的装修模板，通常只需选择适合自己店铺风格的模板即可。如果觉得淘宝提供的免费模板不适合，还可以购买第三方提供的模板，总有一款适合你店铺的风格，因此通常不需要自己去设计。

选择店铺模板的操作步骤如下。

第1步　进入卖家中心，打开店铺装修后台，单击页面顶端的"模板管理"选项，进入店铺模板管理页面，如图6-5所示。

扫码看视频

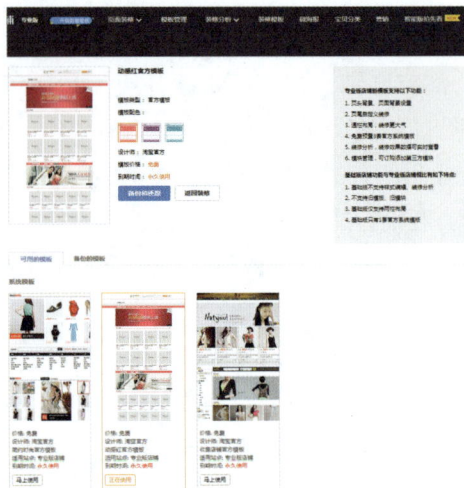

▲ 图6-5　店铺模板管理页面

目前淘宝旺铺专业版店铺模板支持以下功能。

- 页头背景、页面背景设置。
- 页尾自定义装修。
- 通栏布局。
- 装修分析，装修效果数据可实时查看。
- 模块管理，可订购添加第三方模块。

企业版店铺免费预置3套官方系统模板，分别为简约时尚官方模板、动感红官方模板、收费店铺官方模板。

第2步 将鼠标指针移动到模板缩略图片上，会弹出"点击查看图片详情及操作"的提示信息，单击后弹出"模板详情"对话框，如图6-6所示。

▲ 图6-6　"模板详情"对话框

第3步 单击图6-6中的"应用"按钮,在弹出的"应用模板"对话框中单击"直接应用"按钮。店铺模板就选择成功了,页面会直接跳转到装修页面,如图6-7所示。

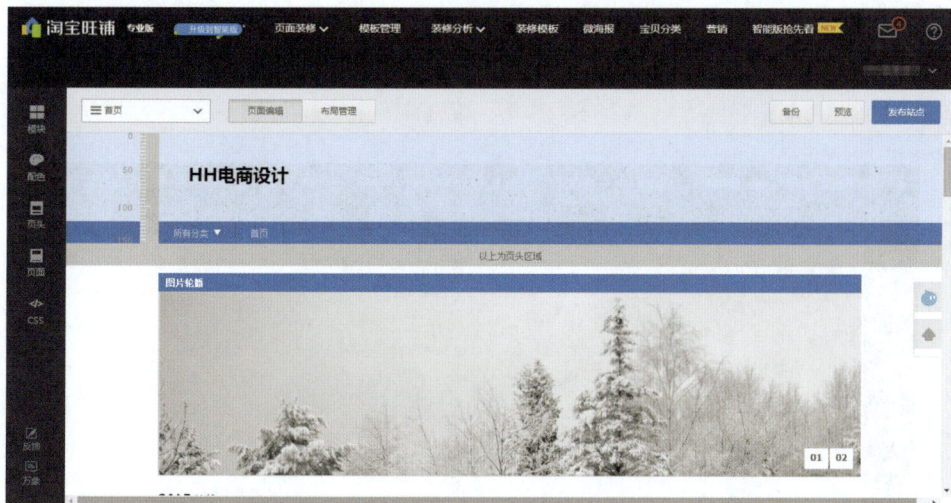

▲ 图6-7 装修页面

6.2.2 设置整体配色方案

选择好合适的店铺模板后,接下来需要设置店铺的整体色调,也就是给店铺配色。有关配色的原理和技巧可参阅本书第11章的内容(本书配套资源\"第11~13章"文件夹),这里只介绍在淘宝店铺中如何进行整体配色。

第1步 在店铺装修页面中单击左侧的"配色"选项,在展开的窗格中一共包含了24种整体配色方案。

第2步 单击其中一种配色方案,这里单击"深蓝色",店铺的整体配色就设置好了,如图6-8所示。

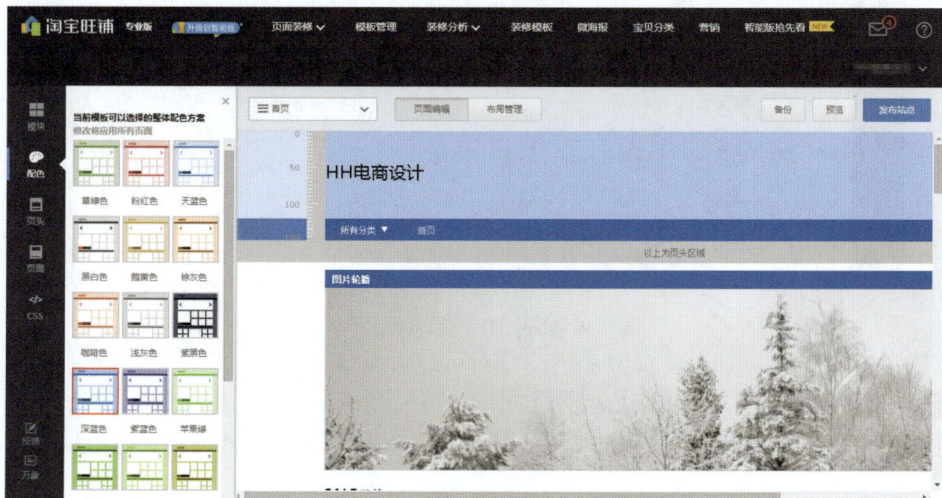

▲ 图6-8 设置整体配色方案

6.2.3　设置首页布局

首页布局就是店铺的框架结构，模块就好比是砖，有了框架才能砌砖。店铺模块是建立在布局单元上的，前面设置完整体的配色方案之后，接下来就设置首页布局。

第1步 进入"布局管理"页面。在装修页面中单击"布局管理"按钮，进入"布局管理"页面，如图6-9所示。

▲ 图6-9　"布局管理"页面

第2步 删除模块。在"布局管理"页面中，将鼠标指针移动到"特价专区"模块上，然后单击模块上的删除按钮"×"，即可删除该模块，如图6-10所示。

▲ 图6-10　删除模块

第3步 调整模块。将鼠标指针放到模块上的"+"图标上，然后拖曳鼠标指针就可以上下拖曳该模块调整顺序。如需删除该模块，单击"删除"按钮"×"即可，如图6-11所示。

▲ 图6-11 调整模块

第4步 添加布局单元。单击页面中的"添加布局单元"按钮，在弹出的"布局管理"对话框中选择相应的布局样式，如图6-12所示。

▲ 图6-12 "布局管理"对话框

6.2.4 添加自定义模块

在给店铺设置完布局后，就可以在该布局单元上添加自定义模块。

第1步 进入"布局管理"页面，将鼠标指针移动到左侧的"基础模块"中，单击选择需要添加的"自定义区"模块，然后将其拖曳到页面布局中，如图6-13所示。

第2步 添加完自定义模块之后，单击"页面编辑"按钮，回到装修页面，此时，可以在装修页面中的"自定义内容区"添加装修代码，如图6-14所示。

▲ 图6-13　将"自定义区"模块拖曳到页面布局中

▲ 图6-14　在"自定义内容区"添加装修代码

6.2.5　创建自定义二级页面

自定义二级页面提供了个性化的装修功能，模块内容更加丰富实用。例如活动页面（热卖、上新、促销活动）、店铺介绍（品牌故事、企业文化）、会员专区（老顾客爱去的地方）、合作招募（寻找志同道合的商业伙伴）、售后活动（评价有礼、买家秀）等；也可以将自定义二级页面添加为导航菜单或轮播图片的链接等。创建自定义二级页面的操作步骤如下。

第1步 进入装修页面后，单击"首页"选项，在打开的页面中单击"新建页面"按钮，如图6-15所示。

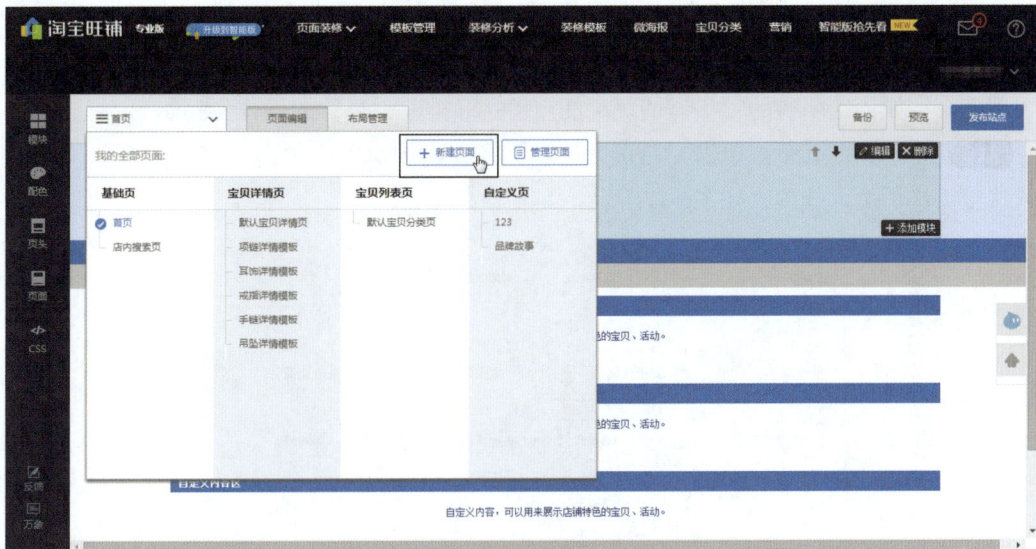

▲ 图6-15 单击"新建页面"按钮

第2步 进入新建页面，设置页面的相关内容，然后单击"保存"按钮，如图6-16所示。

▲ 图6-16 设置新建页面相关内容

6.2.6 宝贝详情页装修

在店铺装修后台，系统提供了一键为所有的宝贝详情页添加相同的图片或是宝贝推荐的功能，大大地提高了店铺装修的工作效率。

值得注意的是，在宝贝详情页模板的编辑页面只能统一修改宝贝本身详情内容以外的模板内容，并不能修改宝贝本身的详情内容。如果需要修改宝贝本身的详情内容，则要在"出售中的宝贝"页面中进行修改。

下面介绍如何给所有的宝贝详情页添加宝贝关联推荐，具体的操作步骤如下。

第1步 进入装修页面，单击"首页"选项，在弹出的页面中单击"宝贝详情页"栏中的"默认宝贝详情页"选项，如图6-17所示。

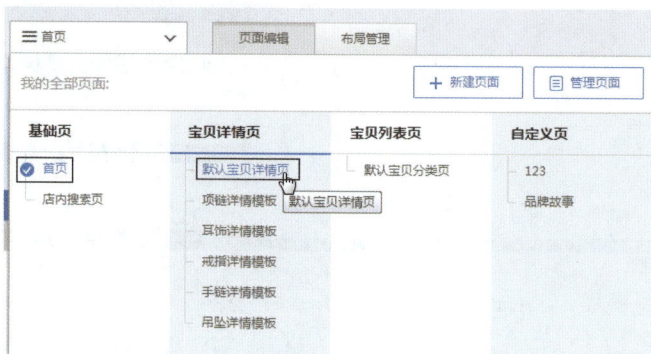

▲ 图6-17 单击"默认宝贝详情页"选项

第2步 将鼠标指针移动到左侧"基础模块"中的"旺铺关联"模块上，按住鼠标左键不放并将"旺铺关联"模块拖曳到需要的位置，然后释放鼠标左键，如图6-18所示。

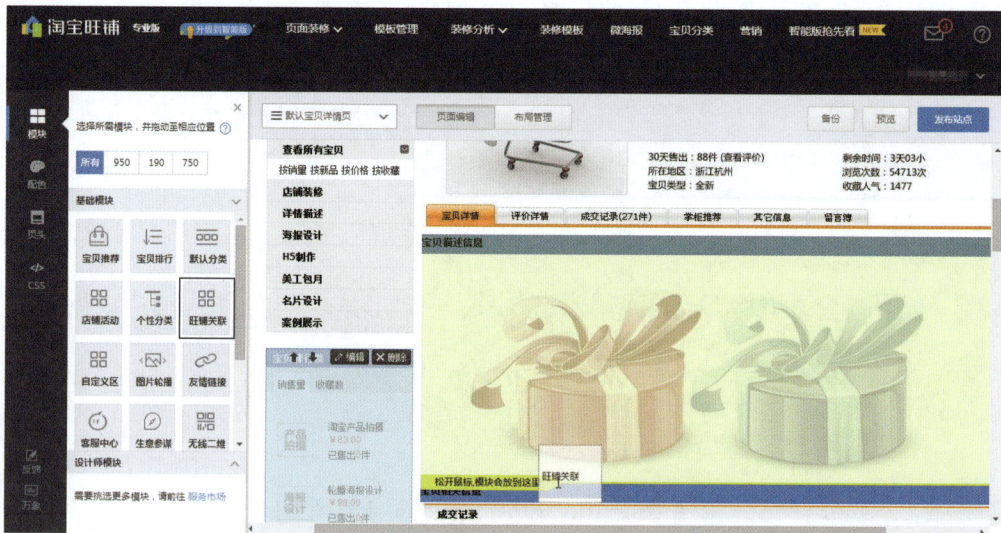

▲ 图6-18 将"旺铺关联"模块拖曳到需要的位置

第3步 此时默认宝贝详情页中新建了"为你推荐"模块，单击该模块右上角的"编辑"按钮，如图6-19所示。

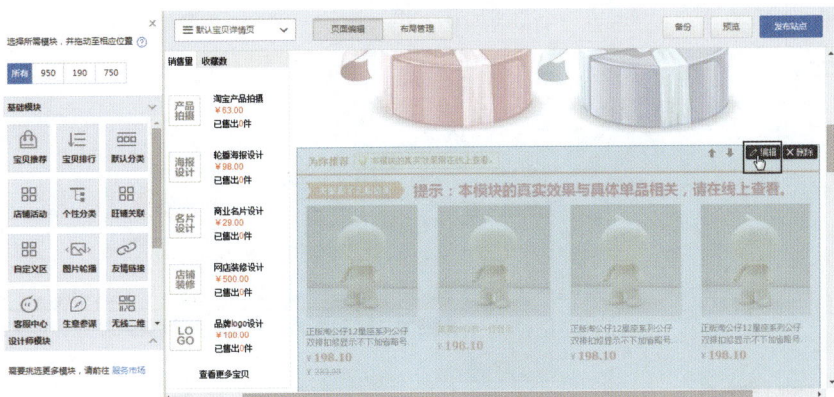

▲ 图6-19　单击"编辑"按钮

第4步 在弹出的"旺铺关联推荐"对话框中，根据需要进行相关的设置操作，单击"保存"按钮保存设置，如图6-20所示。

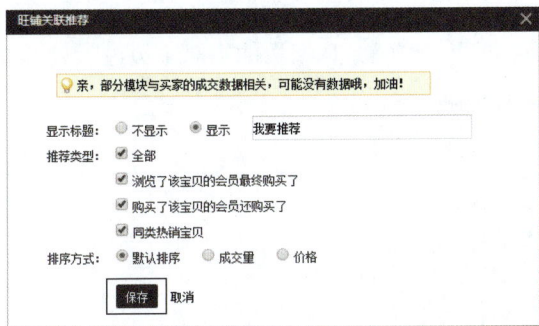

▲ 图6-20　"旺铺关联推荐"对话框

第5步 将鼠标指针移动到左侧"基础模块"中的"默认分类"模块上，按住鼠标左键不放并将"默认分类"模块拖曳到右侧合适的位置，然后释放鼠标左键，如图6-21所示。

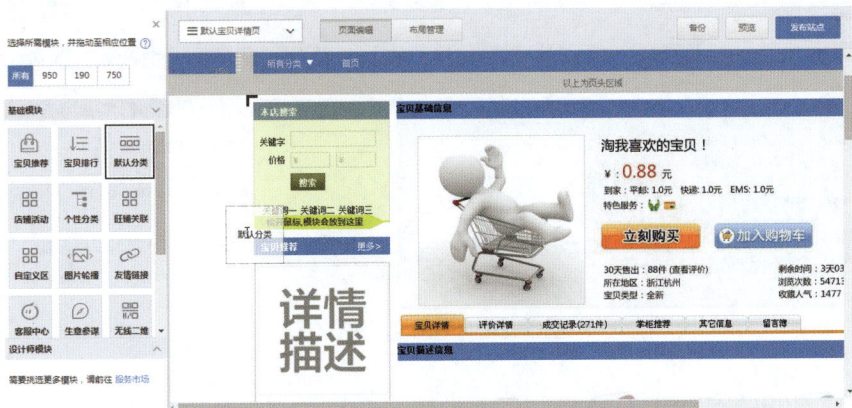

▲ 图6-21　将"默认分类"模块拖曳到右侧合适的位置

第6步 此时系统会自动建立一个"宝贝分类"模块，单击该模块上方的"编辑"按钮，如图6-22所示。

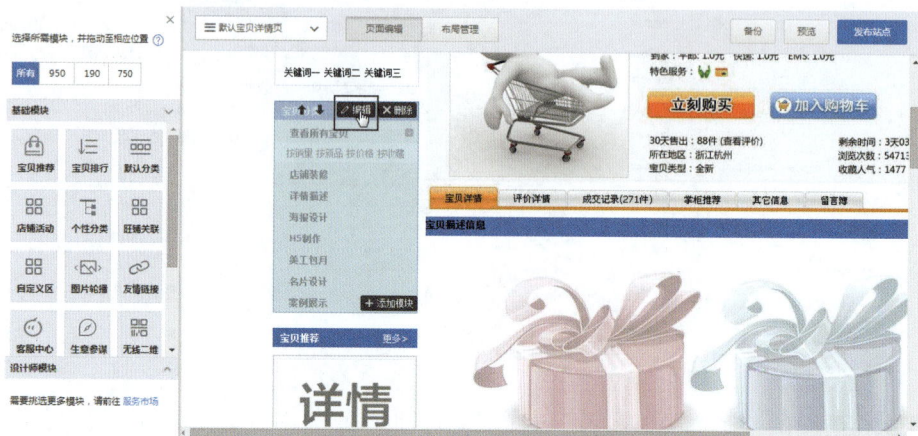

▲ 图6-22 单击"编辑"按钮

第7步 进入"宝贝分类管理"页面，在该页面中对宝贝进行分类设置，如图6-23所示。

▲ 图6-23 对宝贝进行分类设置

第8步 将鼠标指针移动到"基础模块"中的"本店搜索"模块上，单击模块上方的"编辑"按钮，如图6-24所示。

▲ 图6-24 单击"编辑"按钮

第9步 在弹出的"搜索店内宝贝"对话框中进行设置，如图6-25所示。

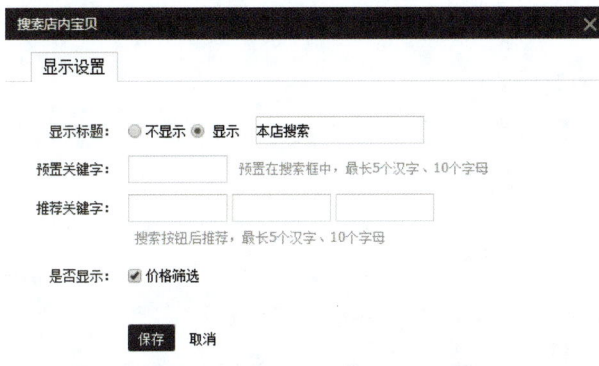

▲ 图6-25 "搜索店内宝贝"对话框

第10步 默认宝贝详情页装修完之后，单击该页面右上角的"发布站点"按钮，如图6-26所示。

▲ 图6-26 单击"发布站点"按钮

第11步 根据提示操作，在弹出的"发布"对话框中单击"确认发布"按钮即可，如图6-27所示。

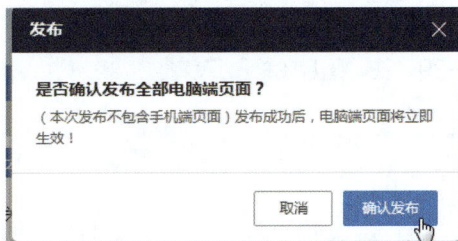

▲ 图6-27 "发布"对话框

6.2.7　宝贝分类页装修

宝贝分类页装修的具体操作步骤如下。

第1步 进入装修页面，单击"首页"选项，在打开的页面中单击"宝贝列表页"中的"默认宝贝分类页"选项，如图6-28所示。

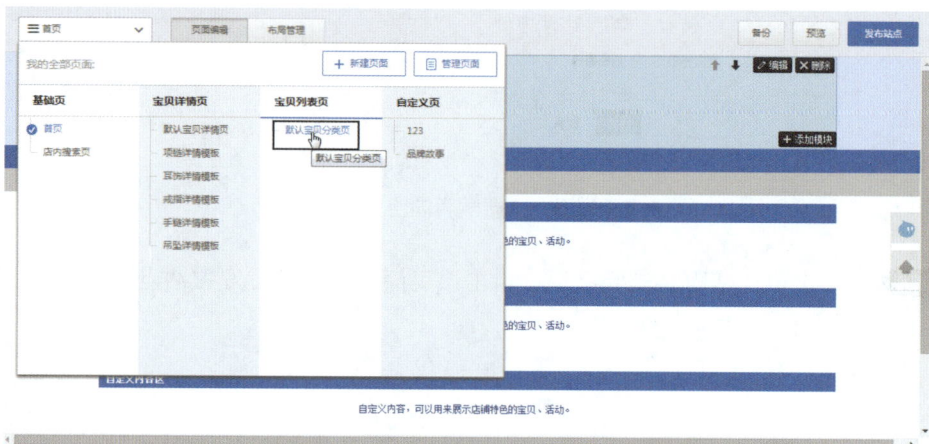

▲ 图6-28　单击"默认宝贝分类页"选项

第2步 将鼠标指针移动到左侧"基础模块"中的"图片轮播"模块上，按住鼠标左键不放，并将"图片轮播"模块拖曳到右侧合适的位置，然后释放鼠标左键，如图6-29所示。

▲ 图6-29　将"图片轮播"模块拖曳到右侧合适的位置

第3步 此时系统自动创建了"图片轮播"模块，单击该模块右上角的"编辑"按钮，如图6-30所示。

第4步 在弹出的"图片轮播"对话框中，单击"内容设置"选项，在"图片地址"和"链接地址"文本框中填写相应的内容。如需设置多个轮播图片，可单击"添加"按钮。单击"操作"栏中的上下箭头按钮可调整图片的顺序，如图6-31所示，单击"×"按钮可删除图片。

▲ 图6-30 单击"编辑"按钮

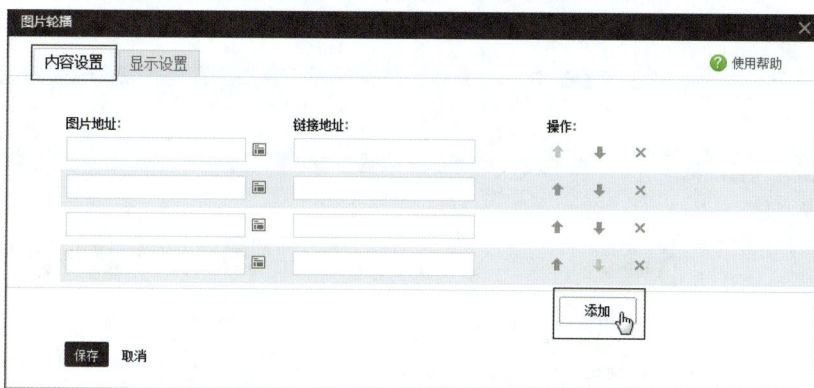

▲ 图6-31 "图片轮播"对话框

第5步 单击"显示设置"选项卡，设置相关参数，单击"保存"按钮，如图6-32所示。

▲ 图6-32 设置相关参数

高手支招 在"模块高度"文本框中可设置轮播图片的高度，高度设置必须为100～600像素；在"切换效果"下拉列表框中可设置轮播图片的切换效果。

167

第6步 装修完之后单击页面右上角的"发布站点"按钮，根据提示操作，在弹出的"发布"对话框中单击"确认发布"按钮。

6.2.8 店铺页尾装修

扫码看视频

淘宝店铺中的页尾很少会引起卖家的注意，其实，店铺页尾装修也是非常重要的，它同样可以提高店铺的转化率。

第1步 进入装修页面，在页面的最底部可以看到"以下为页尾区域"字样，将鼠标指针移动到左侧"基础模块"的"自定义区"模块上，按住鼠标左键不放，将"自定义区"模块拖曳到页尾区域的位置，然后释放鼠标左键，如图6-33所示。

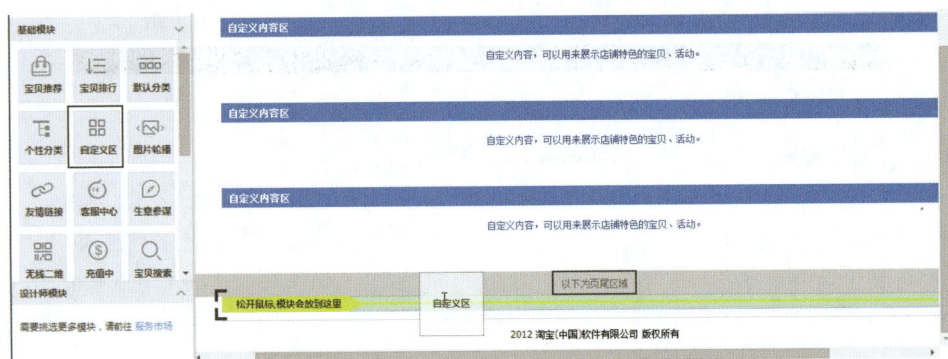

▲ 图6-33 拖曳"自定义区"模块到页尾区域

第2步 此时页尾区域就新建了一个"自定义内容区"模块，单击该模块右上角的"编辑"按钮，如图6-34所示。

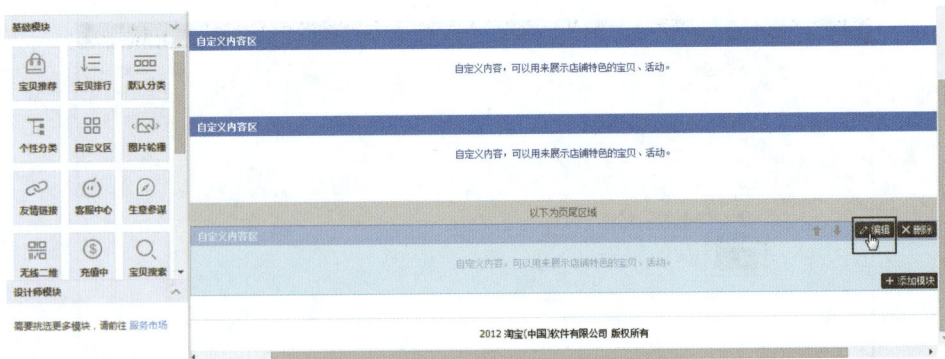

▲ 图6-34 "自定义内容区"模块

第3步 在弹出的"自定义内容区"对话框中进行设置。"显示标题"选中"不显示"单选按钮，勾选"编辑源代码"复选框，如图6-35所示。

第4步 最后将编辑好的页尾的代码粘贴到输入窗口中，单击"确定"按钮。

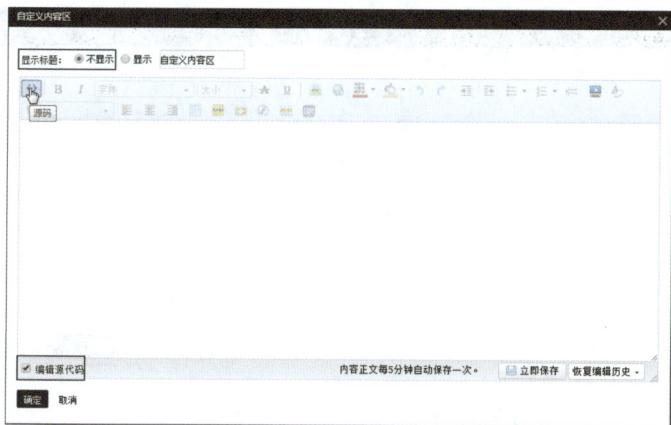

▲ 图6-35 "自定义内容区"对话框

6.2.9 店铺备份与还原

淘宝店铺模板设计好后，需要将该模板备份，以便下次进行还原。因为卖家会经常更换自己店铺的装修风格，如果要用以前的装修风格，就可以直接利用备份的店铺模板进行还原，这样会减少很多烦琐的装修工作，提高装修效率。

> **高手支招** 可通过"装修"→"模板管理"→"选择模板"→"备份与还原"来进行店铺模板的备份。店铺模板备份将保留店铺的布局模块设置和风格设置等自定义参数，每次装修手动备份的模板数量不超过15个版本。

店铺模板备份与还原分为电脑端和手机端两种，具体的操作步骤如下。

1. 电脑端的备份与还原

第1步 进入店铺装修后台，装修好店铺之后，单击装修页面右上角的"备份"按钮，如图6-36所示。

▲ 图6-36 在装修完成的页面中单击"备份"按钮

第2步 在弹出的"备份与还原"对话框中单击"备份"选项，设置"备份名"（最多10个汉字或字符），单击"确定"按钮即可完成备份，如图6-37所示。

第3步 如果需要进行还原，单击"还原"选项，选择要还原的备份文件，单击"应用备份"按钮，如图6-38所示。

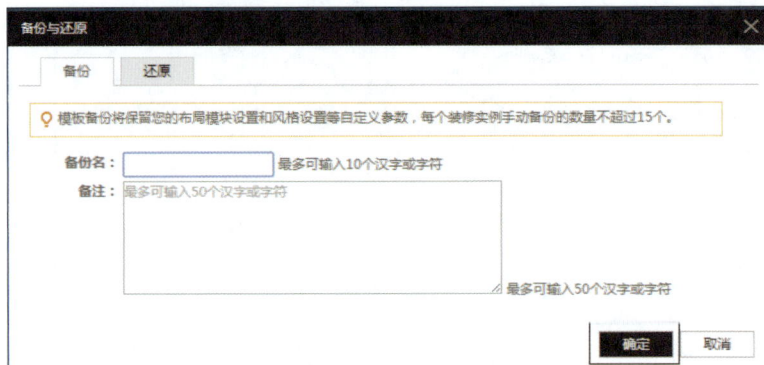

▲ 图6-37 "备份与还原"对话框

▲ 图6-38 应用备份

第4步 弹出图6-39所示的"应用模板"对话框。如果装修好的页面没有备份，单击"备份并应用"按钮；如果页面已经备份了，则直接单击"直接应用"按钮。

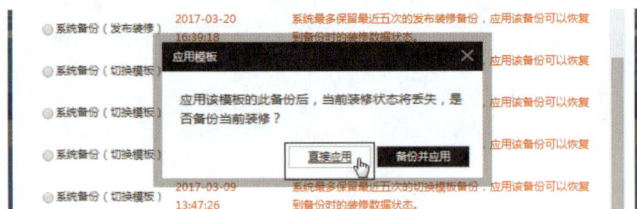

▲ 图6-39 "应用模板"对话框

2. 手机端的备份与还原

第1步 进入无线运营中心的店铺装修页面，单击"店铺首页"选项，进入装修页面，单击右上角的"保存"按钮，在弹出的下拉列表框中选择"备份"选项，如图6-40所示。

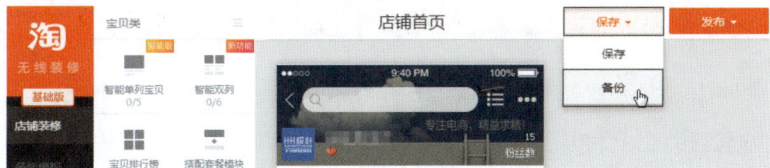

▲ 图6-40　手机端装修页面

第2步 在弹出的"备份当前页面"对话框中输入备份名称，这样可以清楚地知道备份了哪个页面，不过要注意的是最多只能备份10个版本。备份名称不能超过8个汉字，输入完之后单击"确定"按钮，如图6-41所示。

▲ 图6-41　"备份当前页面"对话框

第3步 如要需要还原某个页面，则单击手机端的店铺首页装修页面左侧的"备份"选项，即可跳转到店铺备份页面，如图6-42所示。

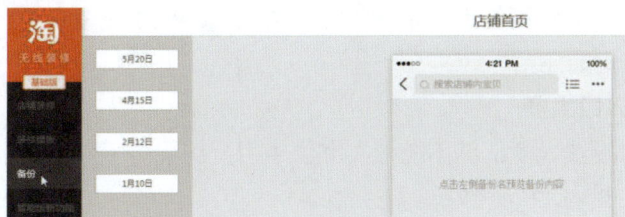

▲ 图6-42　店铺备份页面

第4步 在左侧选择需要还原的那个备份，然后单击右上角的"恢复使用该模板"按钮，即可还原，如图6-43所示。

▲ 图6-43　还原操作

6.3 店铺装修的注意事项

要想让自己的店铺在众多店铺中脱颖而出，店铺装修设计是非常重要的，时尚、大气的店铺装修会给买家营造出一种舒适的视觉效果和愉悦的购物氛围。但很多卖家在店铺装修时容易出现以下几个方面的问题。

1. 喜欢使用超大图片

为了吸引买家的注意力，很多卖家喜欢在店铺首页使用超大的图片。其实这样反而会影响买家的购物感受，因为超大图片的加载时间长，会让买家失去耐心，从而严重影响店铺的点击率。

> **高手支招** 一般情况下，店铺装修的图片都是放在淘宝网以外的图片空间服务器中，而这个服务器的运行速度往往决定店铺页面的访问速度。如果卖家上传太多太大的图片到店铺中，店铺页面的打开速度会变慢，这将会影响买家浏览时的心情。

2. 店铺首页装修配色多

许多卖家在装修店铺首页时，认为店铺首页颜色越丰富越好，甚至喜欢大红大紫非常刺眼的颜色。这是不对的，店铺的配色是有讲究的，必须遵循色彩搭配的基本原理，要根据自己商品的特点和装修风格来选择合适的色系，并且店铺页面的颜色最多不能超过5种，否则会让买家眼花缭乱，产生视觉疲劳，使其心情不悦，从而影响店铺的点击率。

3. 店铺首页装修设计复杂

很多卖家认为装修首页时内容越多越好，其实不然，首页应该简洁、大气、上档次，这样才能更好地发挥首页的引流作用。如果店铺首页装修得过于复杂，没有重点，或者重点不突出，则无法吸引买家的注意。

4. 宝贝详情页入口太多

宝贝详情页入口设置太多，就不能把买家集中引流到优势（爆款）宝贝上，容易让买家流失。

5. 忽略首页的搜索功能

很多卖家容易忽略首页的搜索功能。众所周知，店铺的宝贝越多，搜索功能就越重要。所以一定要在首页设置搜索功能，以方便买家搜索。

6. 宝贝分类过细

我们经常会看到一些新手卖家过于细分宝贝，而其本身宝贝并不是很多。如果一个店铺的宝贝分类过于繁杂，买家搜索宝贝时很费时间，这将直接影响店铺的流量。因此，建议卖家合理设置宝贝分类。

第7章
店铺首页装修与视觉设计

店铺首页设计装修关系到整个店铺的销售额，因此在进行店铺首页设计装修时，要注意整体的协调性。在设计装修的过程中，无论是颜色搭配、字体设计，还是版面布局等都需要从买家的角度出发，尽可能满足买家的需求，这样有利于提高店铺的转化率。

本章学习要点 ● ● ●

- ✪ 店铺首页设计要点
- ✪ 店招设计的基础知识
- ✪ 店标设计与上传
- ✪ 设计店招
- ✪ 装修店招
- ✪ 全屏轮播海报设计与装修
- ✪ 宝贝陈列展示区设计与装修
- ✪ 店铺页尾设计与装修
- ✪ 店铺背景装修

7.1 店铺首页设计要点

一般来说，店铺首页是绝大部分买家浏览店铺的起点，因此店铺首页的设计是提高点击率的最主要的因素。

1. 明确店铺首页的目的

（1）让买家记住店铺，包括店铺名称、风格、商品类别、商品价位等基本信息。

（2）让买家按照卖家设计的路线在首页上有目的地点击，提高点击率。

2. 确定店铺首页的风格定位

根据自己店铺的风格，精心设计和布局店铺首页，给买家留下深刻的购物体验，达到宣传品牌、体现品牌形象的目的。

> **高手支招** 首页必须清晰地告诉买家这家店铺叫什么，主营什么商品，是什么风格，商品价位大概是多少，有什么促销活动等，突出品牌和商品档次、店铺促销活动信息，提高买家的信任感。

3. 了解买家的浏览习惯

经研究表明，"F"型是买家的浏览习惯，根据"F"型浏览模式，可以大概了解买家的浏览轨迹，将视觉重点主要引导在这个区域上，合理利用好每个模块。

4. 首页内容板块

（1）活动板块（第1屏）。一般来说，首页的第1屏都是放活动宣传海报的，很多优秀的店铺每天都有促销活动，因此通常在第1屏放促销活动宣传海报，进行有效分流，打造爆款，如图7-1所示。

▲ 图7-1 活动板块（第1屏）

（2）推广爆款板块（第2～3屏）。第2屏和第3屏的宽度和高度最好与第1屏一致，但色调可以不统一，这样显得有层次感，视觉效果更好，如图7-2所示。

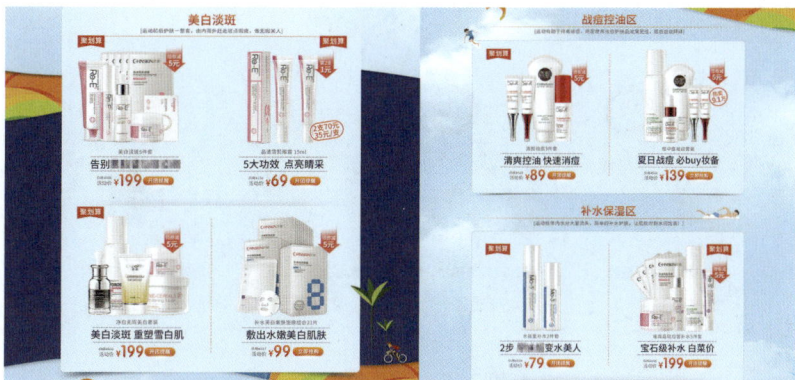

▲ 图7-2　推广爆款板块（第2～3屏）

（3）分类导航（有效分流）。优秀的店铺除了左侧店铺导航外，还在店铺首页设置了其他的店铺分类导航，方便买家选择自己喜欢的模块进入浏览，从而进行有效分流。制作分类导航时需注意两点：①分类要清楚明确；②与店铺主题要统一协调，如图7-3所示。

▲ 图7-3　分类导航（有效分流）

（4）客服中心（随时服务）。店铺的首页都有"客服中心"，特别是首页很长的情况，在页头、中间及页尾处都要添加"客服中心"，以方便买家及时联系到客服，让客服帮助他们解决问题，从而促使订单成交，如图7-4所示。

▲ 图7-4　客服中心（随时服务）

5. 合理布局模块

首页内容丰富，模块布局应当有主有次，错落有致，采用列表式和图文搭配，同时模块结构和商品系列要清晰明了，如图7-5所示。

▲ 图7-5 合理布局模块

（1）店铺活动和优惠信息，如海报、轮播图、活动导航图片要放在最重要的位置的视觉中心，并且活动图片内容要清晰，一目了然。

（2）爆款、新款不宜太多，可用导航或关键词将流量引至相应的分类里。

（3）收藏、关注、客服等互动性模块必须要有，以提升诚信度，提高二次购买率。

（4）搜索、商品导航等模块也必不可少。把商品类目详细地列举出来，方便买家搜索，让买家可以快速地搜索到要买的商品。

6. 首页长度

首页设计不宜过长，一般在3～4个屏幕的高度即可。因为绝大多数买家在访问页面时都没有耐心去看冗长的页面。

7.2 店招设计的基础知识

店招就是店铺的招牌，用来展示店铺名称和形象。好的店招能突出店铺经营风格，提高店铺的美观度和推广度。店招一般由店标（Logo）、店铺口号、店内搜索框、收藏店铺、关注店铺、店内导航及热销宝贝推荐或者店铺优惠券等组成，如图7-6所示。

▲ 图7-6 店招

7.2.1 店招的位置与尺寸

进入淘宝店铺后台装修页面，可以看到页头主要由页头背景、店招和导航3部分组成。其中页头背景的宽度是1920像素（这个尺寸是根据电脑屏幕分辨率来定的），高度是150像素（包含了店招的高度120像素和导航的高度30像素），如图7-7所示。

▲ 图7-7 店铺的页头

将鼠标指针移至店招区域，单击"编辑"按钮，在弹出的"店铺招牌"对话框中，可以看到店招有3种类型，分别是默认招牌、自定义招牌、BannerMaker。由于BannerMaker在2016年5月19日就已经下线了，所以实际上店招只有默认招牌和自定义招牌两种类型。店招图片支持.JPG、.PNG、.GIF格式，店铺系统默认的店招宽度为950像素。如果是默认招牌，高度建议为120像素；如果是自定义招牌，高度建议为150像素。如图7-8所示。

▲ 图7-8 "店铺招牌"对话框

通常情况下，每个独立商品详情页面的上方都会显示店铺的店招，如图7-9所示。

▲ 图7-9 旺铺的店招

很少有买家是通过搜索店铺从店铺首页进入商品详情页的，大多数买家都是通过搜索商品名称直接进入商品详情页的，然后再从商品详情页进入店铺的其他页面，所以在每个商品详情页中设置店招是非常有宣传意义的，这样可以让每一位进入店铺的买家都能通过店招认识店铺的品牌和形象，从而提高点击率。

7.2.2　店招的设计原则

店招通常由文字和图案组成，表现方法多种多样。设计并制作一个好的店招对店铺来说是非常重要的，其目的是给买家留下一个深刻的印象。

店招设计一般要遵循以下基本原则。

（1）专业性。店招是向买家视觉传达的重要核心因素。在店招的设计中，要强调店铺品牌的价值和意义，并准确传达给买家，彰显专业性，使店招的设计最大程度地表现出店铺的经营理念和经营活动。这样不仅提高了店铺信誉，而且也会让买家产生信赖感，提高成交率。

（2）识别性。如何让买家在千千万万个店铺中一眼就看中你的店铺，并且能快速记住你的店铺？具有独特的个性和强烈的视觉冲击力的店招，拥有较高的竞争力，能给买家留下深刻的印象。

（3）时代性。电商时代是一个与时俱进的时代，为了适应不断变化的竞争市场，卖家必须结合鲜明的时代形象特征来构造理念，设计出独特的店招，让买家眼前一亮，激发其欣赏的欲望。

7.2.3　店招的设计要点

店招能决定买家看到店铺的第一印象，买家进入店铺后可能第一眼看到的就是店招。店招的基础功能是宣传形象，留住买家，因此在设计店招时，就要更多地从留住买家的角度去考虑。

店招设计必须要体现以下几个要点。

（1）店铺名称。店铺名称不仅要好记，而且要有一定的含义，能直接告诉买家自己店铺是卖什么的，品牌店铺可以宣传自己的品牌。

（2）店标（Logo）。它是店铺区别于其他店铺的核心元素，有很高的识别度，能直观形象地体现店铺的品牌和形象。

（3）商品特点。直接阐述自己店铺的商品特点，第一时间打动买家，吸引买家。

（4）店铺（商品）优势和差异化。展示店铺（商品）的优势以及和其他店铺的不同，形成差异化竞争。

7.3　店标设计与上传

买家在搜索店铺的时候，店铺将以店标、店铺名称、主营项目等的方式展示。好的店标能表达出店铺的独特风格，且识别度较高，能让人一眼记住。

7.3.1 设计店标

店标通常围绕店铺的商品和店铺名称来设计，下面将使用Photoshop软件制作店标，完成后的效果如图7-10所示。

第1步 新建文件。启动Photoshop软件，新建一个名为"店标"的文件，设置宽度为80像素，高度为80像素，其他参数设置如图7-11所示。

▲ 图7-10 店铺店标效果图

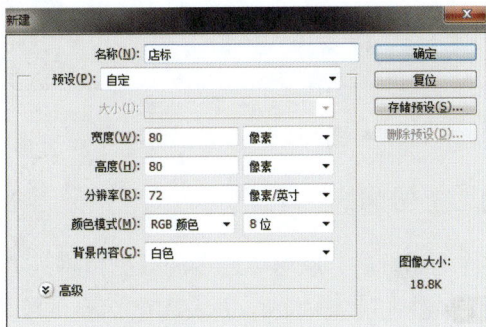

▲ 图7-11 新建文件

第2步 打开素材图片。选择"文件"→"打开"命令，打开准备好的"LOGO.png"图片文件，如图7-12所示。

第3步 调整素材。将图标图片拖曳到"店标"文件中，选择"编辑"→"变换"→"缩放"命令，或者按【Ctrl】+【T】组合键，使图片处于编辑状态，再按住【Shift】键不放，对图片进行等比例缩放，如图7-13所示。

第4步 输入文字。单击工具栏中的文字工具，输入文字"专注电商设计"，设置文字大小为12像素，颜色为"#0090dc"，如图7-14所示。

▲ 图7-12 打开素材图片

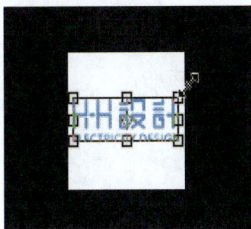

▲ 图7-13 编辑素材图片

▲ 图7-14 输入并设置文字

第5步 设置样式。

（1）选中所有图层，按【Ctrl】+【Alt】+【Shift】+【E】组合键盖印所有图层，双击该图层，在弹出的"图层样式"对话框中，设置"描边"大小为2像素，位置为"内部"，颜色为"#0090dc"，如图7-15和图7-16所示。

（2）依次单击"确定"按钮，即可完成店标的制作，效果如图7-10所示。

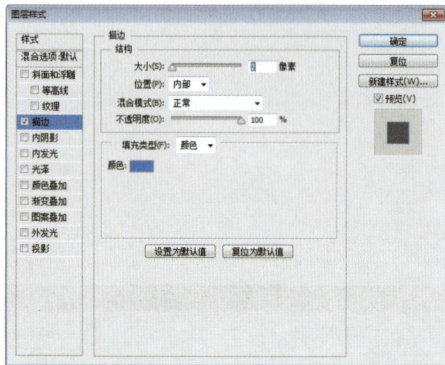

▲ 图7-15　设置描边样式　　　　　　▲ 图7-16　设置描边颜色

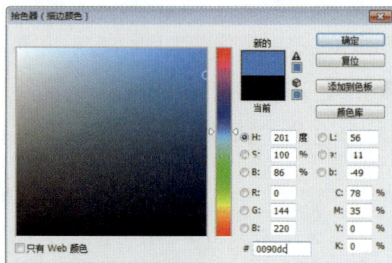

7.3.2　上传店标

制作好店标后，就可以通过淘宝后台将其上传到店铺中，具体的操作步骤如下。

第1步 进入卖家中心。进入淘宝后台的卖家中心，单击"设置店标"文字超链接，如图7-17所示。

▲ 图7-17　进入卖家中心并单击"设置店标"文字超链接

第2步 上传店标。

（1）单击"淘宝店铺"选项，在"基础信息"中单击"上传图标"按钮，如图7-18所示。

▲ 图7-18　单击"上传图标"按钮

（2）在弹出的"打开"对话框中，选择店标文件，单击"打开"按钮，即可完成店标的上传，如图7-19所示。

▲ 图7-19　上传店标图片

7.4　设计店招

在设计店招时，要注意店招的尺寸，店铺的Logo、搜索框、导航的大小和位置，以及整体色彩的搭配。

扫码看视频

7.4.1　制作店招

本节将通过Photoshop软件进行店招设计实战，其具体的操作步骤如下。

第1步 新建文件。启动Photoshop软件，新建一个名为"店招"的文件，设置宽度为1920像素，高度为150像素，分辨率为72像素/英寸，颜色模式为RGB颜色，如图7-20所示。

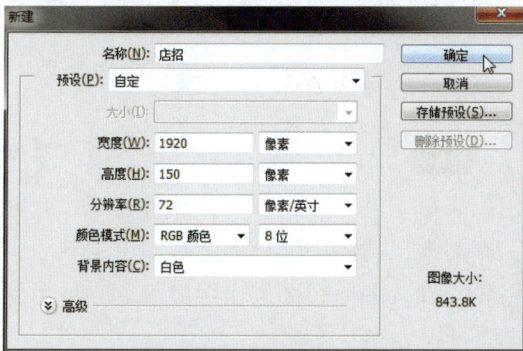

▲ 图7-20　新建文件

第2步 建立参考线。

（1）在"图层"面板中创建一个新图层"图层1"，在工具栏中选择矩形选框工具，在"属性"面板中设置"样式"为"固定大小"，以店招的尺寸为标准设置其宽度为950像素，高度为120像素，如图7-21所示。

▲ 图7-21　设置店招尺寸

（2）将鼠标指针移动到图像窗口中，绘制矩形选框，随意填充一个与背景色不同的颜色，选中"图层1"与"背景"图层，在"属性"面板中单击"水平居中对齐"按钮，将"图层1"图层在图像窗口中居中，如图7-22所示。

181

▲ 图7-22　绘制矩形选框

高手支招

创建一个新图层"图层1"，随意填充一个颜色即可，填充颜色只是为了辅助建立参考线，参考线建立完后可以将填充颜色删除。店招固定大小的尺寸必须是950像素×120像素，建立参考线的目的就是确保在设计店招的过程中要考虑到店招的尺寸范围，尽量保证重要的信息不要超出这个范围，特别是添加链接的信息或者搜索框。

（3）将鼠标指针移到图像窗口边缘的标尺上，拖曳鼠标指针到"图层1"的边缘上，然后释放鼠标左键，即可创建参考线，如图7-23所示。

▲ 图7-23　创建参考线

第3步 制作背景。在"图层"面板中关闭"图层1"图层，新建"页头背景"图层，填充背景色为"#ffffff"，在工具栏中选择矩形工具，绘制导航背景，设置其高度为30像素，宽度与店招相同为950像素，填充颜色为"#3f7fce"，与背景图层底部对齐，如图7-24所示。

▲ 图7-24　制作背景

第4步 导入Logo图片。

（1）打开素材文件，找到准备好的"LOGO.png"图片，将图片拖曳到店招文件

中，按【Ctrl】+【T】组合键，使图片处于编辑状态，调整图片大小，如图7-25所示。

▲ 图7-25　导入Logo图片

（2）选择横排文字工具，输入文字"专注电商设计，创意无限，精益求精！"，调整位置，设置文字大小为"24像素"、颜色为"#5c5c5c"，注意店招的内容必须在参考线的范围内。Logo是店铺非常重要的标志，所以一定要把Logo体现出来，如图7-26所示。

▲ 图7-26　输入并设置文字

第5步 制作导航。选择横排文字工具，输入店铺的导航分类，调整位置，设置字体为"微软雅黑"、颜色为"#ffffff"、大小为"18像素"，注意导航的内容必须在导航背景的范围内，如图7-27所示。

▲ 图7-27　制作导航

第6步 保存文件。此时整个店招、导航和页头背景就制作完成了。注意养成良好的工作习惯，将店招部分的所有图层组成组，将导航部分的所有图层也组成组，完成后保存文件，如图7-28所示。

▲ 图7-28 保存文件

7.4.2 切片保存

店招制作完成后，下面介绍如何对页头进行切片操作。

第1步 保存店招背景。打开制作好的店招源文件，先将店招和导航图层组暂时隐藏，然后按【Ctrl】+【Shift】+【Alt】+【S】组合键将店招背景保存，如图7-29所示。

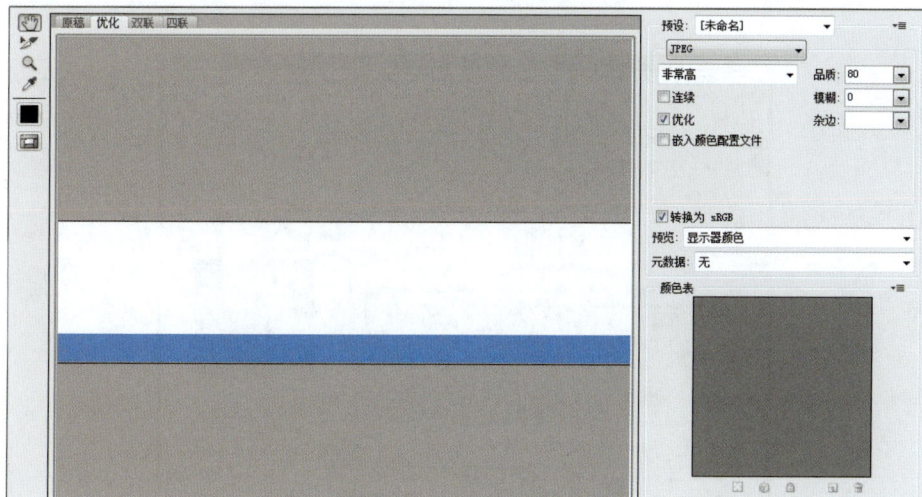

▲ 图7-29 保存店招背景

第2步 保存店招切片。

（1）打开上一步隐藏的店招和导航图层组，在工具栏中选择切片工具，如图7-30所示。

（2）在"属性"面板中单击"基于参考线的切片"按钮，将店招沿着参考线单独切出来，如图7-31所示。

（3）接着按【Ctrl】+【Shift】+【Alt】+【S】组合键，在弹出的"存储为Web所用格式"对话框中，选择"02"切片区域，设置格式为JPEG，设置品质为80～100，单击"存储"按钮，如图7-32所示。

▲ 图7-30 选择切片工具

（4）在弹出的"将优化结果存储为"对话框中选择保存位置，然后设置格式为"仅限图像"，"切片"设置为"选中的切片"，最后单击"保存"按钮，将店招部分保存，如图7-33所示。

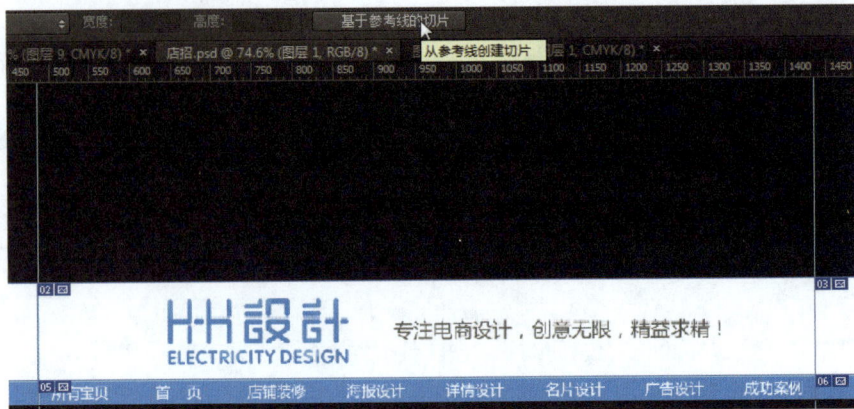

▲ 图7-31　沿着参考线切片

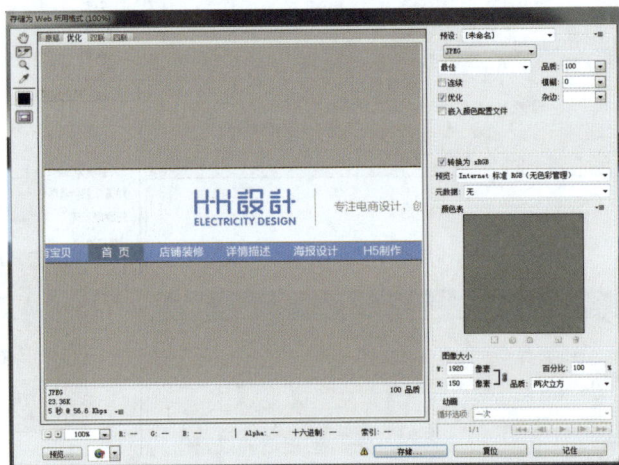

▲ 图7-32　"存储为Web所用格式"窗口

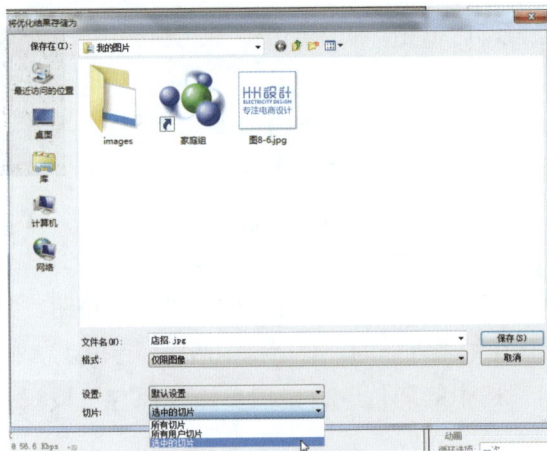

▲ 图7-33　保存店招部分

7.5 装修店招

7.5.1 上传图片

将页头切片保存之后，接下来就是把保存的店招图片上传到图片空间。注意这里是上传店招的图片，店招背景图片不需要上传。上传店招图片到图片空间的操作步骤如下。

第1步 新建文件。

（1）进入"图片空间"页面，选择左侧中的"我的图片"，然后单击"新建文件夹"按钮，如图7-34所示。

▲ 图7-34　在图片空间中选择"我的图片"选项并单击"新建文件夹"按钮

（2）在弹出的"新建文件夹"对话框中输入名称"电脑端店招"，单击"确定"按钮，如图7-35所示。

▲ 图7-35　新建文件夹

第2步 上传图片。

（1）进入创建的"电脑端店招"文件夹内，单击"上传图片"按钮，如图7-36所示。

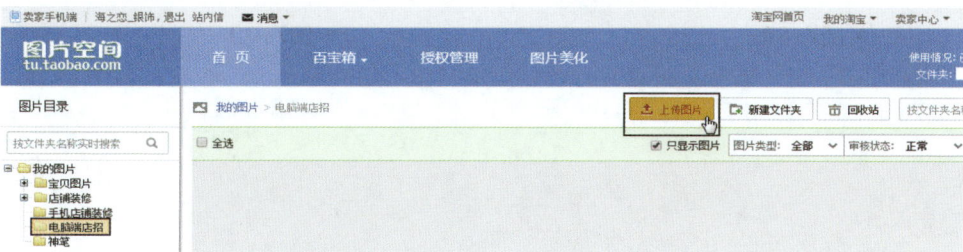

▲ 图7-36　单击"上传图片"按钮

（2）在弹出的"上传图片"对话框中单击"高速上传"中的"点击上传"按钮，如图7-37所示。

（3）在"添加文件"对话框中找到之前保存的店招图片，单击"选好了"按钮，如图7-38所示。

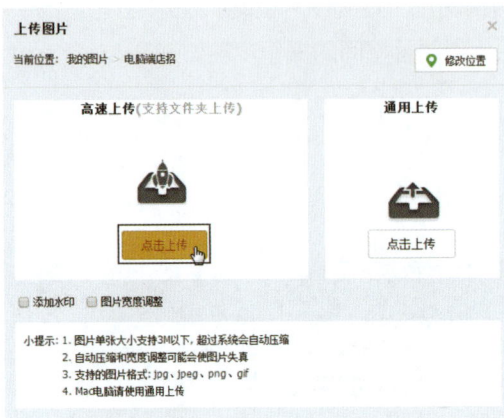

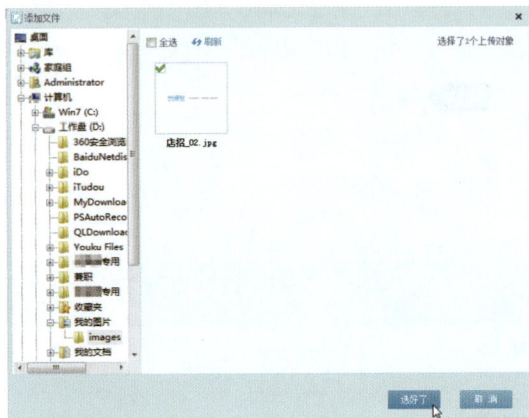

▲ 图7-37　单击"高速上传"中的"点击上传"按钮　　▲ 图7-38　"添加文件"对话框

（4）在"上传文件"对话框中单击"立即上传"按钮，如图7-39所示。

（5）文件上传完毕之后在"提示"对话框中单击"确定"按钮，如图7-40所示。

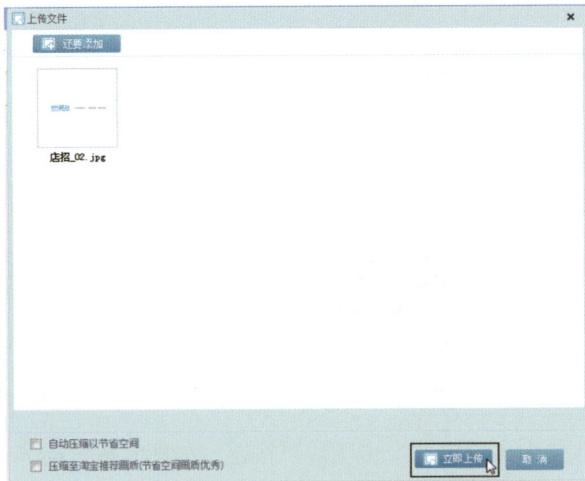

▲ 图7-39　"上传文件"对话框　　　　　▲ 图7-40　单击"确定"按钮

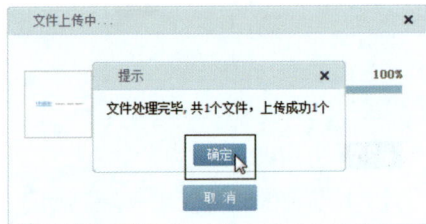

（6）图片上传完成了，如图7-41所示。

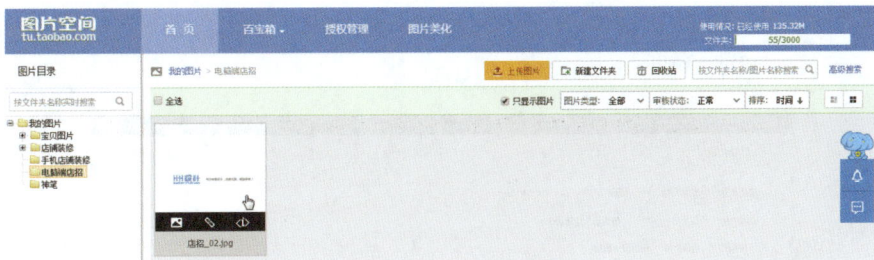

▲ 图7-41　上传完成

7.5.2　添加店招、页头背景

店招图片上传之后，接下来就是要把店招和页头背景添加到页面中，其具体的操作步骤如下。

1．编辑店招

第1步 进入店铺装修后台，将鼠标指针移动到页头上，单击"编辑"按钮，如图7-42所示。

▲ 图7-42　在店铺装修后台的页头单击"编辑"按钮

第2步 在弹出的"店铺招牌"对话框中，"招牌类型"中选中"默认招牌"单选按钮，不勾选"是否显示店铺名称"复选框，"背景图"中单击"选择文件"按钮，选择上传的店招图片，如图7-43所示。

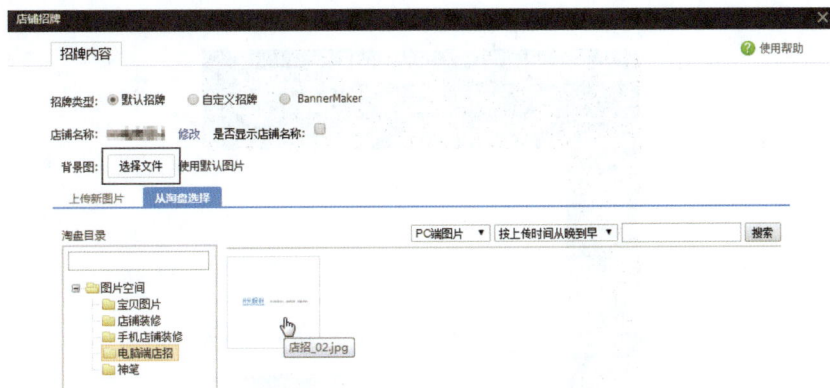

▲ 图7-43　"店铺招牌"对话框

第3步 设置高度为120像素（注意：如果自己制作了导航栏，其高度就设置成150像素，系统自带的导航栏就会自动往下移，这时发布站点就不会看到系统自带的导航栏），最后单击"保存"按钮，如图7-44所示。

▲ 图7-44 设置高度并保存

第4步 至此店招就添加成功了，如图7-45所示。

▲ 图7-45 店招添加完成

2. 设置页头背景

第1步 单击左侧的"页头"选项，在展开的页头面板中，设置"页头背景色"为不显示，"页头下边距10像素"为"关闭"，单击"页头背景图"下面的"更换图片"按钮，如图7-46所示。

▲ 图7-46 设置页头相关参数

第2步 在弹出的"打开"对话框中，找到之前保存的店招背景文件，然后单击"打开"按钮，如图7-47所示。

第3步 设置"背景显示"为"不平铺"，"背景对齐"为"居中"，最后单击"应用到所有页面"选项，页头背景部分就添加完成了，如图7-48所示。

▲ 图7-47 "打开"对话框

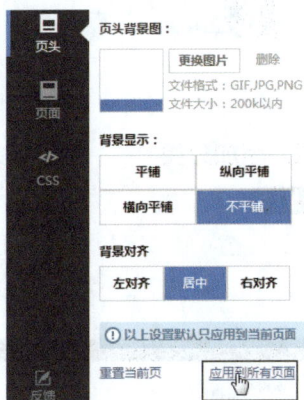

▲ 图7-48 设置页头背景

第4步 单击窗口右上角的"预览"按钮，查看店招制作的效果，效果如图7-49所示。

▲ 图7-49 店招制作的效果

7.5.3 添加系统导航

店招装修完之后，还需要给店招添加导航，方便买家浏览店铺。下面介绍如何添加系统导航，具体的操作步骤如下。

1. 编辑导航

第1步 将鼠标指针移动到店招下方的导航模块，单击"编辑"按钮，如图7-50所示。

第2步 在弹出的"导航"对话框中，切换至"导航设置"选项卡，然后单击右下方的"+添加"按钮，如图7-51所示。

▲ 图7-50　单击"编辑"按钮

2. 添加分类

第1步 在弹出的"添加导航内容"对话框中，有"宝贝分类""页面""自定义链接"3个选项，切换至"宝贝分类"选项卡，勾选相应的分类复选框，单击"确定"按钮，系统将自动关闭当前对话框，如图7-52所示。

▲ 图7-51　"导航"对话框

▲ 图7-52　"添加导航内容"对话框

第2步 此时"导航"对话框中已经添加了相应的分类，单击"确定"按钮，如图7-53所示。至此导航就设置好了。注意：店铺导航区最多可设置12项一级内容，但超过页面尺寸宽度的部分将不展现（建议不超过7项），宝贝分类需要先在后台添加分类后才能显示在"添加导航内容"对话框中。

7.5.4　发布店招

添加完系统导航之后，页头部分就算装修完成了，单击右上角的"发布站点"按钮即可发布店招，如图7-54所示。

▲ 图7-53　"导航"对话框

▲ 图7-54 发布店招

7.6 全屏轮播海报设计与装修

店铺首页轮播海报经过精心的设计装修，不仅可以彰显店铺的风格，还可以向买家传递出最新的商品信息、最新优惠活动等。

7.6.1 海报的视觉设计要点

海报的视觉设计主要包含主题、构图、配色3个要点，下面详细介绍有关海报的视觉设计要点。

1. 主题

海报的制作需要有一个主题，无论是新品上市还是活动促销，主题选定后才能围绕这个方向确定海报的文案和信息等。海报的主题以商品加上描述来体现，将描述提炼成简洁的文字，并将主题内容放置在海报的第一视觉中心，能比较高效且直观地让买家一眼就看清楚海报所传达的信息。

一张海报基本由背景、文案、商品信息3部分组成，如图7-55所示。

▲ 图7-55 海报图片

（1）背景。根据商品和活动来选择合适的海报背景。背景分为颜色背景、场景背景及纹理背景。

（2）文案。文案的字体一般不超过3种，用粗大的字体突出主题。文案分主题内容、副标题和说明性文字，把握好文案的主次关系，适量留白，让买家在浏览的过程中能够轻易地抓住画面信息的重点，提高阅读体验。

（3）商品信息。突出商品的特色和卖点等，使买家一目了然。

2. 构图

海报的构图就是处理好图片和文字之间的位置关系，使其整体和谐，并突出主体。构图分为以下5种方式。

（1）左右构图。左右构图是一种比较典型的构图方式，一般分为左图右文或者左文右图两种方式。左右构图方式的画面效果比较沉稳，如图7-56所示。

▲ 图7-56　左右构图

（2）左中右三分式构图。两侧为图片，中间为文字，相比于左右构图方式，其画面更具层次感。若将两边的图片设置为不同大小，则可更好地突出主次，如图7-57所示。

▲ 图7-57　左中右三分式构图

（3）上下构图。上下构图分为上图下文和上文下图两种方式，如图7-58所示。

▲ 图7-58　上下构图

（4）多层次构图。底部一层为背景图，中间层基本为商品图或者模特图，上层为主题文字，如图7-59所示。

▲ 图7-59　多层次构图

（5）斜切构图。斜切构图会让画面显得更加时尚、动感、活跃，但需要控制好画面的平衡感。一般斜切构图的文案倾斜角度不宜大于30°，否则买家需要歪着头阅读。另外，根据阅读习惯，文字一般是往右上方倾斜，这样有一种上升感，如图7-60所示。

▲ 图7-60　斜切构图

3. 配色

海报的配色十分关键，画面的色调会营造一种氛围。在配色中，对重要的文字信息用突出醒目的颜色进行强调，以清晰的明暗对比传递画面信息及以不同的配色来确定相应的风格。

7.6.2　制作全屏海报

全屏指覆盖整个屏幕，它的宽度取决于电脑的分辨率。如果电脑的分辨率是1280像素/英寸，则只需要一张1280像素的图就可以覆盖整个屏幕（全屏）。

目前，主流的电脑屏幕宽度在1024～1920像素，高度在768～1080像素，因此，建议海报的背景最好可以做到最宽1920像素，但是海报大图的主要图像内容信息集中在中间1024像素的区域。至于高度，根据个人需求，最好高度在768像素以内，这样才能保证在第1屏显示完整的海报，如图7-61所示。

下面使用Photoshop软件来制作全屏海报，具体的操作步骤如下。

第1步 新建海报文件。启动Photoshop软件，按【Ctrl】+【N】组合键新建一个文件名为"全屏海报"的空白文件，设置宽度为1920像素，高度为600像素，分辨率为72像素/英寸，颜色模式为RGB颜色，然后单击"确定"按钮，如图7-62所示。

▲ 图7-61 海报效果图

第2步 建立参考线。前面制作店招的时候也建立了参考线，用同样的方法在"图层"面板中创建一个新图层"图层1"，在工具栏中选择矩形选框工具，在"属性"面板中设置"样式"为"固定大小"，宽度为1024像素，高度为600像素，然后将鼠标指针移动到图像窗口中，绘制一个矩形选框，随意填充一个与背景色不同的颜色。选中"图层1"与"背景"图层，在"属性"面板中单击"水平居中对齐"按钮，将"图层1"图层在图像窗口中居中。最后将鼠标指针移到图像窗口边缘的标尺上，按住鼠标左键拖动鼠标指针到"图层1"图层的边缘上，然后释放鼠标指针，即可创建参考线，如图7-63所示。

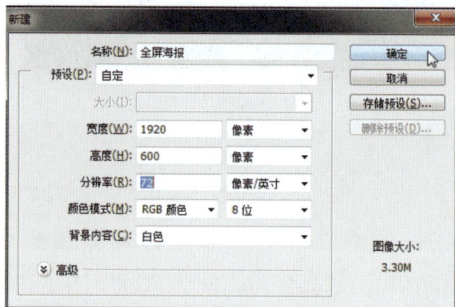

▲ 图7-62 新建文件

▲ 图7-63 建立参考线

> **高手支招** 创建一个新图层"图层1"，随意填充一个颜色即可，目的是辅助建立参考线。参考线创建完后可以将该图层删除。"固定大小"的宽度不一定是1024像素，建立参考线的目的就是确保在设计海报的过程中要考虑到屏幕的安全可视范围，尽量保证重要的信息不要超出这个范围。

第3步 添加商品图片及文案。建立好参考线就可以关闭或删除新建的"图层1"图层，将准备好的商品图片拖曳进来，然后输入海报的主题文案，如图7-64所示。

▲ 图7-64 添加商品图片及文案

第4步 调整商品图片及文案。在调整商品图片及文案的时候，要注意根据前面介绍的海报视觉设计的3个要点：主题、构图、配色，将商品图片的大小、位置调整好，然后调整文案。设置"滋补美容软黄金"字体为"方正兰亭黑简体"、大小为"48像素"、颜色为"#853fb5"，"野生无残留"字体为"方正兰亭中粗黑"、大小为"80像素"、颜色为"#853fb5"，"源自青海黑枸杞"字体为"方正兰亭黑简体"、大小为"30像素"、颜色为"#000000"，然后将所有文案左对齐。注意：商品图片和文案都不要超出参考线，如图7-65所示。

▲ 图7-65 调整商品图片及文案

第5步 添加素材。

（1）调整好商品图片和文案之后，发现整个海报显得比较单调枯燥，缺少生机，所以需要再给它添加一些素材。把准备好的素材1、素材2、素材3拖曳进来，如图7-66所示。

▲ 图7-66 导入素材

（2）然后按【Ctrl】+【T】组合键，使素材处于可编辑状态，调整素材的大小、位置、角度，如图7-67所示。

▲ 图7-67 调整素材大小、位置、角度

第6步 添加背景。

（1）添加完素材之后，在"背景"图层上新建一个图层"图层2"，然后填充颜色为"#d0d1fd"，如图7-68所示。

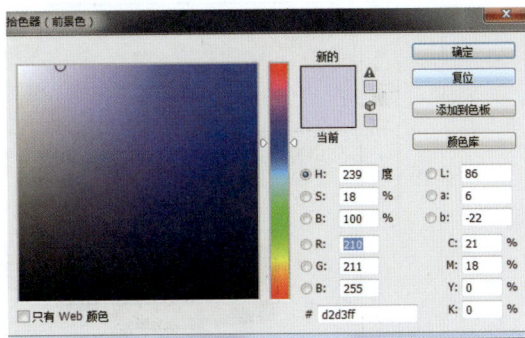

▲ 图7-68 新建"图层2"图层并填充颜色

（2）在"图层2"图层上新建一个图层"图层3"，在工具栏中选择渐变工具，在"属性"面板中设置渐变为"径向渐变"，如图7-69所示。

（3）将前景色设置为白色，然后把鼠标指针移动到商品图片的中间位置，拖曳鼠标指针，绘制渐变效果，然后释放鼠标左键，这样背景就制作完成了，如图7-70所示。

▲ 图7-69 设置渐变为"径向渐变"

▲ 图7-70 背景制作完成

第7步 保存、导出图片。海报图片设计完成之后，按【Ctrl】+【S】组合键保存文件，然后再按【Ctrl】+【Shift】+【Alt】+【S】组合键导出海报图片。注意：导出的图片品质在80～100，这样才能保证图片的清晰度；图片大小尽量不要超过500KB，图片过大会给网页加载增加压力，如图7-71所示。如果图片过大，就只能通过切片来处理。

▲ 图7-71　保存并导出图片

7.6.3　全屏海报装修

淘宝店铺中的海报，系统默认其尺寸为950像素（图片高度），如果要做成全屏的海报，必须用到全屏装修代码。下面就通过实操来介绍全屏海报的装修方法。

扫码看视频

1．编辑全屏海报代码

第1步 将设计好的海报图片上传到图片空间，然后启动Dreamweaver软件，打开本书源文件与素材文件夹\第7章\7.6.3文件夹中的"全屏海报代码.html"文件，如图7-72所示。

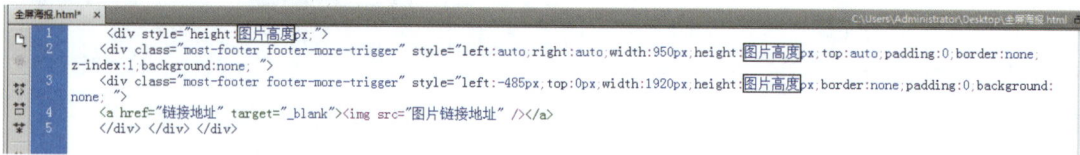

▲ 图7-72　打开"首页全屏代码.html"文件

第2步 进入"图片空间"页面，复制海报链接并替换到首页全屏代码中。由于海报的高度是600像素，因此把代码中的"图片高度"替换成"600"。最后单击海报图片，在"属性"面板的链接栏中添加商品链接，这样整个全屏海报代码就编辑完成了，如图7-73所示。

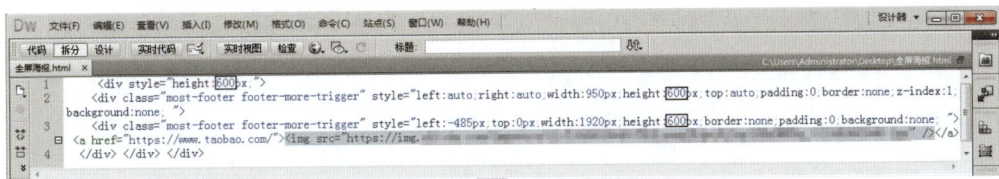

▲ 图7-73 编辑全屏海报代码

2. 打开装修编辑窗口

第1步 进入店铺装修后台，在左侧展开的"基础模块"中用鼠标指针选择"自定义区"模块，按住鼠标左键不放，将其拖曳到右侧页头区域的下面并释放鼠标左键，如图7-74所示。

▲ 图7-74 选择"自定义区"模块

第2步 页面中添加了一个自定义内容区，单击模块右上角的"编辑"按钮，如图7-75所示。

▲ 图7-75 单击"编辑"按钮

3. 载入代码

第1步 在弹出的"自定义内容区"对话框中选中"不显示"单选按钮，然后勾选"编辑源代码"复选框，将前面编辑好的全屏海报代码复制之后，粘贴到"编辑源代码"区域中，单击"确定"按钮，如图7-76所示。

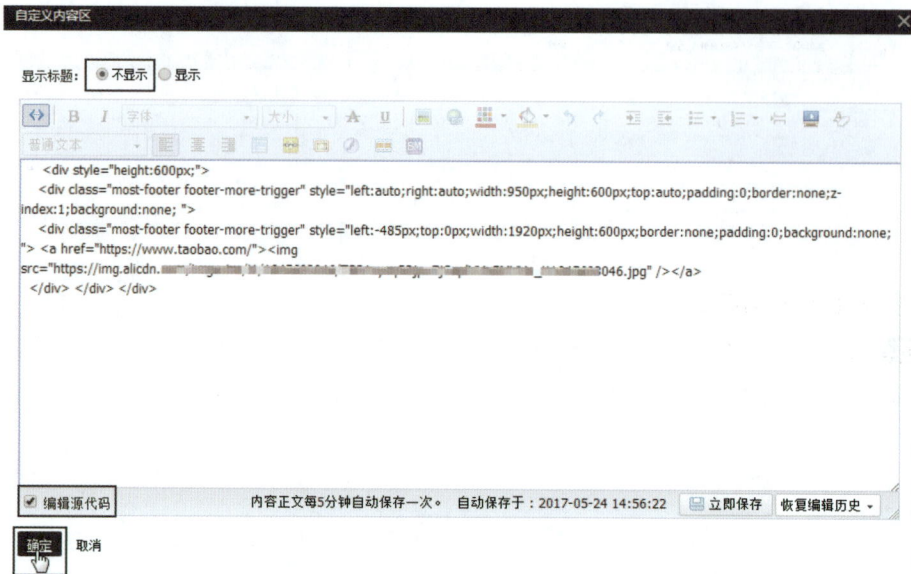

▲ 图7-76　载入代码

第2步 单击"预览"按钮，预览装修效果，效果如图7-77所示。

▲ 图7-77　装修效果

7.6.4　全屏轮播图装修

全屏轮播图和全屏海报的装修方法差不多，在第12章的"Dreamweaver店铺常用装修代码"中也有详细介绍，时间充裕的读者，可在本书的配套资源中阅读第12章内容。下面就通过实操来介绍全屏轮播图的装修方法。

第1步 打开全屏轮播图代码。将设计好的轮播图上传到图片空间，然后启动Dreamweaver

软件，打开本书源文件与素材文件夹\第7章\7.6.4文件夹中的"全屏轮播代码.html"，如图
7-78所示。

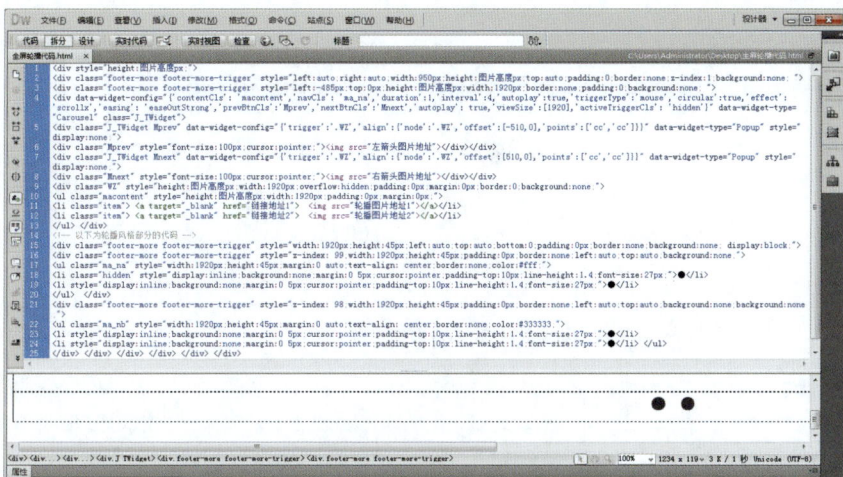

▲ 图7-78 打开全屏轮播图代码

第2步 添加代码。有3张轮播图，代码中只有2张，所以需要再添加1张轮播图的代码。

（1）复制"<li class="item"> <a target="_blank" href="链接地址2"> </a></li>"代码，如图7-79所示。

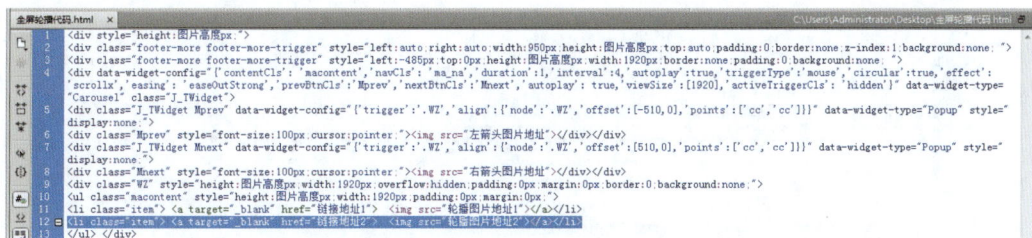

▲ 图7-79 复制代码

（2）将复制的代码粘贴在代码"<li class="item"> <a target="_blank" href="链接地址2"> </a></li>"的下一行，如图7-80所示。

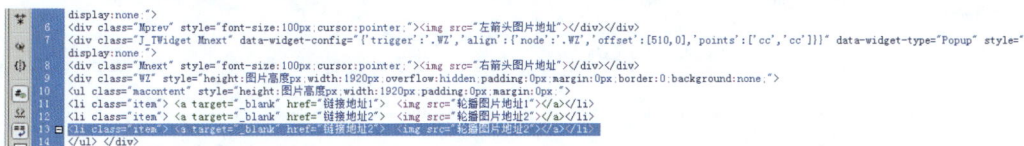

▲ 图7-80 将复制的代码粘贴到下一行

（3）复制代码"<li style="display:inline；background:none；margin:0 5px；cursor:pointer；padding-top:10px；line-height:1.4；font-size:27px；">●</li>"，如图7-81所示。

199

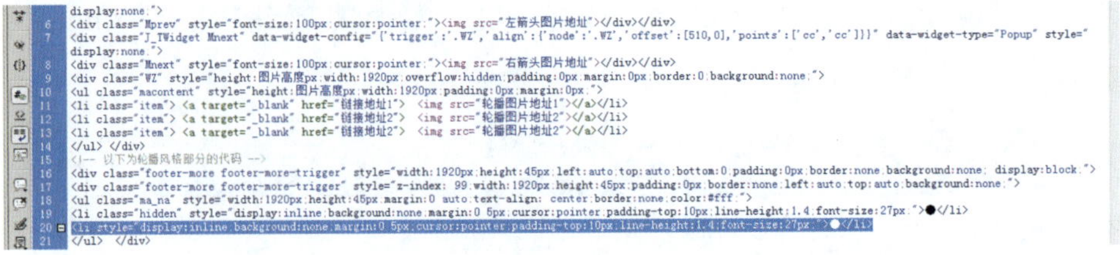

▲ 图7-81 复制代码

（4）将复制的代码粘贴到该行代码的下一行，如图7-82所示。

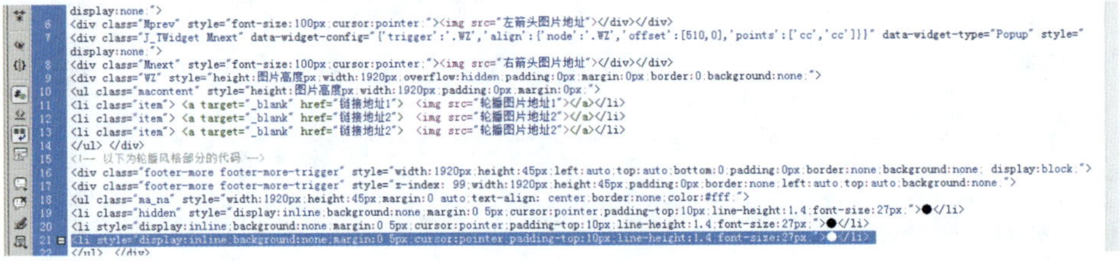

▲ 图7-82 将复制的代码粘贴到下一行

（5）复制代码"<li style="display:inline；background:none；margin:0 5px；cursor:pointer；padding-top:10px；line-height:1.4；font-size:27px；">●</li>"如图7-83所示。

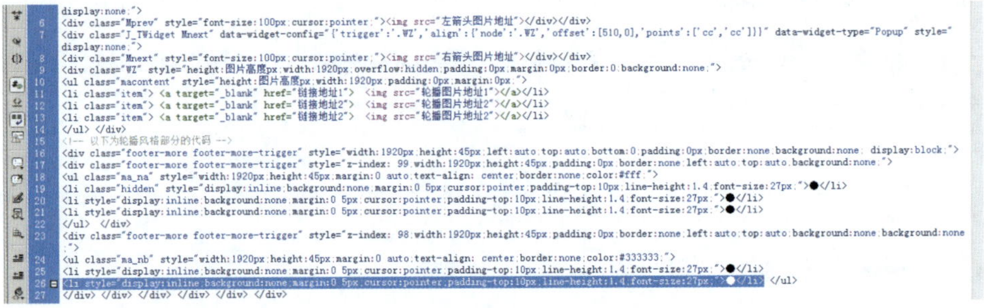

▲ 图7-83 复制代码

（6）将复制的代码粘贴到该行代码的下一行，如图7-84所示。

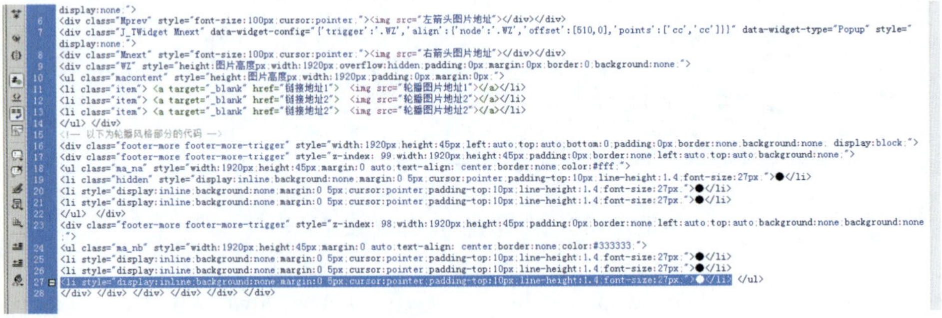

▲ 图7-84 将复制的代码粘贴到下一行

如果是4张轮播图或者更多，只需要重复上面的操作就可以了。

第3步 编辑代码。添加完代码之后，由于海报的高度是600像素，因此把代码中的"图片高度"替换成"600"，单击代码中的第1个轮播图地址，进入"图片空间"页面，把上传的"轮播图1"链接复制出来并粘贴到"属性"面板的"源文件"文本框中，然后在"链接"文本框中添加商品链接。使用同样的方法，把左右箭头图链接、轮播图2链接、轮播图3链接和商品2链接、商品3链接添加到代码中，这样整个全屏轮播图代码就编辑完成了，如图7-85所示。

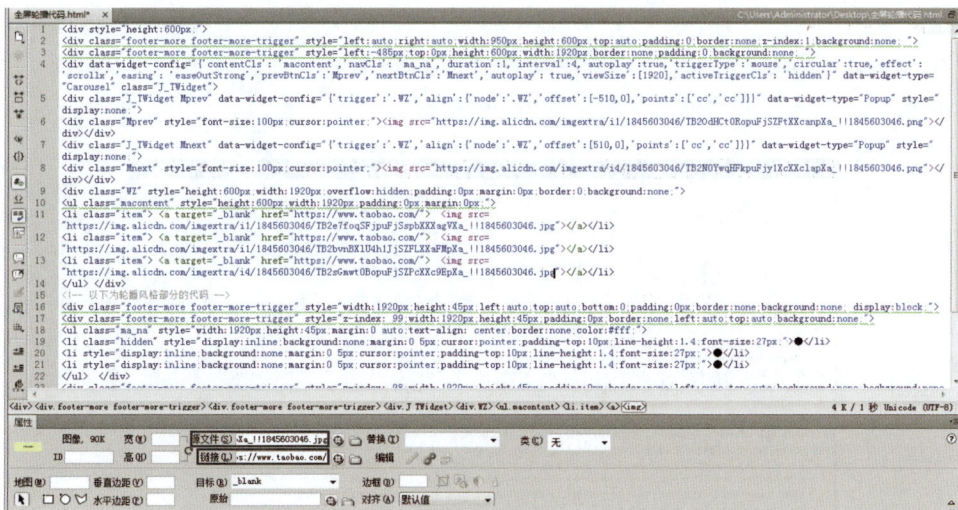

▲ 图7-85 全屏轮播图代码编辑完成

第4步 打开装修编辑窗口。

（1）进入店铺装修后台，在左侧展开的"基础模块"中用鼠标指针选择"自定义区"模块，将其拖曳到右侧页头区域的下面并释放鼠标左键，如图7-86所示。

▲ 图7-86 将"自定义区"模块拖曳到右侧页头区域下面

（2）单击"编辑"按钮，如图7-87所示。

▲ 图7-87 单击"编辑"按钮

第5步 载入代码。在弹出的"自定义内容区"对话框中选中"不显示"单选按钮，然后勾选"编辑源代码"复选框，将第3步中编辑好的全屏轮播图代码复制之后，粘贴到"编辑源代码"区域中，最后单击"确定"按钮，如图7-88所示。

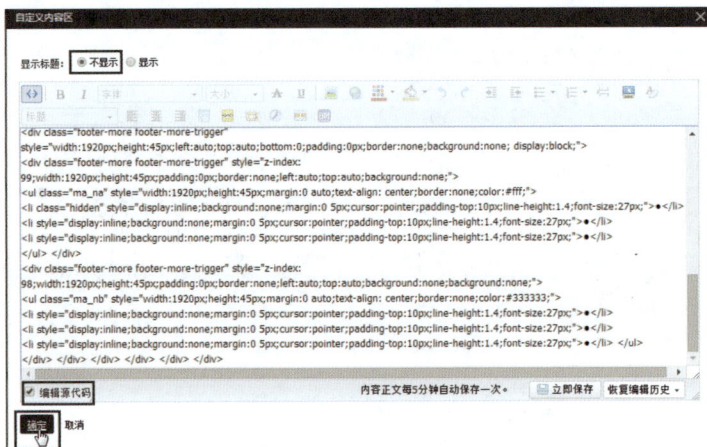

▲ 图7-88 载入代码

第6步 预览效果。单击页面右上角"预览"按钮，预览装修效果，效果如图7-89所示。

▲ 图7-89 装修效果

宝贝陈列展示区是店铺首页展示宝贝的最重要模块，可以帮助买家快速地了解店铺宝贝，而且还影响买家的购买决策。通常把店内人气、销量排名比较好的宝贝展示在这个模块中。下面介绍一下关于宝贝陈列展示区的视觉设计要点及装修方法。

扫码看视频

7.7.1 宝贝陈列展示区的视觉设计要点

下面介绍宝贝陈列展示区的视觉设计要点。

1．宝贝分类明确

制作宝贝陈列展示区的时候，一定要注意对同类宝贝进行分类陈列，这样可以使宝贝显得丰富、整洁、美观且视觉冲击力强，如图7-90所示。

2．突出宝贝

注意宝贝图片的大小和背景的统一性，通过背景和宝贝的对比，突出宝贝，如图7-91所示。

3．主次分明

对于主推的宝贝或爆款宝贝，采用不同的排列方式或者通过色彩对比，做到重点突出，主次分明，如图7-92所示。

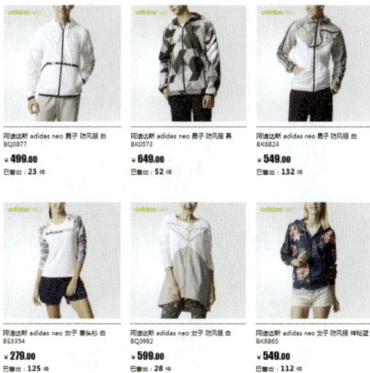

▲ 图7-90 宝贝分类明确

▲ 图7-91 突出宝贝

▲ 图7-92 主次分明

4．图文对应

对于混排的宝贝，描述和价格等文字需要与宝贝对应，避免混淆，如图7-93所示。

5．突出价格与购买按钮

价格写法统一，对价格与购买按钮进行放大、加粗和使用对比色等方式，使其突出显示，同时弱化不重要的信息，如图7-94所示。

▲ 图7-93　图文对应

▲ 图7-94　突出价格与购买按钮

7.7.2　宝贝推荐模块的设置

淘宝系统默认宝贝陈列方式为一行多列的常规展示方式，推荐方式有2种，展示方式有4种，可以根据需要选择推荐方式和展示方式。下面介绍如何设置宝贝推荐模块。

1. 添加宝贝推荐模块

第1步 进入店铺装修后台，在装修页面左侧展开的"基础模块"中用鼠标指针选择"宝贝推荐"模块，将其拖曳到右侧页面中并释放鼠标左键，如图7-95所示。

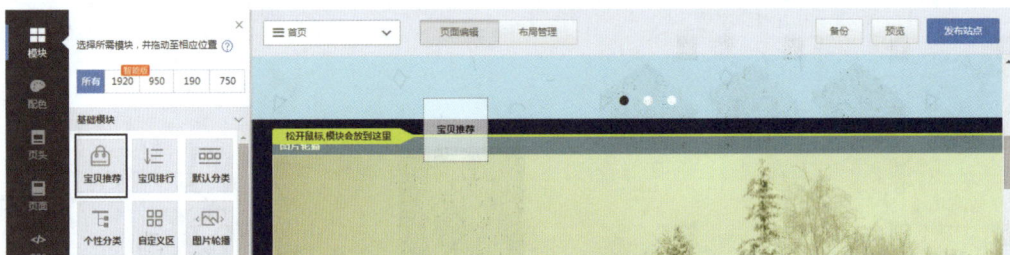

▲ 图7-95　将"宝贝推荐"模块拖曳到右侧页面中

第2步 将鼠标指针移动到刚刚添加的宝贝推荐模块上，单击模块右上角的"编辑"按钮，如图7-96所示。

▲ 图7-96　单击"编辑"按钮

2．设置宝贝推荐

第1步 在弹出的"宝贝推荐"对话框中，单击"宝贝设置"选项，可以选择推荐方式为"自动推荐"或"手动推荐"。注意：自动推荐或者手动推荐方式最多可推荐店铺内的28个宝贝，通常用于推荐畅销宝贝、最新上架的宝贝等。设置相应的宝贝分类，然后根据关键字、价格范围来设置宝贝推荐的范围，还可以设置宝贝数量，如图7-97所示。

第2步 单击"电脑端显示设置"选项，可以设置是否显示标题、展示方式，以及是否显示折扣价、评论等内容，宝贝推荐模块就设置完成了，如图7-98所示。

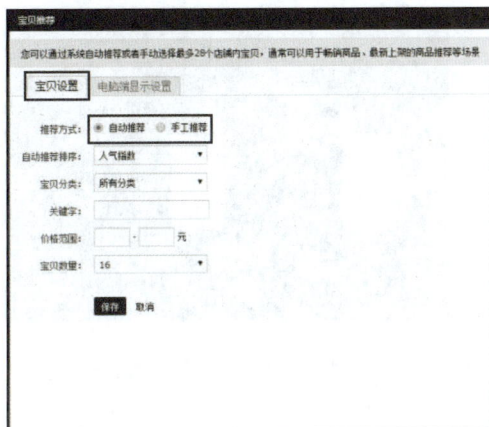

▲ 图7-97　宝贝设置

▲ 图7-98　电脑端显示设置

7.7.3　自定义展示区设计

系统自带的宝贝推荐模块不够个性化，不能满足卖家对视觉的要求，而自定义展示区则可根据卖家自己的需要设计宝贝展示。下面使用Photoshop软件设计个性化的宝贝展示区，完成后的效果如图7-99所示。

▲ 图7-99　宝贝展示区效果

1．新建文件

第1步 启动Photoshop软件，按【Ctrl】+【N】组合键新建文件，命名为"自定义展示区"，设置宽度为1920像素，高度为800像素，分辨率为72像素/英寸，颜色模式为RGB颜色，单击"确定"按钮，如图7-100所示。

第2步 新建文件时，要根据全屏的尺寸来创建，以保证宝贝主体在可视安全范围内，也就是宽度在1024像素内，高度可根据需要设置，然后根据可视安全范围建立参考线（参考前文建立参考线的步骤），如图7-101所示。

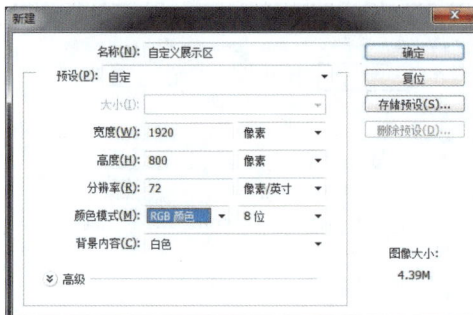

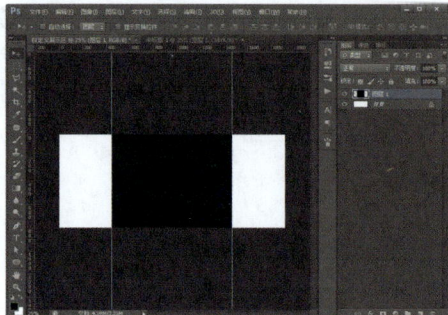

▲ 图7-100　新建文件　　　　▲ 图7-101　根据可视安全范围建立参考线

2．输入文字并调整版面

第1步 删除"图层1"图层，选择横排文字工具，输入文字，如图7-102所示。

第2步 调整文字，设置"BASKETBALL SHOES"字体为"Neutraface 2 display"、大小为"72像素"、颜色为"黑色"、不透明度为"20%"，"篮球鞋"的字体为"方正兰亭中黑"、大小为"36像素"、颜色为"黑色"，"更多》"的字体为"方正兰亭黑简体"、大小为"18像素"、颜色为"黑色"，如图7-103所示。

▲ 图7-102　输入文字　　　　▲ 图7-103　编辑文字

第3步 选择矩形工具，绘制一个8像素×8像素的矩形，再复制2个矩形，填充颜色为黑色，调整3个矩形的位置，不要超出参考线。3个矩形从上到下排列，不透明度分别设置为100%、60%、30%，如图7-104所示。

第4步 用矩形工具绘制一条1024像素×1像素的分割线，填充颜色为黑色，在页面上水平居中，如图7-105所示。

▲ 图7-104 绘制矩形并复制

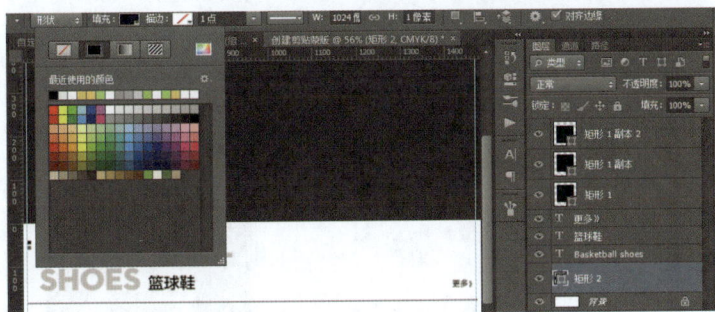

▲ 图7-105 用矩形工具绘制分割线

3. 绘制宝贝橱窗

第1步 选择矩形工具，在图像窗口中绘制一个矩形，命名为"外橱窗"，尺寸为186像素×265像素，填充颜色为"#eeeeed"，描边为"0.1点"，描边颜色为"#b8b8b8"，如图7-106所示。

▲ 图7-106 绘制矩形

第2步 再绘制一个矩形，命名为"内橱窗"，尺寸为168像素×168像素，填充颜色为"#ffffff"，描边为"0.05点"，描边颜色为"#b8b8b8"，如图7-107所示。

▲ 图7-107 绘制矩形

第3步 在"图层"面板中选择2个矩形图层，然后单击"属性"面板中的"水平居中对齐"按钮，然后通过键盘的上下方向键微调矩形位置，效果如图7-108所示。

▲ 图7-108 水平居中对齐

4. 编辑宝贝标题、价格、购买按钮

第1步 选择横排文字工具，输入文字，所有文字的字体均为"方正兰亭黑简体"，"RMB："的大小为"15像素"、颜色为"#63b230"，价格数字小数点前面的数字大小为"20像素"，小数点后面的数字大小为"15像素"、颜色为"#63b230"，"立即购买"的大小为"14像素"、颜色为白色，如图7-109所示。

▲ 图7-109 输入并设置文字

第2步 选择矩形工具，绘制一个矩形，命名为"立即购买"，填充颜色为"#9dcb60"，尺寸为80像素×20像素，如图7-110所示。

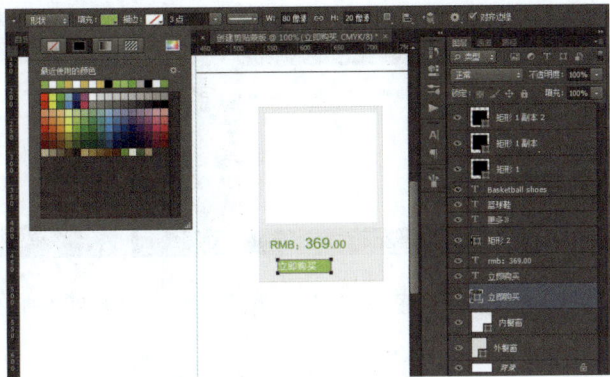

▲ 图7-110 绘制矩形

第3步 在"图层"面板中选择"外橱窗""内橱窗""价格""立即购买"等图层，单击"属性"面板中的"水平居中对齐"按钮，如图7-111所示。

第4步 按【Ctrl】+【G】组合键创建图层组，命名为"宝贝1"图层组，如图7-112所示。

▲ 图7-111 图层水平居中对齐

▲ 图7-112 创建图层组

5. 复制宝贝橱窗

第1步 按【Ctrl】+【J】组合键复制出4个新的宝贝橱窗，将第1个宝贝橱窗移动到左侧参考线上，将第5个宝贝橱窗移动到右侧参考线上，在"图层"面板中选中这5个宝贝橱窗图层，然后单击"属性"面板中的"水平居中对齐"按钮，效果如图7-113所示。

第2步 按【Ctrl】+【G】组合键创建成图层组，命名为"宝贝列1"图层组，如图7-114所示。

第3步 按【Ctrl】+【J】组合键复制出新的图层组，命名为"宝贝列2"图层组，然后调整图层组位置，如图7-115所示。

6. 添加宝贝图片、价格

第1步 设计完整个宝贝展示区的框架之后，接下来就要把宝贝图片和价格添加上去。按【Ctrl】键，在图像窗口中单击第1个宝贝的"内橱窗"图层，把第1个宝贝图片拖曳进来，然后调整其大小和位置，将鼠标指针移动到"内橱窗"图层上，单击鼠标右键，选择"创建剪贴蒙版"命令，将宝贝图片嵌入内橱窗中，如图7-116所示。

第2步 输入宝贝的价格，使用同样的方法添加其他的宝贝图片和价格，如图7-117所示。

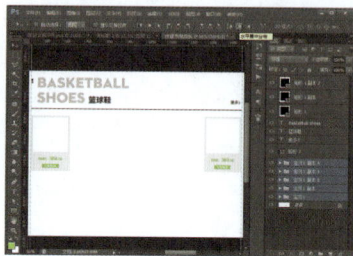

▲ 图7-113 水平居中对齐 宝贝橱窗

▲ 图7-114 创建图层组

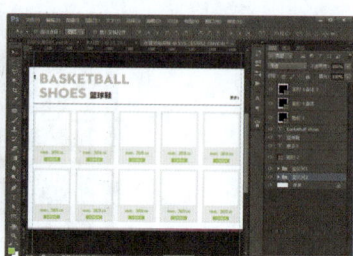

▲ 图7-115 创建并调整图层组

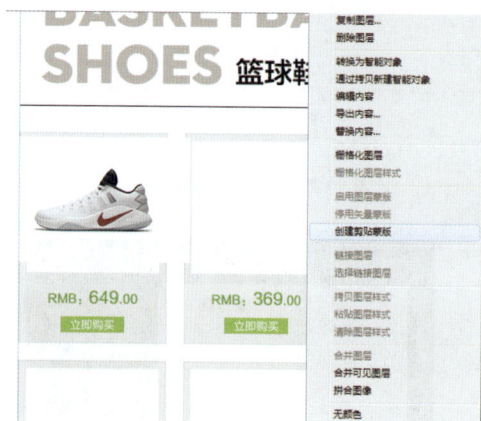

▲ 图7-116 将宝贝图片嵌入内橱窗中

▲ 图7-117 添加宝贝图片和价格

7. 添加背景

第1步 添加完所有的宝贝图片和价格之后，下面再给整个模块添加一个背景。选择背景图层，填充颜色为"#a2de5c"，如图7-118所示。

第2步 新建一个空白图层，选择多边形套索工具，然后绘制一个多边形，填充颜色为"#fccf62"，效果如图7-119所示。

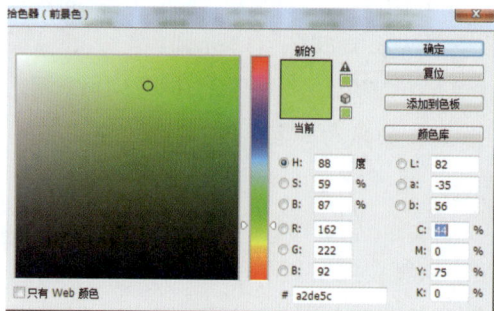

▲ 图7-118 设置填充颜色

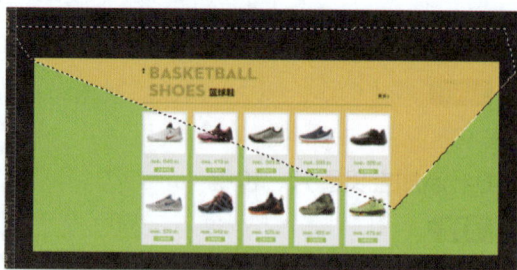

▲ 图7-119 绘制多边形并填充颜色

第3步 这样整个自定义展示区就设计完成了，最后记得保存好源文件，然后按【Ctrl】+【Shift】+【Alt】+【S】组合键将设计好的图片导出来，上传到图片空间。如果图片太大，需要切片。

7.7.4　自定义展示区装修

自定义展示区装修其实跟前面介绍的全屏海报装修差不多，区别在于自定义展示区是在同一张图片上添加多个宝贝的链接，其具体的操作步骤如下。

1. 编辑自定义展示区代码

第1步 启动Dreamweaver软件，打开本书源文件与素材文件夹\第7章\7.7.4文件夹中的"首页全屏代码.txt"文件，如图7-120所示。

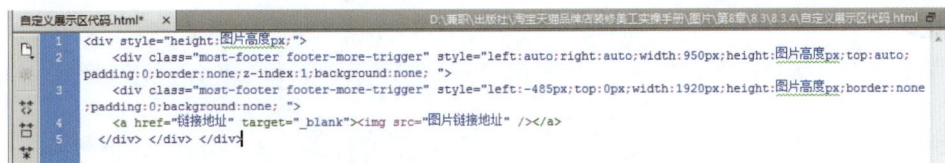

▲ 图7-120　打开首页全屏代码

第2步 进入淘宝的"图片空间"页面，把自定义展示区图片链接复制出来并替换到首页全屏代码中，效果如图7-121所示。

▲ 图7-121　复制图片链接并替换到首页全屏代码中

第3步 自定义展示区图片的高度是800像素，故把代码中的"图片高度"替换成"800"，因为整张图不需要链接，所以把链接部分的代码去掉，如图7-122所示。

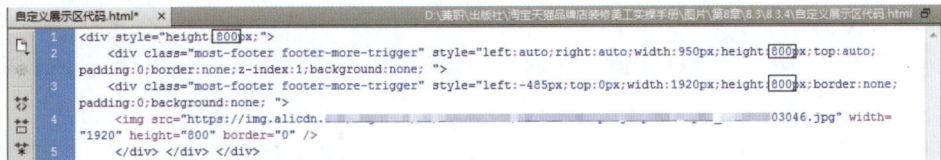

▲ 图7-122　替换图片高度

第4步 在图片上绘制商品的热区，在"属性"面板中添加商品链接，这样自定义展示区的代码就编辑完成了，如图7-123所示。

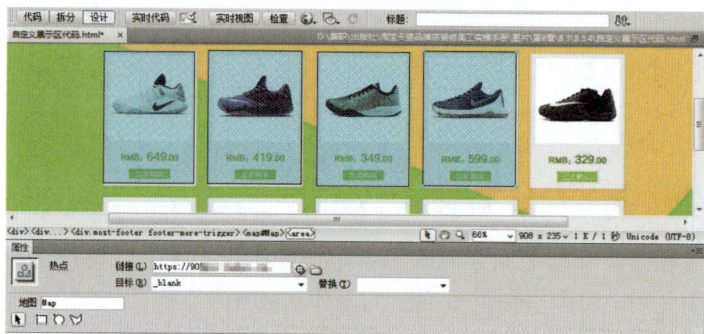

▲ 图7-123 绘制商品的热区并添加商品链接

2. 打开装修编辑窗口

第1步 进入店铺装修后台，在左侧展开的"基础模块"面板中用鼠标指针选择"自定义区"模块，并按住鼠标左键，将其拖曳到右侧页头区域下方并释放鼠标左键，如图7-124所示。

▲ 图7-124 将"自定义区"模块拖曳到右侧页头区域下方

第2步 在刚刚添加的自定义模块中单击右上角的"编辑"按钮，在弹出的"自定义内容区"对话框中选中"不显示"单选按钮，然后勾选"编辑源代码"复选框，如图7-125所示。

3. 载入代码

将前面编辑好的自定义展示区代码复制之后，粘贴到图7-125所示的"编辑源代码"区域中，然后单击"确定"按钮，如图7-126所示。

4. 预览效果

单击"预览"按钮，预览装修效果，效果如图7-127所示。

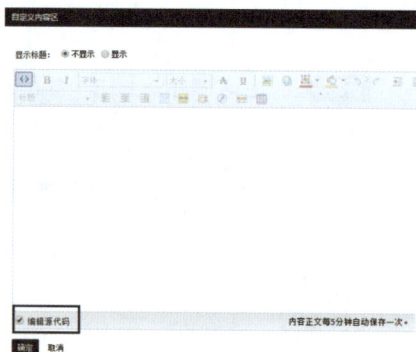

▲ 图7-125 "自定义内容区"对话框

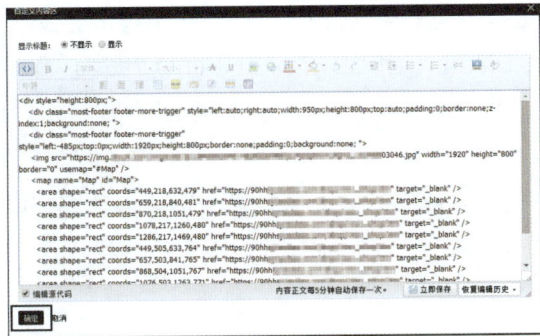

▲ 图7-126　载入代码

▲ 图7-127　装修效果

7.8 店铺页尾设计与装修

店铺页尾是店铺的最后一屏，它在店铺装修中也同样重要。如果页尾利用得好，则可以给店铺带来更多流量，但很多卖家在装修的时候容易忽略页尾的装修。

扫码看视频

7.8.1 店铺页尾的视觉设计要点

店铺页尾包含了大量有用的信息，可为买家提供全方位的服务。店铺页尾的内容通常为退货须知、快递说明、客服中心、店铺公告等服务信息。店铺页尾从设计来看，通常使用简短的文字配上说明性的图标来传递相关信息，如图7-128所示。

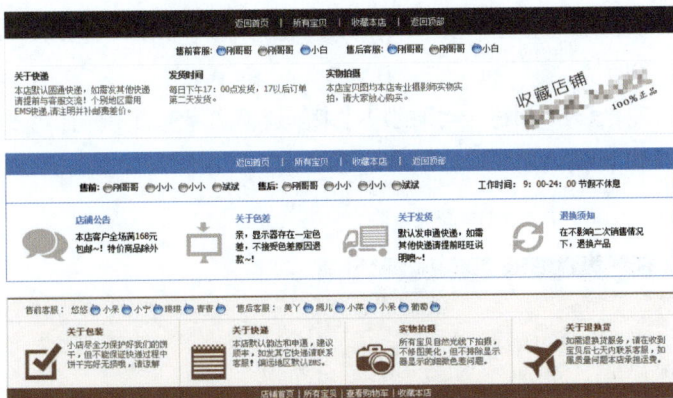

▲ 图7-128　页尾设计展示

一般页尾的设计，主要包括以下几个设计要点。

（1）店铺底部导航：便于买家搜索店内宝贝。

（2）返回顶部按钮：在页面过长的情况下，加上返回顶部按钮可方便买家快速地跳转到页面顶部。

213

（3）收藏店铺链接：在页尾添加收藏店铺链接，便于买家收藏，时刻关注店铺信息。

（4）客服中心：便于买家联系客服，解决售后的问题，增加互动性，提高店铺转化率。

（5）买家须知：包括发货时间、购物流程和默认快递等信息，可以帮助买家快速解决购物过程的问题，减少买家对常见问题的咨询量。

通过店铺页尾，买家可以看出该店铺的品质和专业性情况，增强对店铺的信任感，因此，店铺页尾设计好了，同样可以提升店铺的购买率。

7.8.2 店铺页尾设计

店铺页尾的设计基本都是使用简短的文字加上说明性的图标来传达相关信息，本例将使用Photoshop软件制作图7-129所示的店铺页尾。

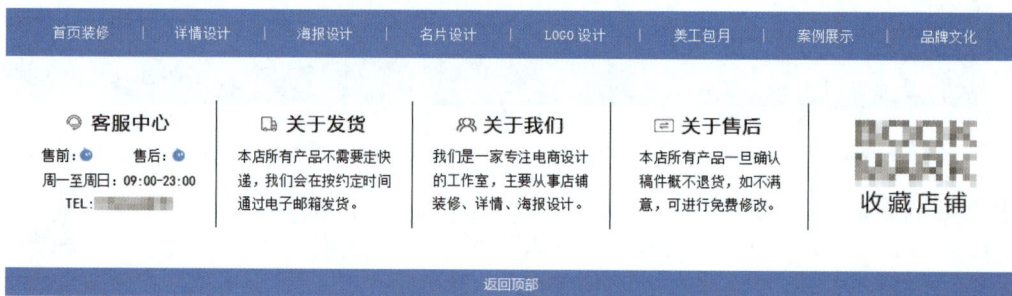

▲ 图7-129 店铺页尾

1. 新建文件

第1步 启动Photoshop软件，按【Ctrl】+【N】组合键新建文件，命名为"页尾"，设置宽度为1920像素，高度为300像素，分辨率为72像素/英寸，颜色模式为RGB颜色，单击"确定"按钮，如图7-130所示。

第2步 新建文件时，一定要按照全屏的尺寸来创建，确保宝贝主体在可视安全范围内，即宽度在1024像素内，高度可根据需要设置，尽量不要太高，根据可视安全范围建立参考线，如图7-131所示。

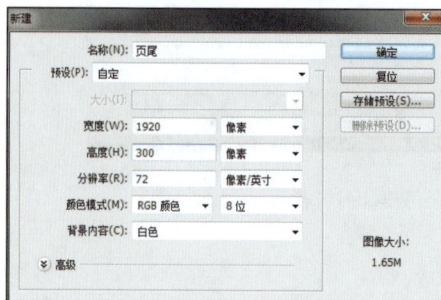

▲ 图7-130 新建文件

▲ 图7-131 建立参考线

2．绘制页尾导航背景

第1步 选择矩形工具，在图像窗口中绘制一个1920像素×50像素的矩形，填充颜色为"#3d77bc"，如图7-132所示。

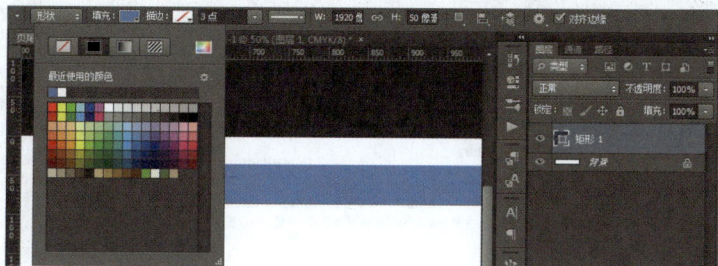

▲ 图7-132　绘制矩形并填充颜色

第2步 选择背景图层和"矩形1"图层，在"属性"面板中单击"水平居中对齐"按钮，将矩形在图像窗口中居中，然后再单击"顶对齐"按钮，设置后的效果如图7-133所示。

3．设计页尾导航

第1步 选择横排文字工具，输入页尾导航文字，保持"矩形1"图层位置不变，选择"矩形1"和导航文字两个图层，依次单击"属性"面板中的"水平居中对齐"和"垂直居中对齐"按钮，设置后的效果如图7-134所示。

▲ 图7-133　将矩形在窗口中水平居中且顶对齐

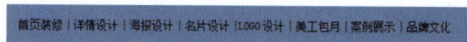

▲ 图7-134　输入导航文字并调整"矩形1"和导航文字对齐方式

第2步 设置输入文字的字体为"宋体"、大小为"14像素"、颜色为"#ffffff"、字间距为"50"，如图7-135所示。

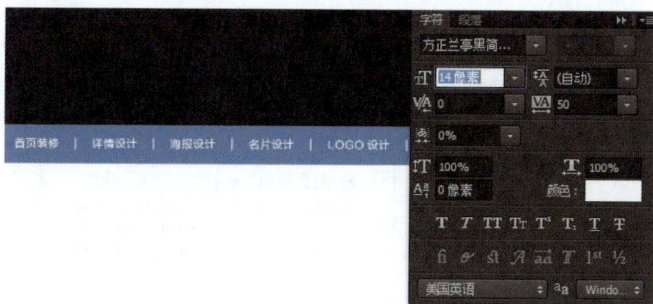

▲ 图7-135　设置文字属性

4．设计客服中心和买家须知

第1步 客服中心一般包括旺旺名称、头像、咨询时间、联系电话等信息，买家须知包括"关于发货""关于我们""关于售后"等内容。选择横排文字工具，输入所有的文字信息，如图7-136所示。

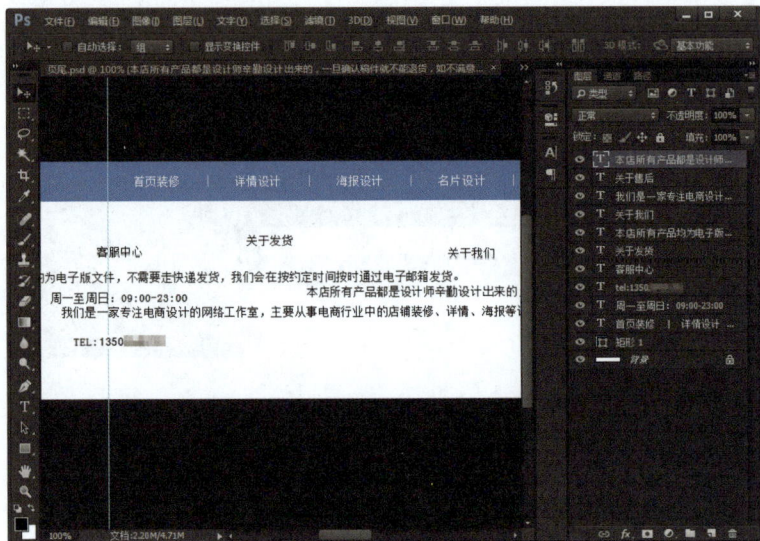

▲ 图7-136 输入文字信息

第2步 调整所有文字的字体、大小、颜色、间距、位置等，然后使用直线工具绘制间隔线，如图7-137所示。

▲ 图7-137 编辑文字并绘制间隔线

第3步 添加所有图标，调整图标的大小与位置，如图7-138所示。

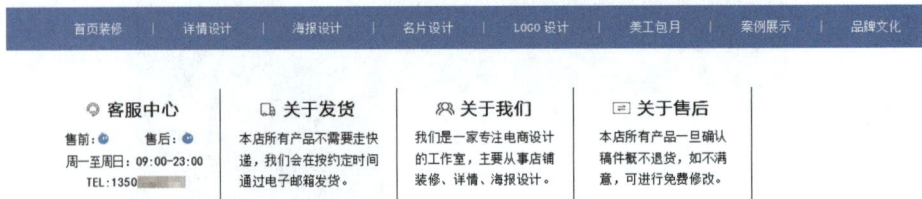

▲ 图7-138 添加图标并调整图标大小与位置

5. 设计收藏店铺及返回顶部按钮

第1步 选择横排文字工具，输入"收藏店铺"等文字，调整文字的字体、大小、颜色、间距、位置等，如图7-139所示。

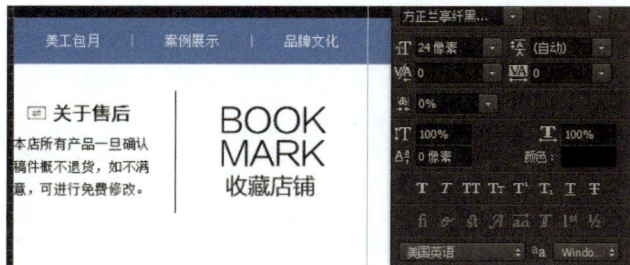

▲ 图7-139 输入文字并编辑

第2步 为"返回顶部"按钮设计背景。用矩形工具绘制一个大小为1920像素×30像素的矩形，填充颜色为"#3d77bc"，调整矩形位置，如图7-140所示。

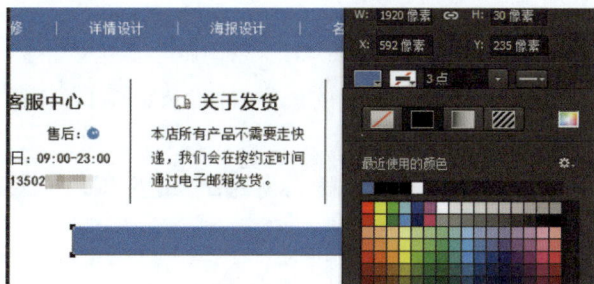

▲ 图7-140 绘制矩形并调整位置

第3步 选择横排文字工具，输入"返回顶部"文字并居中对齐，这样整个店铺的页尾就设计完成了，如图7-141所示。

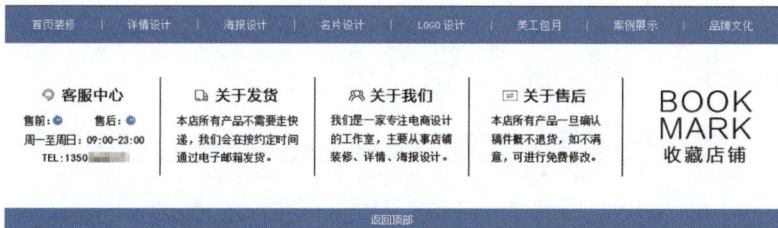

▲ 图7-141 输入"返回顶部"文字并居中对齐

第4步 最后将设计好的页尾图片保存，然后上传到图片空间。

7.8.3 店铺页尾装修

店铺页尾装修同前面的自定义展示区装修的方法一样，同样要运用热区添加链接，其具体的操作步骤如下。

1. 编辑页尾代码

第1步 启动Dreamweaver软件，打开本书源文件与素材文件夹\第7章\7.8.3文件夹中的"首页全屏代码.txt"文件。在淘宝图片空间把页尾图片的链接复制出来并替换到首页全屏代码中，如图7-142所示。

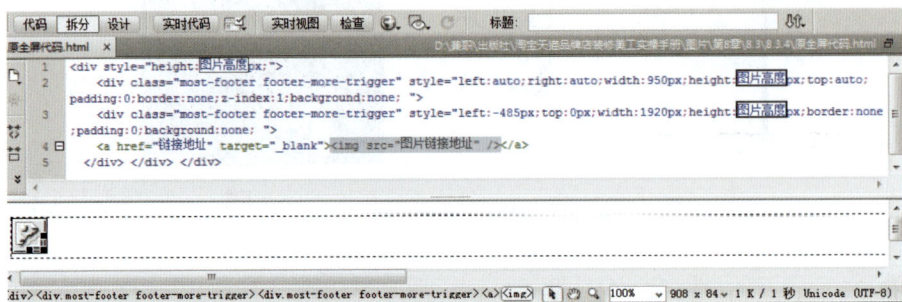

▲ 图7-142　将页尾图片的链接复制并替换到首页全屏代码中

第2步 由于页尾的高度是300像素，因此需把代码中的"图片高度"替换成"300"。因为整张图不需要链接，所以需要把链接部分的代码去掉，如图7-143所示。

▲ 图7-143　替换图片高度

第3步 在图片上绘制导航、收藏店铺、返回顶部的链接热区，在"属性"面板上添加导航、收藏店铺、返回顶部链接。这里要特别注意"返回顶部"的链接是"#top"，此时整个页尾代码就编辑完了，如图7-144所示。

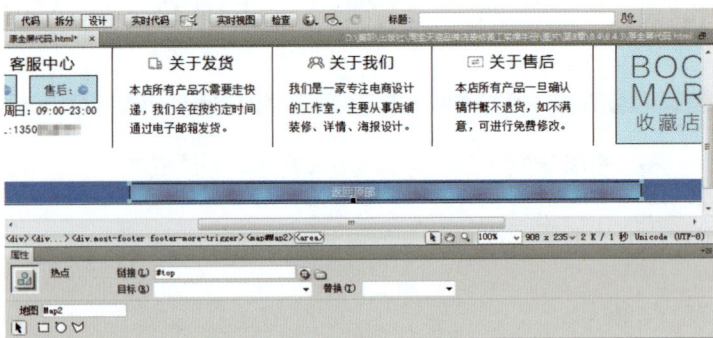

▲ 图7-144　绘制链接热区并添加链接

2. 打开装修编辑窗口

第1步 进入店铺装修后台，在左侧展开的"基础模块"中用鼠标指针选择"自定义区"模块并按住鼠标左键不放，将该模块拖曳到右侧的页尾区域并释放鼠标左键，如图7-145所示。

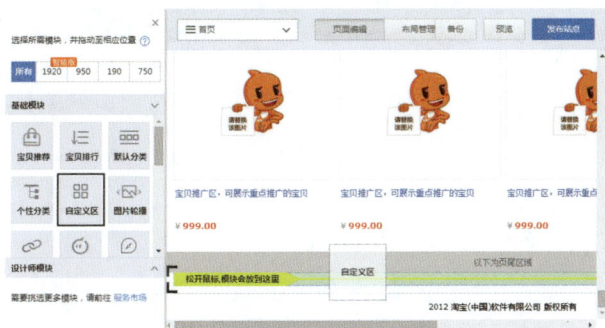

▲ 图7-145　将"自定义区"模块拖曳到右侧页尾区域

第2步 单击右上角的"编辑"按钮，在弹出的"自定义内容区"对话框中选中"不显示"单选按钮，然后勾选"编辑源代码"复选框，如图7-146所示。

3．载入代码

将前面编辑好的页尾代码复制之后，粘贴到图7-146所示的"编辑源代码"区域中，单击"确定"按钮，如图7-147所示。

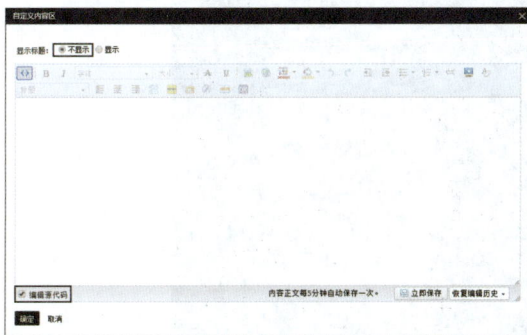

▲ 图7-146　"自定义内容区"窗口

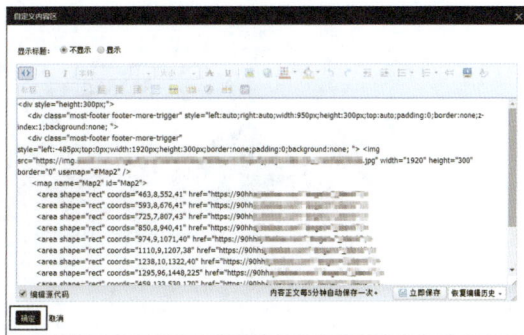

▲ 图7-147　载入代码

4．预览效果

单击"预览"按钮，预览装修效果，效果如图7-148所示。

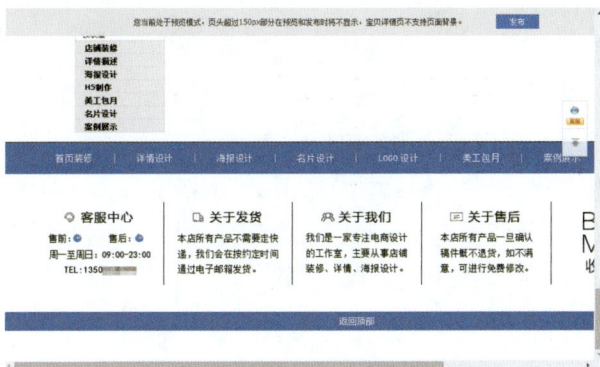

▲ 图7-148　装修效果

7.9 店铺背景装修

目前，常见的店铺背景装修有自定义背景装修和固定背景装修两种方式，下面将介绍店铺背景的视觉设计要点和这两种背景装修。

扫码看视频

7.9.1 店铺背景的视觉设计要点

店铺背景装修也是店铺装修的重点，一个店铺的背景与其风格是息息相关的。店铺背景装修的重点在于背景颜色的搭配。图7-149所示的两个店铺的背景分别为粉色系和黑色系。

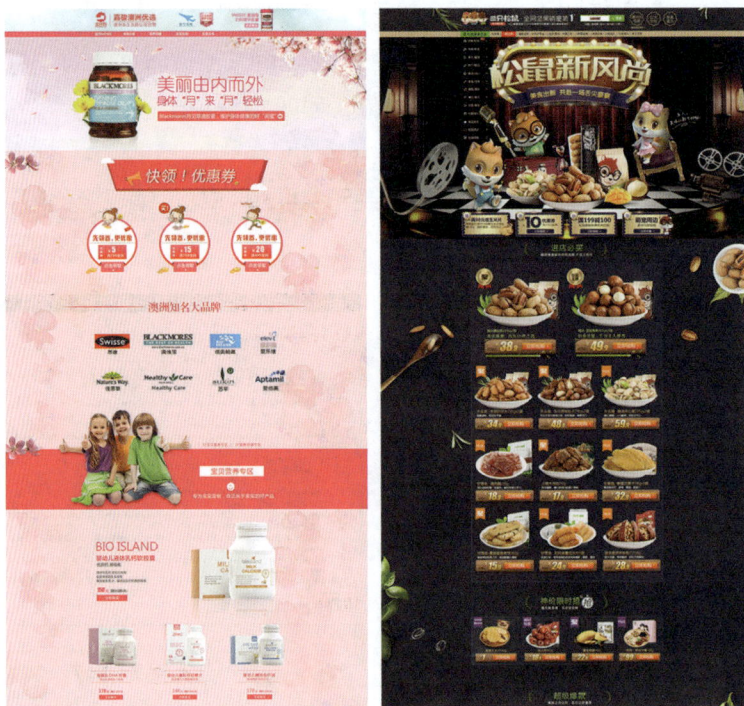

▲ 图7-149 店铺背景颜色

店铺背景的视觉设计要点如下。

（1）尺寸。店铺背景的尺寸可以根据背景显示的设置不同而不同，但一般只要背景图不超过1MB，背景的尺寸就可以根据电脑的分辨率设置宽度为1920像素，高度不受限制。如果是装修固定背景，尺寸最好是1920像素×1080像素。

（2）格式。目前淘宝旺铺专业版店铺背景图支持的文件格式为GIF、JPG、PNG。

（3）颜色。按照主体色调为主，背景色调为辅的原则，背景的颜色不可太过抢眼，主要运用的色调是单色调、淡色调、冷色调、暗色调等。

（4）内容。主要以与主体相关的简单的装饰素材作为背景内容。目前，比较多的店铺喜欢在店铺背景上加上店铺的二维码，以及购买优惠提示信息等。

7.9.2 自定义背景装修

以前的淘宝旺铺基础版不能自定义店铺的背景图或者背景色，只能在配色时选择对应的配色。现在的淘宝旺铺专业版可以自定义背景色，还可以上传自定义的背景图片。店铺自定义背景的装修方法如下。

1. 进入自定义页面装修后台

第1步 首先进入店铺的装修后台，在左侧列表中单击"页面"选项，展开相应窗格。

第2步 可以看到自定义背景装修有"页面背景色"和"页面背景图"两种方式，如图7-150所示。

▲ 图7-150　页面背景设置版块

> **高手支招** 此设置默认只应用到当前页面，如果要应用到整个店铺，则需要单击"应用到所有页面"选项。

2. 装修页面背景色

第1步 单击"页面背景色"右侧的颜色方框，在弹出的"调色器"对话框中选择想要的背景色，或者输入颜色值，然后单击"确定"按钮，如图7-151所示。

▲ 图7-151　设置页面背景色

第2步 勾选颜色方框后面的"显示"复选框。若背景色设置不生效，可尝试删除背景图，如图7-152所示。

第3步 页面背景色就装修完成了，单击"预览"按钮预览效果，效果如图7-153所示。

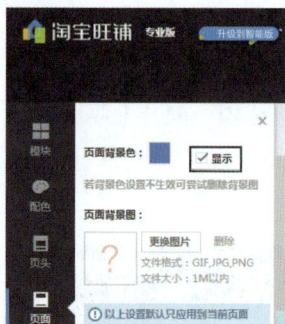

▲ 图7-152　勾选"显示"复选框

▲ 图7-153　页面背景色效果

3. 装修页面背景图

第1步 单击"页面背景图"中的"更换图片"按钮，在弹出的"打开"对话框中选择设计好的页面背景图，如图7-154所示。

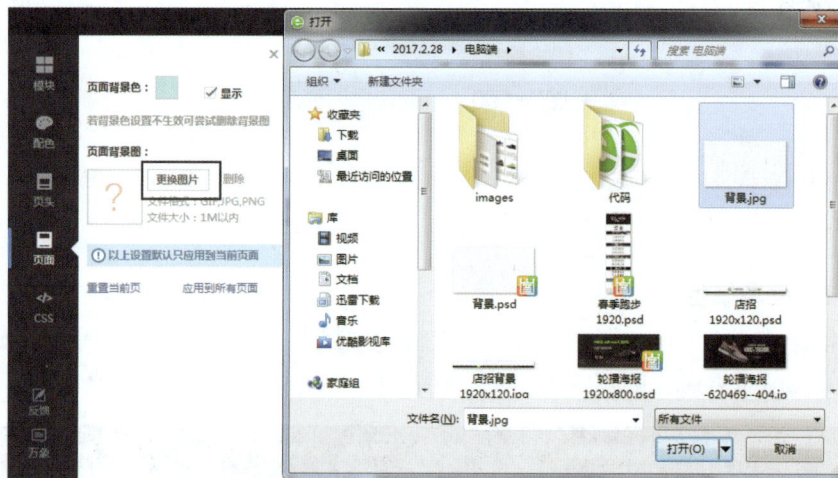

▲ 图7-154　选择设计好的页面背景图

第2步 根据需要，设置"背景显示"为"纵向平铺"，"背景对齐"为"居中"，如图7-155所示。

高手支招 新版的旺铺专业版还可实现固定背景效果，不过该设置在IE10以下的浏览器中不能生效。目前，大部分用户的浏览器还没有更新到IE10，所以可根据需要选择是否使用固定背景效果。

第3步 至此页面背景图就装修完成了，单击"预览"按钮，预览效果，效果如图7-156所示。

▲ 图7-155 设置"背景显示"和"背景对齐"

▲ 图7-156 页面背景图效果

7.9.3 固定背景装修

全屏固定背景指背景为全屏图，当滚动页面时，背景为固定状态，不会跟随页面的滚动而发生变化，这是目前店铺装修中特别流行的一种背景装修方式。固定背景装修不仅简单方便，而且能给买家带来更好的视觉效果。固定背景装修需要应用全屏固定背景装修的代码，其具体的操作步骤如下。

第1步 上传背景图。选择一张已经设计好的全屏背景图，将其上传到图片空间，如图7-157所示。

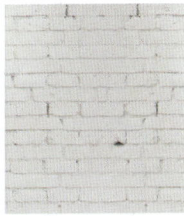

▲ 图7-157 全屏背景图

第2步 进入导航显示设置。

（1）在店铺装修后台中单击"编辑"按钮，如图7-158所示。

▲ 图7-158 单击"编辑"按钮

（2）在弹出的"导航"对话框中单击"显示设置"选项，进入"显示设置"页面，如图7-159所示。

（3）把本书源文件与素材文件夹\第7章\7.9.3文件夹中的"全屏固定背景代码.html"文件中的代码复制到此文本框内，如图7-160所示。

（4）将代码中的"背景图片地址"替换成第1步中上传的背景图片地址，单击"确定"按钮，如图7-161所示。

第3步 预览固定背景装修效果。替换完代码之后，单击店铺装修后台右上角的"预览"按钮，预览固定背景装修效果，效果如图7-162所示。确认效果无误之后，单击右上角的"发布"按钮即可发布。

▲ 图7-159 "显示设置"页面

▲ 图7-160 复制代码到文本框内

▲ 图7-161 替换为第1步中上传的背景图片地址

▲ 图7-162 固定背景装修效果

第8章
宝贝主图与详情页视觉设计

通常来讲，店铺的主图决定了点击率，而详情页决定了转化率，主图是详情页的精华所在，是整个详情页的缩影。因此，要想详情页吸引人，主图的设计必须要精美、精准。本章将重点介绍淘宝店铺的宝贝主图和宝贝详情页的设计方法。

本章学习要点 ● ● ●

- ✪ 宝贝主图设计
- ✪ 宝贝详情页设计
- ✪ 详情关联营销设计

8.1 宝贝主图设计

宝贝主图是店铺装修中非常重要的角色，它作为流量入口，对引流起着关键的作用。主图设计得好不好将直接关系到买家对宝贝的第一印象。因此，主图的设计必须体现宝贝的特色和卖点，引起买家点击的兴趣。

8.1.1 宝贝主图设计要点

宝贝主图中一般会体现促销、卖点、价格、赠品和售后等相关信息。

1. 宝贝主图的展示位置

在了解宝贝主图设计的基本要点之前，先来看看宝贝主图的展示位置。宝贝主图主要在淘宝搜索结果页及店内宝贝详情页和宝贝分类页中展示。

图8-1所示是淘宝搜索结果页中的宝贝主图展示。

▲ 图8-1 淘宝搜索结果页的宝贝主图展示

图8-2所示是店内宝贝详情页中的宝贝主图展示。

▲ 图8-2 店内宝贝详情页中的宝贝主图展示

图8-3所示是店内宝贝分类页中的宝贝主图展示。

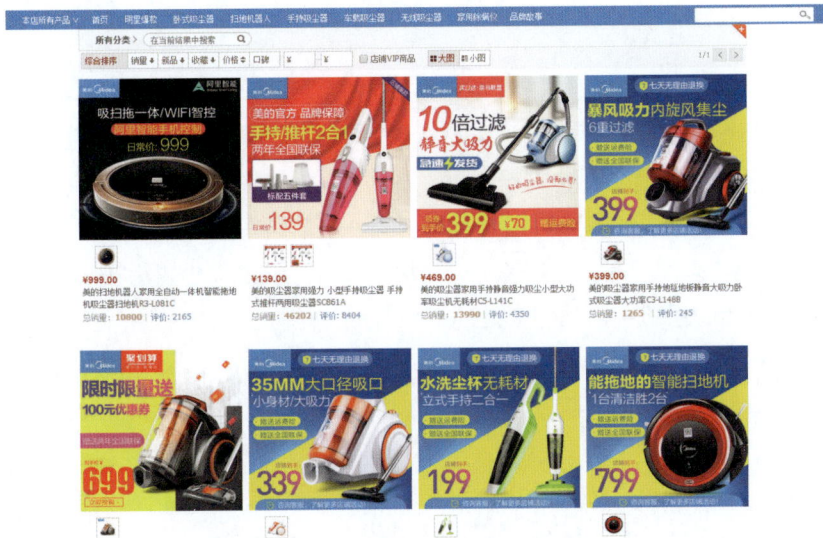

▲ **图8-3** 店内宝贝分类页中的宝贝主图展示

在淘宝搜索结果页中展示的宝贝主图是最为关键的，它是打开店铺流量的第一道大门。这里的展示关系到宝贝的人气、销量、评论、价格等。例如，在淘宝中搜索"中老年呢大衣"，搜索出来的宝贝主图效果如图8-4所示。

▲ **图8-4** 搜索出来的宝贝主图效果

2. 宝贝主图的设计与制作要点

一张好的宝贝主图不仅能够吸引买家的眼球，而且还可以提高点击率和转化成交率，增加店铺的销量。因此，卖家要用心设计、制作宝贝主图。下面介绍宝贝主图的设计与制作要点。

（1）宝贝拍摄要求。

①拍摄背景要干净整洁，且要与宝贝风格相协调，这样才能将宝贝和背景完美地融合在一起。

②拍摄效果要吸睛，拍摄的角度、光线、色彩要选好，拍出的图片比同行的更有吸引力。

③一定要把宝贝拍摄完整，不要只拍一部分。

> **高手支招** 宝贝主图必须是实拍图，至少要上传1张主图；不能盗图盗链接，建议第5张图用白底图，这样宝贝将有更多机会展现在淘宝首页。

（2）制作要求。

①宝贝主图尺寸最小为310像素×310像素，淘宝平台支持放大显示的宝贝主图尺寸应在800像素×800像素以上，因此，在制作宝贝主图时，最好把图片尺寸调整到800像素×800像素以上。大部分买家都是很注重宝贝细节特写图的，细节特写图会增加宝贝的吸引力。

②宝贝主图文件大小不能超过3MB，而且必须是正方形的。如果制作时宝贝主图不是正方形的，那么在展示时系统会自动将它处理成正方形，这样就会导致图片变形。

③宝贝主图支持的格式包括.JPG、.PNG、.BMP。

④宝贝主图背景制作。为了突出宝贝的卖点，在选择主图背景色时，最好选用较浅的颜色。白色是很多卖家常用的主图背景色，也是天猫商城规定的主图背景色，用白色作为主图背景色能够很好地突出宝贝。但是如果宝贝是金银首饰或者其他浅色调的物品，则可以选用稍微深一点儿的颜色作为主图背景色，如很多银饰品会用黑色作为主图背景色。

> **高手支招** 当今是一个视觉营销的时代，要想突显自己宝贝的高质量，除了相应的品质证明之外，基本上取决于宝贝眼缘与方案。因此，宝贝主图必须要能够吸引买家的注意力，主图背景要跟宝贝本身相符合，并且要能够突出宝贝品质。以空气净化器为例，宝贝主图背景最好是蓝天白云、青山绿水，这样会给人清新自然的感觉。

（3）设计要求。

①文案。文案要吸引人，要在第一时间引起买家的兴趣。

②布局。布局就是将图片与文案以某种排列方式组合呈现给买家，吸引买家或者让买家视觉上更舒服。宝贝图片不能将版面占得太满，也不能留太多空白，建议最好占到主图的2/3以上，而且不能太靠边缘。

> **高手支招** 布局通常有3种方式：左右结构、上下结构、中间往外的结构。主图中传达的信息不宜太多，信息太多会让人没有视觉重点，容易分散视觉注意力。

③主体。主体突出，把买家想知道的信息都表达出来，让买家可以轻松、快捷地了解宝贝的功能和特点。

④颜色。颜色太多给人眼花缭乱的感觉，建议一张主图尽量不要超过3种颜色。

⑤卖点。卖点就是用来提高点击率和成交率的文案。一般都是把最能吸引买家点击的卖点放在主图上。有了卖点，还必须要懂得如何表达，将卖点完美地展现给买家也是一门艺术。例如，一款裙子，通过不同模特情景展示，会大大提高点击率。

如果有促销活动，可以在宝贝主图上适当加一些促销优惠信息，但是信息不要加得太多、太乱，以免把宝贝遮盖住。建议主体最好用红色，因为红色是最为显眼的颜色，而且要尽量做得时尚、精致，不要随便弄个背景色后随意加几个字上去，让人视觉上不舒服。

总之，要提高宝贝的点击率和转化率，促进宝贝销售，卖点的提炼以及宝贝主图的视觉设计至关重要。主图的背景色，既要亮丽明快，又不能影响宝贝的关注点。卖点文案的排版、布局也要讲究，中心主题要明确。

8.1.2 宝贝主图设计实例

前面大家已经了解了宝贝主图的设计及制作要点，下面将设计一款宝贝主图，完成后的效果如图8-5所示。

扫码看视频

1. 新建文件

第1步 启动Photoshop软件，按【Ctrl】+【N】组合键新建文件，命名为"主图"，设置宽度为800像素，高度为800像素，分辨率为72像素/英寸，颜色模式为RGB颜色，如图8-6所示。

▲ 图8-5 完成后的主图效果

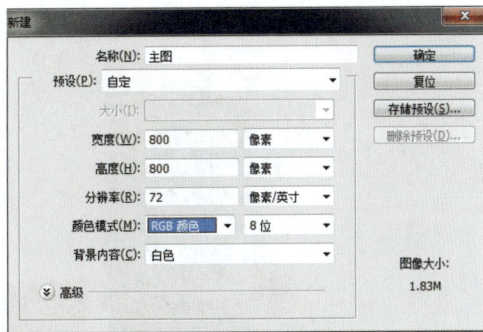

▲ 图8-6 新建文件

第2步 为保证商品图片和文案不靠近主图边缘，需先创建参考线。选择矩形选框工具，在"属性"面板中设置样式为"固定大小"，宽度为"700像素"，高度为"700像素"，新建空白图层"图层1"，绘制矩形选框，随意填充颜色，选中"图层1"和"背景"图层，在图像窗口中居中，建立参考线，然后关闭"图层1"图层，如图8-7所示。

2. 编辑宝贝图片

第1步 打开素材文件夹第8章中的"8.1.2主图素材.psd"文件，如图8-8所示，从素材文件的"图层"面板中选中"雪菊""茶杯""菊花1"3个图层，然后将其拖曳到新建的主图

▲ 图8-7 建立参考线

文件中。

第2步 调整"雪菊""茶杯""菊花1"图层的大小、位置、角度，然后选中"菊花1"图层，按【Ctrl】+【J】组合键复制一个"菊花1 副本"图层，将该图层调整到"雪菊"图层的上面。

▲ 图8-8 将素材文件拖曳到新建的主图文件中

第3步 选中"菊花1"图层，在"图层"面板中单击"添加图层蒙版"按钮，选择橡皮擦工具，利用蒙版把"菊花1"覆盖在瓶子上的茎秆部分擦除掉，如图8-9所示。

▲ 图8-9 利用蒙版把覆盖在瓶子上的茎秆部分擦除掉

3. 编辑主图文案

第1步 选择横排文字工具，输入宝贝卖点的相关文字，设置"西域贡品 清热降火"字体为"方正兰亭黑简体"、大小为"36像素"、颜色为"#46942e"，"野生雪菊"字体为"方正粗谭黑简体"、大小为"100像素"、颜色为"#1c7900"，"5折"字体为"方正兰亭中黑"、大小为"80像素"、颜色为"#ffffff"。注意：卖点文案一定要有主次之分，哪个卖点更有吸引力就突出哪个，如图8-10所示。

第2步 选中"野生雪菊"图层，按【Ctrl】+【J】组合键复制一个新的图层，垂直翻转以调整形状，然后在"图层"面板中单击"添加图层蒙版"按钮，选择渐变工具，利用蒙版在画布中拉伸渐变，制作文字的阴影效果，如图8-11所示。

▲ 图8-10 输入并编辑文字

▲ 图8-11 制作文字的阴影效果

4. 绘制几何形状

第1步 选择圆角矩形工具，在其属性栏中设置半径为"60像素"，在"西域贡品 清热降火"文字外绘制一个390像素×55像素的圆角矩形，设置描边为"1点"，描边颜色为"#46942e"，如图8-12所示。

▲ 图8-12 绘制一个圆角矩形并描边

第2步 选择椭圆工具，在"西域贡品 清热降火"中间绘制一个20像素×20像素的大圆，填充颜色为"#6aa532"，再在大圆中间绘制一个10像素×10像素的小圆，填充颜色为"#1c7900"。选中刚刚绘制的几个形状图层，将位置设置为居中，效果如图8-13所示。

▲ 图8-13　绘制大小不同的圆并填充不同的颜色

第3步 选择椭圆工具，在"5折"底部绘制一个185像素×185像素的大圆，填充颜色为"#fff100"，描边为"2点"，描边颜色为"#6aa532"；选择矩形工具，绘制一个矩形，然后将其45°倾斜，调整位置，如图8-14所示。

▲ 图8-14　绘制圆和矩形并调整位置

5. 设计主图背景

第1步 在背景图层上新建空白背景图层，填充颜色为"#c8dbc3"，如图8-15所示。

第2步 单击"添加图层蒙版"按钮，选择橡皮擦工具，设置硬度为"0"，在新建的背景图层上通过蒙版擦拭，如图8-16所示。

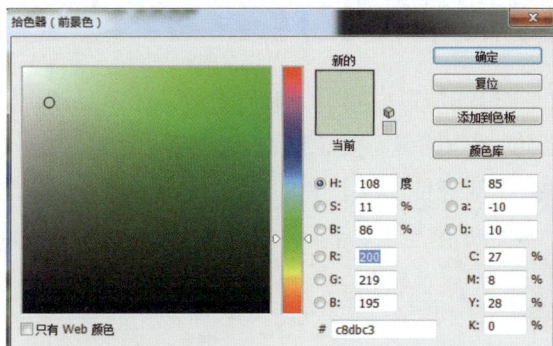

▲ 图8-15　新建空白背景图层并填充颜色

▲ 图8-16　添加图层蒙版并使用橡皮擦工具擦拭

第3步 从打开的"主图素材.psd"文件中选中"菊花2"图层，将其拖曳进主图，调整"菊花2"素材的位置、角度、大小，如图8-17所示。这样整个主图就设计完成了，最终效果如图8-5所示。

▲ 图8-17　添加"菊花2"素材并调整其位置、角度、大小

8.2 宝贝详情页设计

许多新手美工认为做宝贝详情页很简单，就是摆放几张商品图，配上一些参数表和一个5星好评。其实宝贝详情页的制作的确不难，难在宝贝卖点的创意设计上，难在如何让买家了解商品、信任商品，难在如何促使买家快速下单。设计一个优秀的宝贝详情页，美工大约60%的时间是用在调研、构思、创意上，剩下40%的时间用在制作与优化上。

8.2.1 宝贝详情页的内容

一般地，宝贝详情页中需要包含的相关信息如表8-1所示。

表8-1 宝贝详情页中相关信息

类别	要点阐述
收藏+关注	在宝贝详情页的头部位置设置收藏+关注，方便买家获取优惠券
推荐热销单品	推荐店铺其他的热销单品，其中3~4个必须是店铺热卖且性价比好的单品
焦点图	商品的焦点图，尽量以突出商品的卖点或者亮点为主
商品详情+尺寸表	商品详情的描述，包括产地、颜色、重量以及尺寸大小等
商品图	商品图的展现，至少要有正面、反面、侧面，以及不同颜色的展现效果 【提示】商品图至少为一张正面图、一张反面图、一张侧面图，展示不同的动作或者角度效果
实物平铺图	多类别的商品实物平铺图，可令买家更加坚信该商品的真实性
场景图	不同场景的商品展现图，容易引起买家共鸣或者让买家代入角色
商品细节特写图	商品的细节特写图展现，可以选择商品的设计或品质亮点，让买家看得更加清楚，如帽子、袖子、拉链、吊牌位置或纽扣等
买家秀展示或者好评截图	买家真实晒图或者好评截图，可展现其他买家对该商品的喜爱
搭配推荐	如情侣款或者中长款，注意不要和上面的推荐重复
购物须知	如发货、退换货、邮费、快递以及售后问题等信息

> **高手支招** 一个好的宝贝详情页，应该尽量方便买家的浏览习惯，为买家节约时间。

8.2.2 宝贝详情页的模块展示

通常情况下，宝贝详情页中的相关信息需要规划到相应的模块中来展现。

每个模块都有自己独特的功能与作用。例如：有的模块具有介绍的功能，用于描述或展示宝贝功能与特点等相关信息，让买家全面认识宝贝；有的模块具有修饰的功能，让宝贝看上去更加吸引人，给人更多的购买理由。

1. 宝贝展示模块

买家购买宝贝最主要看的就是宝贝展示的部分，在这里可以让买家对宝贝有一个直观的认识。通常这部分是使用图片的形式来展现的，图片有摆拍图和场景图两种形式。

摆拍图就是通过直接拍摄摆放的宝贝所得的宝贝图片。摆拍图能够把宝贝如实地展现出来，能够直观地表现宝贝品质。摆拍图的拍摄成本相对较低，拍摄方法简单，大多数卖家都能够实现。这种实物图也是最能够打动买家的。

场景图就是将宝贝置于一定场景气氛中得到的宝贝图片，可以通过直接拍摄或者后期处理得到。场景图不仅能够展示宝贝，体现宝贝的功能，而且在一定程度上还能烘托使用宝贝时的氛围，给买家一种身临其境的感觉，如图8-19所示。

▲ 图8-18　摆拍图　　　　　　　　　　▲ 图8-19　场景图

2. 宝贝细节模块

细节展示是让买家进一步了解宝贝的主要途径，买家熟悉宝贝才是对最后的成交起到关键性作用的一步。通常情况下，如果买家想购买该宝贝，他们往往会查看宝贝细节特写图。因此宝贝细节模块中要尽可能地展示宝贝的材质、做工等细节，如图8-20所示。

3. 宝贝规格参数模块

宝贝图片只能直观地反映宝贝的外观造型，不能反映宝贝的功能与特点，而宝贝的规格参数是买家判断宝贝整体感觉的主要途径，因此，宝贝详情页中需要加入宝贝规格参数模块，方便买家对宝贝有一个正确的认识，如图8-21所示。

▲ 图8-20 宝贝细节模块

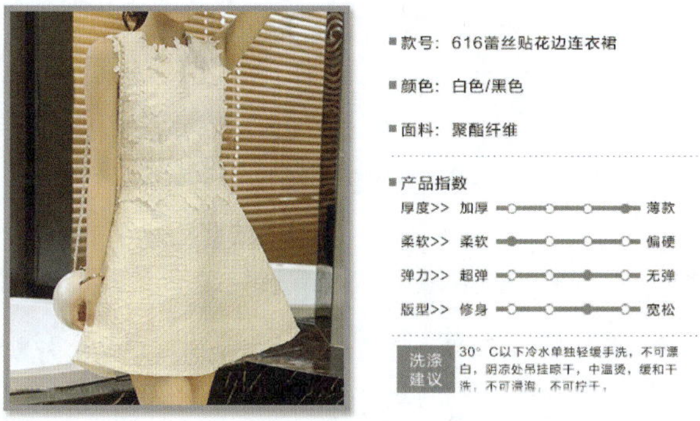

▲ 图8-21 宝贝规格参数模块

4. 关联营销模块

关联营销主要有以下两个方面的功能。

一方面是当买家确定要购买这个宝贝时，再给买家推荐与之搭配的另一个宝贝，买家购买推荐宝贝的概率更大，从而提高成交的客单价。

> **高手支招** 买家在确定购买一个宝贝时，往往会下意识地考虑降低邮费成本或者满减优惠等，那么多购买几件宝贝就是一个不错的方法。

另一方面是当买家对该宝贝不认可时，可推荐相似的另外几款宝贝。买家既然单击浏览了这个宝贝，那么对这个宝贝还是有部分认同的，因此推荐其相似款，或许能够在一定程度上挽回这次交易。

关联推荐的宝贝一定要具有关联性，如在风格、款式、功能、价格或材质上具有相关性，并且要根据营销的目标选择宝贝，如图8-22所示。

▲ 图8-22 关联营销模块

5. 会员营销模块

淘宝的推广成本已经越来越高了，每争取一个买家都要付出高额的成本费用。因此采取会员营销是积累买家的一个好方法。组建自己的"粉丝群"，开展各种会员活动，而这些活动都需要很具体地体现在宝贝详情页中，这样可以让店铺进入一种良性积累状态，如图8-23所示。

▲ 图8-23　会员营销模块

6. 客服体系模块

客服体系是指在整个商品销售过程中，售前咨询、售后服务、问题投诉等一整套沟通渠道的建立。完善的客服体系可以快速解决买家的问题，大大提高客服的工作效率。

> **高手支招**　虽然普通店铺没有达到设立客服体系的必要，但在宝贝详情页的合适位置处设置咨询旺旺，为买家与客服之间的沟通交流提供方便的入口，是将买家购买意识转化为交易的最好方式。

7. 搭配展示模块

如今，买家在淘宝购物已经不仅仅是购买宝贝，而是寻找适合自己的风格。很多买家都不擅长搭配，他们更需要专业卖家的搭配推荐，如图8-24所示。一旦买家认同卖家推荐的搭配风格，那么这个买家很可能就会成为该店铺的忠实客户。

8. 活动信息模块

宝贝详情页里的宝贝促销信息，能够在买家购买决策中起到催化剂的作用，如图8-25所示。

▲ 图8-24　搭配展示模块

▲ 图8-25　活动信息模块

9. 功能展示模块

功能展示模块主要是通过图片加说明文字的方式对宝贝的主要功能做详细介绍，可详细展示宝贝细节，同时对细节进行补充说明。该模块能大大地提高买家对宝贝的认知，如图8-26所示。

10. 包装展示模块

包装是服务的重要组成部分，如图8-27所示。一个好的包装不仅可以体现店铺的实力，还能体现宝贝的质量，给买家放心的购物体验。

▲ 图8-26　功能展示模块

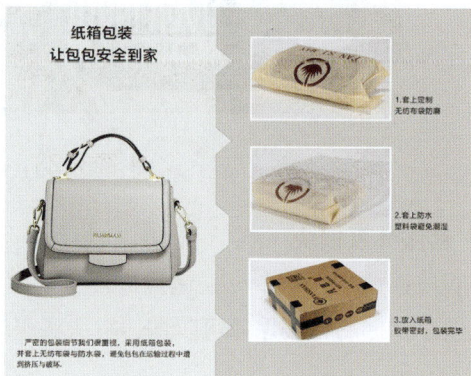

▲ 图8-27　包装展示模块

8.2.3　宝贝详情页设计的注意事项

宝贝详情页是提高转化率的入口，具有激发买家的消费欲望，树立买家对店铺的信任感，打消买家的消费疑虑，促使买家下单的作用。

设计并制作一个吸引人的宝贝详情页需注意以下几点。

（1）表里如一。宝贝详情页要与宝贝主图、宝贝标题相契合，宝贝详情页必须真实地介绍出宝贝的属性。如标题或者主图里写的是韩版女装，而进入详情页却发现是欧美风格的女装，这样买家一看不是自己想要的，肯定会马上退出页面。

（2）做好市场调查。设计宝贝详情页之前，首先要做好宝贝的市场调查，包括同行业市场容量、同品竞争等。同时也要做好买家的市场调查，包括消费群体以及其消费能力、消费喜好、购买时所在意的问题等。

（3）准确定位宝贝。根据店铺宝贝以及对市场调查结果的分析，精准定位宝贝的消费群体。

（4）挖掘宝贝卖点。根据市场调查的结果以及对自己宝贝的分析和总结，整理出买家所关注的问题、同品的优缺点，以及自身宝贝的特点、优势，针对消费群体挖掘出本店宝贝与众不同的卖点。

8.2.4 宝贝详情页的制作流程

制作宝贝详情页的一般流程如下。

（1）确定风格。根据店铺宝贝的特色、店铺的活动、节日等来确定宝贝详情页的风格。

（2）收集素材。养成平时收集整理有用素材图片的习惯，以方便设计时使用与参考。

（3）页面布局。根据详情页的布局要求对页面进行合理布局。

（4）选择配色。根据店铺整体色调，选择合适的配色，制作颜色与背景色协调的宝贝详情页。

（5）排版设计。使用Photoshop图像处理软件对详情页中的文字、图片进行图文设计。

（6）切片存储。将制作好的详情页进行切片保存，添加链接并替换为网络图片，最后通过Dreamweaver软件进行编辑操作。

（7）上传图片。将宝贝详情页上传到"宝贝发布"页面中，然后发布宝贝，即可完成宝贝详情页的装修。

8.3 详情关联营销设计

关联营销就是把同类型或有关联的宝贝放到一起展现给买家，激发他们的购买欲望。关联的宝贝一般具有功能互补，功能、外形或风格相近，或者需求互补等特点。

为了提高店铺的宝贝销量，卖家常常会在宝贝详情页前面添加一些关联宝贝的链接及海报图片。目前，只有天猫店铺可以直接在宝贝详情页的最上方添加一个自定义区模块来实现关联营销，而淘宝店铺，无论是旺铺基础版还是旺铺专业版都无法直接实现。不过可以使用关联模板这种付费工具实现此功能。淘宝服务市场有很多关联模板，卖家可以根据自己的需求选择订购，如图8-28所示。

▲ 图8-28 关联模板订购服务

8.3.1 关联营销设计要点

关联营销是淘宝店铺和天猫店铺常见的一个免费推广方式，其作用是提升店铺的访问深度和间接成交率，提高宝贝的客单价。

设计宝贝关联营销模块时要注意宽度设置：如果是淘宝店铺，推荐宽度为750像素；如果是天猫店铺，推荐宽度为790像素。高度无限制，但尽量不要太高，因为太高会影响原宝贝的转化率。

在设计关联营销时，必须要注意宝贝营销的关联性。关联营销的设计要点如下。

1. 推荐形式与选款方法

（1）同类推荐形式，如图8-29所示。

常用主题：您可能还喜欢、同类热销宝贝、相关宝贝热卖等。

选款方法：①把功能相同的宝贝进行关联，如在"蒙顶毛峰"这款宝贝下推荐其他几款"蒙顶毛尖"；②把属性相同或相近的宝贝进行关联，如在"蓝色连衣裙"这款宝贝下推荐"深蓝色短裙"；③把价格相近的宝贝进行关联，如在"39元的儿童玩具"这款宝贝下推荐价格为"20～50元"的儿童玩具。

通常来说，关联推荐宝贝的价格与原宝贝的价格有一定的差异对销售影响不大，但要注意几个关键点。①如果原宝贝的价格低，推荐宝贝的价格应该以更低的价格为主，价格差异尽量小；②如果原宝贝的价格中等，推荐宝贝的价格偏低和偏高的宝贝数量要相当，价格差异可以稍微大一点；③如果原宝贝的价格高，推荐宝贝的价格偏低的宝贝数量要少，价格偏高的宝贝可以多些，因为能购买高价格的买家更追求品质，因此可适当提高利润空间，价格差异也可以大一些。

（2）搭配推荐形式，如图8-30所示。

▲ 图8-29 同类推荐形式

▲ 图8-30 搭配推荐形式

常用主题：搭配套餐、搭配减价、搭配折扣、加×元换购等。

选款方法：①把功能配套的宝贝进行关联，如鞋子-袜子-鞋垫、键盘-鼠标-鼠标垫等；②套餐价格优惠，如选择套餐中的任意两件宝贝享受7折优惠，购买套餐全部宝贝享受6折优惠等。

（3）热销推荐形式，如图8-31所示。

常用主题：店长推荐、人气爆款、热销排行、TOP榜单、清仓特卖等。

选款方法：不仅要以相同功能或类似的属性为前提，而且要以一定销量为基础。例如，在销量偏低的宝贝中，推荐几款销量较高的宝贝，同时也可以通过价格的差异刺激买家购买。

（4）好评推荐形式，如图8-32所示。

▲ 图8-31　热销推荐形式

▲ 图8-32　好评推荐形式

常用主题：人气宝贝推荐、好评宝贝推荐、口碑宝贝推荐等。

选款方法：不仅要以相同或者类似的属性为前提，而且要以高百分比的好评为基础。例如，在评价较差的宝贝中，推荐几款评价较好的同类宝贝，同时也可以通过价格的差异刺激买家购买。

高手支招　好评推荐形式与热销推荐形式类似，均属于在没有竞争优势的商品中推荐优势商品，做到取长补短，转移买家视线，提高流量转化。

（5）情感关怀形式推荐，如图8-33所示。

常用主题：关爱父母、见长辈、送好礼、送礼推荐等。

选款方法：以人与人之间的情感联系为基石，如新家买空调、洗衣机等大家电，可以在宝贝中推荐几款小家电，主题为"亲，你家客厅还缺它吗"，然后放一些热水壶、电风扇之类的小电器。

▲ 图8-33　情感关怀形式推荐

高手支招　这种形式的推荐仅适用于部分类目的宝贝。另外，原宝贝价格偏高，推荐宝贝价格偏低，这样有一定的价差，推荐效果更佳。

2. 推荐宝贝数量控制

通常，推荐宝贝的数量控制在4～9款为宜，多了反而会因为页面太长、选择太多，让买家难以选择。对于搭配套餐的宝贝的数量一般控制在2～4款为宜。

> **高手支招** 对于服装类店铺来说，如果在描述上推荐多款的宝贝，或者占用太长的页面，不仅可能会影响搜索排名，还可能承担被降权的风险。

3. 关联展示方式

宝贝关联：即精准关联营销，是以一款宝贝为主宝贝，选择一组专门为它而推荐的宝贝，此方式的展示效果很好。

类目关联：即以一个类目的宝贝为主宝贝，在这个类目下，所有宝贝里都推荐同一组关联宝贝，这种方式的展示效果一般。

全店统一关联：即在全店所有商品中都推荐同一组关联宝贝，这种方式简单快捷，但是展示效果较差。

8.3.2 关联营销图片设计实例

前面学习了关联营销设计的一些相关知识，下面使用Photoshop软件来设计一个同类推荐形式的关联营销模块，完成后的效果如图8-34所示。

扫码看视频

▲ 图8-34 完成后的效果

1. 新建文件

启动Photoshop软件，新建名为"关联营销"的文件，设置宽度为750像素，高度先设置为645像素，分辨率为72像素/英寸，颜色模式为RGB颜色，如图8-35所示。

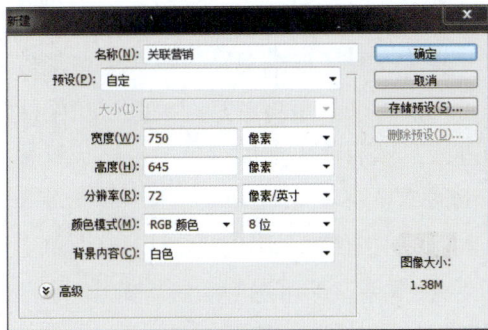

▲ 图8-35 新建文件

2. 设计关联营销标题

第1步 选择横排文字工具，在图像窗口中输入标题文字。然后选择矩形工具，绘制矩形标题背景，设置其宽度为750像素，高度为60像素，填充颜色为"#1a95d4"，如图8-36所示。

▲ 图8-36 绘制矩形标题背景

第2步 设置标题的文字字体为"方正兰亭黑简体"、大小为"30像素"、颜色为"#000000"，将标题文字和背景顶部居中对齐，如图8-37所示。

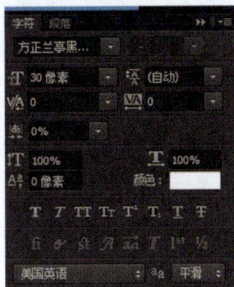

▲ 图8-37 编辑标题文字

第3步 选择自定形状工具，在"属性"面板的"形状"选项中选择需要的形状，然

后用鼠标指针在图像窗口中绘制几个装饰形状，调整它们的大小、位置，填充颜色为"#000000"，如图8-38所示。

▲ 图8-38 绘制几个装饰形状并编辑

3. 设计关联营销模块框架

在做下一步操作之前，先把之前做好的标题所有图层新建一个图层组，命名为"标题"，目的是避免图层太多而错误操作。

第1步 选择矩形工具，在图像窗口中绘制"矩形2"，宽度为235像素，高度为235像素，填充颜色为"#ffffff"，边框颜色为"#1a95d4"，如图8-39所示。

▲ 图8-39 绘制"矩形2"并设置参数

第2步 再绘制一个"矩形3"，宽度为60像素，高度为80像素，填充颜色为"#1a95d4"，如图8-40所示。

▲ 图8-40 绘制"矩形3"并设置参数

第3步 选择横排文字工具，在图像窗口中输入需要的文字，调整"矩形2"、"矩形3"

和文字的位置。设置文字"推荐价："的字体为"方正兰亭黑简体"、大小为"16像素"、颜色为"#ffffff"。设置"369.00"的字体为"Static"、颜色为"#1a95d4"，小数点前的数字大小为"40像素"，小数点后的数字大小为"18像素"。设置"立即购买"的字体为"方正兰亭纤细"、大小为"18像素"、颜色为"#000000"，设置后的效果如图8-41所示。

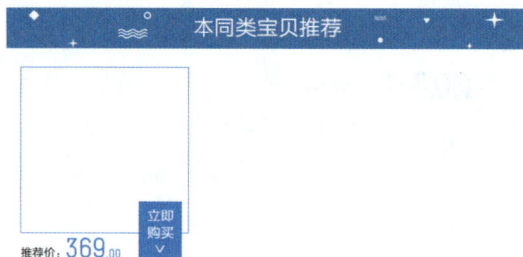

▲ 图8-41 输入文字并设置字体

第4步 将新创建的所有图层新建为一个图层组，命名为"组1"，这样第一个宝贝推荐框架就制作完成了，后面就是复制"组1"图层，多复制几次，最后调整位置，效果如图8-42所示。

▲ 图8-42 复制"组1"图层并调整位置

4．设计关联营销宝贝图片

前面已经把整个关联营销模块框架设计好了，接下来就是将选好的关联宝贝图片添加进来，然后输入宝贝对应的价格，具体操作步骤如下。

第1步 按住键盘中的【Ctrl】键，单击第1个宝贝框架，即可选中绘制好的第1个宝贝框架图层，如图8-43所示。

▲ 图8-43 选中绘制好的第1个宝贝框架图层

第2步 打开准备好的关联宝贝图片，将其拖曳到该图层上方，在宝贝图片图层上单击鼠标右键，在弹出的快捷菜单中选择"创建剪贴蒙版"选项，如图8-44所示。

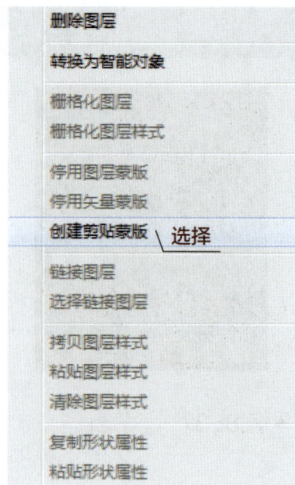

▲ 图8-44 选择"创建剪贴蒙版"命令

第3步 调整宝贝图片的大小、位置，并修改宝贝价格，如图8-45所示。

▲ 图8-45 调整宝贝图片大小、位置并修改宝贝价格

第4步 用同样的方法将其他宝贝图片添加进来，调整宝贝图片大小、位置并修改宝贝价格，这样整个关联营销宝贝图片就设计完成了，效果如图8-46所示。

▲ 图8-46 添加其他宝贝图片

第9章
直通车图、钻展图视觉设计

　　直通车、钻展都是店铺推广营销常用的工具。直通车图片设计得好，就能大大提升店铺流量。图片创意在钻展中也至关重要，要知道一般人的浏览习惯就是一扫而过，如果你的促销信息没办法在1秒内迅速植入买家脑中，那么营销效果一般不会很理想。本章主要为读者讲解直通车图、钻展图的设计思路。

本章学习要点 ● ● ●

- ✪ 直通车图视觉设计
- ✪ 钻展图视觉设计
- ✪ 钻展图设计实例

9.1　直通车图视觉设计

淘宝直通车是阿里巴巴集团推出的一种全新的搜索竞价推广工具，其搜索资源由旗下的雅虎中国和淘宝网整合。通过淘宝直通车推广的商品，不仅会出现在淘宝搜索页的左栏和下方，还可以出现在其他指定的推广页面上，其覆盖面非常宽广。卖家可以为推广的每一款商品设置200个关键词，并可以针对每个关键词自由定价。值得注意的是，竞价越高，商品推广位置越靠前。

9.1.1　认识直通车图

直通车是为淘宝、天猫卖家量身定制的，按点击付费，实现宝贝的精准推广的营销工具。淘宝、天猫直通车推广，用一个点击，让买家进入店铺，产生一次甚至多次的店铺内跳转流量，这种以点带面的关联效应可以降低整体推广的成本和提高店铺关联营销的效果。

1. 直通车图尺寸说明

直通车图分为店铺直通车图和商品直通车图，二者除了设计尺寸不同（见表9-1）之外，其链接方式也不同。店铺直通车图链接到店铺首页或者活动页，商品直通车图链接到商品详情页。

表9-1　直通车图尺寸			
	店铺直通车图		商品直通车图
	设计尺寸： 210像素×315像素		设计尺寸： 800像素×800像素
	文件不得超过480KB		文件不得超过480KB
	展示尺寸： 180像素×270像素（最小值）		展示尺寸： 200像素×200像素（最小值）

> **高手支招**　这里的展示尺寸最小值是指直通车图在广告位上展示出来的尺寸，这是最小的设计尺寸。如果尺寸再小，就显示不了或者显示模糊了。

2. 直通车推广的位置

在淘宝网页的搜索框中搜索关键词时，输入关键词、单击搜索按钮后进入的页面就是直通车推广所在位置，直通车推广的位置一共有22个，分别为页面左侧第1个位置，页面右侧16个位置，页面底部5个位置，如图9-1所示。

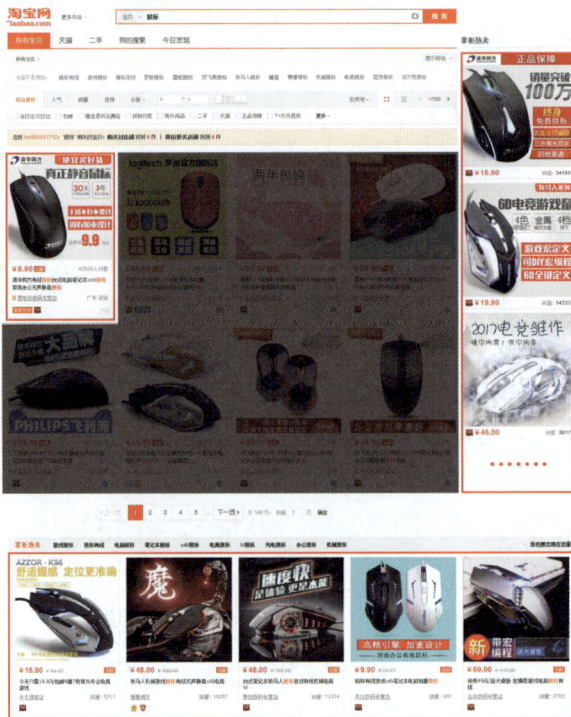

▲ 图9-1　直通车推广的位置

9.1.2　直通车图设计要点与差异化分析

如何在众多同类商品中让商品更突出，获得更多买家的喜欢，从而提高点击率呢？除了商品本身要具有个性和卖点外，直通车图的设计也需要与众不同。

1. 直通车图设计要点

在设计直通车图时，必须把握以下几个方面的设计要点。

（1）卖点明确。在设计直通车图时，要重点明确地突出商品的一两个卖点。任何商品都有自己的卖点，并且有些商品卖点很多，但不建议把所有卖点全部体现出来，可以选择重要的一两个卖点来展示，以吸引买家。因为卖点多了，给买家的信息量也就多了，这样买家反而觉得没有卖点了。

（2）文案突出。卖点可以直接通过商品图片来展示，当商品图片不足以准确地传达卖点信息时，精练、有创意的文案配上商品图片会更好地传达商品卖点，因此，文案创意非常重要。

（3）视觉差异化。视觉差异化主要是表现在商品图片拍摄创意和直通车图排版设计两个方面。通过视觉差异化，本店铺的商品直通车图可从同类商品直通车图中"脱颖而出"，以此来吸引买家点击。

> **高手支招**　通常美工会从不同的卖点、不同的设计形式等方面设计出几张不同的直通车图，并逐一测试各张直通车图的点击率，最终确定使用什么样的直通车图来做推广。

2．图片设计差异化分析

充分研究现有其他周边商品的直通车图特点，尤其是找出它们的共性，然后走差异化路线。差异化可以从素材、色彩、构图、文案和创意上体现。

（1）素材差异化。如图9-2所示，右边的图直接是放了一张商品图片，而左边的图则运用了商品使用时的实拍图，更写实、更有代入感。

（2）色彩差异化。如图9-3所示，左边的图使用的背景色是浅灰色，一眼看上去好像都一样，很难突显出商品的优势，而右边的图直接运用了更深的黑色作为背景色，一下就与左边的图片产生了对比，更能吸引买家的眼球。

▲ 图9-2 素材差异化

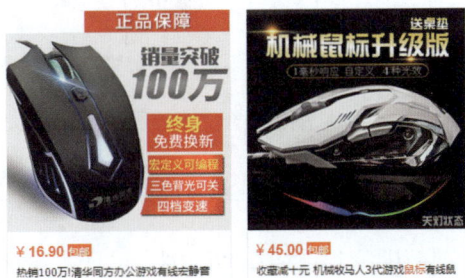

▲ 图9-3 色彩差异化

如果一个商品的颜色与背景色相同或相近，那么商品的辨识度很容易降低，从而也降低买家对该商品的注意力。

> **高手支招** 在设计直通车图时，要注意选择背景色，或者尽量在拍摄中使用与商品本身颜色差异较大的背景色，但是不要让背景的颜色过于复杂，否则不能突出商品图片的主导地位。

（3）构图差异化。采用均衡化的原则构图时，倾斜角度能更全方位地展示商品，让商品更显眼，如图9-4所示。

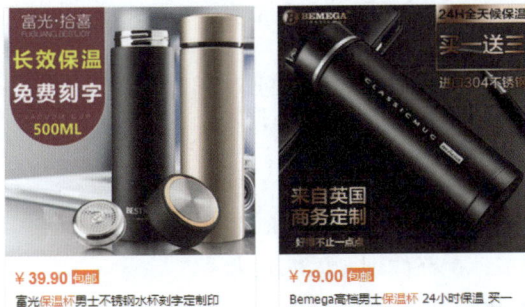

▲ 图9-4 构图差异化

（4）文案差异化。当价格不是优势的时候，可以换一个表达方式，如图9-5（左）所示，虽然图中商品价格与其他商品都差不多，但是当人看到第2支0元的时候，第一感觉就是它比其他商品便宜。

（5）创意差异化。根据某一卖点引申出具象的创意差异化，如表现风格的差异化，如图9-6（右）所示的漫画风格。

▲ 图9-5　文案差异化　　　　　　　　　　　▲ 图9-6　创意差异化

9.1.3　直通车图版式设计

前面讲解了直通车图的创意设计，下面主要从不同角度来介绍直通车图版式（文字、排版、配色、透视）设计的相关内容。

1．利益吸引的图片特点

画面色彩多样，留白很少，注重排版，醒目的促销活动或价格信息提示买家现在购买很优惠，如图9-7所示。

▲ 图9-7　利益吸引的图片

文字：主标题建议用有视觉冲击力的字体或较粗的字体。

排版：拒绝工工整整的排版，主题促销信息要放大，与辅助信息在字体的粗细和文字的大小上要区别明显，但不能失去美观度。

配色：可以采用强烈的对比色块，以营造画面的张力。

透视：以成角透视为主，重在体现画面的张力。

2．款式吸引的图片特点

主要展示商品的款式，不需要太多的文案，有时甚至只是一个Logo，背景大量留白，色彩单一，着重体现商品的品质，画面和谐，比例协调，如图9-8所示。

文字：主题信息文字不宜做怪异的字体变形，着重突出的文字信息要放大形成一个面，压住全局，适当留白。

▲ 图9-8 款式吸引的图片

排版：以简洁、工整的排版为主，对齐方式可为左对齐、右对齐或居中对齐。合理设计主题信息文字与辅助信息文字的字体、字号、粗细和间距，以增加画面的美观度。

配色：背景色彩单一，配色可参照商品本身颜色或邻近色。若要突出某个文字信息，如折扣信息、价格或重要的功能信息等，可采用对比反差较大的颜色。

透视：商品以45°角度展示，可采用俯视或平视的方式，不宜采用仰视的方式。

3. 概念吸引的图片特点

突出让买家容易认可的卖点会有更好的效果，如图9-9所示。

▲ 图9-9 概念吸引的图片

文字：根据主题思想选择相应的字体，需要有明确突出的主题文字，辅助信息可相对较少或者没有。

排版：主题思想明确，图片与文字协调统一。

配色：根据主题配色，遵循配色规范。

透视：根据主题选择角度，重在展现商品的特点。

4. 情感归属的图片特点

通过商品寄托情感，利用心理暗示对买家进行消费群体划分，向买家传递一种情感信息：只要你使用或拥有了××商品，你就属于这一类消费群体中的一员，如图9-10所示。

▲ 图9-10 情感归属的图片

文字：需要有明确的主题文字信息，辅助信息可相对较少或者没有。

排版：根据主题排版，版面整体上要协调、美观。

配色：根据主题配色，遵循配色规范。

透视：根据主题选择角度，重在展现商品的特点。

5．增值服务的图片特点

利用增值服务增加买家的兴趣，让买家觉得贴心，如图9-11所示。

▲ 图9-11　增值服务的图片

文字：将增值服务主题内容突出放大，如顺丰包邮、免费试用、终身质保、N年0利息等。

排版：凸显主题，版面活跃。

配色：根据主题配色，遵循配色规范。

透视：根据主题选择角度，突出展现商品的特点。

6．大众好评的图片特点

有超高销售记录和好评的商品说明是很好的商品，点击率自然就高，如图9-12所示。

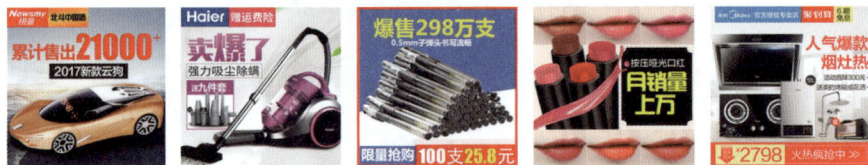

▲ 图9-12　大众好评的图片

文字：好评点突出放大，如已售×××台、月销量上万、人气爆款等。

排版：突显主题，版面活跃。

配色：根据主题配色，遵循配色规范。

透视：根据主题选择角度，突出展现商品的特点。

9.1.4　直通车图的审核标准

一张直通车图制作得好与不好可以从以下3个方面进行审核。

1．主题

主题卖点只有一个，并且要求简要、明了、精确，标题尽量控制在6字以内，紧扣买家诉求，直击买家需求痛点，能打动买家。

2．构图

直通车图的设计讲究整齐和统一，图文搭配比例平衡，所有文字都居左或者居右，而重点信息可以通过改变字体、文字大小或者颜色来体现主次；逻辑清晰，遵循从左至右、从上至下、先中间后两边的视觉流程，合理控制图片重心；文字信息量不宜多，且不要覆盖商品，否则会影响商品的展示效果。

3．模拟效果

与周边其他同类直通车图相比，通过素材差异化、构图差异化或文案差异化，以形成跟其他商品的鲜明对比，从众多图片中"脱颖而出"，可瞬间吸引买家。

> **高手支招**　另外，可利用商品搭配的方法来吸引买家注意力。但是不能主次不分，作为主角的商品一定要占图片位置的2/3，这样才能更好地突出主体。

9.2　钻展图视觉设计

钻展图的全称为钻石展位图。钻石展位（以下简称"钻展"）是淘宝网图片类广告位竞价投放工具，它依靠图片创意吸引买家点击，可获取巨大流量。

9.2.1　认识钻展图

扫码看视频

在进行钻展图视觉设计之前，应先了解钻展的投放策略和投放流程。钻展是按照流量竞价售卖的广告位，是专为淘宝、天猫卖家提供的一种营销工具。钻展是按照展现次数来计费的，计费单位为CPM（每千次浏览单价），按照出价从高到低进行展现。卖家可以根据群体、访客、兴趣点3个维度设置定向展现。

1．钻展的投放策略

（1）单品推广。

①适合热卖单品、季节性单品。

②适合想要打造爆款，通过一个爆款单品带动整个店铺的销量的店铺。

③适合需要长期引流并不断提高单品页面的转化率的店铺。

（2）活动店铺推广。

①适合有一定活动运营能力的成熟店铺。

②适合需要短时间内大量引流的店铺。

（3）品牌推广。

适合有明确品牌定位和品牌个性的店铺。

2．钻展投放的流程

①选择展示位；②根据展示位的尺寸设计创意图片并上传；③创意图片审核通过后，制作投放计划；④充值并参加竞价；⑤完成投放。具体步骤如图9-13所示。

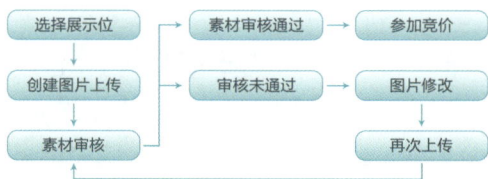

▲ 图9-13 钻展投放的流程

3. 钻展投放的操作步骤

钻展投放的操作流程为"卖家中心"→"我要推广"→"钻石展位"→"本地上传"→"添加创意",具体的操作步骤如下。

第1步 进入卖家中心,在左侧的"营销中心"中单击"我要推广"选项,如图9-14所示。

第2步 在"我要推广"页面中单击钻石展位下方的"立即登顶"按钮,如图9-15所示。

▲ 图9-14 单击"我要推广"选项

▲ 图9-15 单击"立即登顶"按钮

第3步 进入钻展创意管理后台,单击"本地上传"按钮,可以将已经制作好的钻展图上传,如图9-16所示;单击"创意模板制作"按钮,可以利用模板在线制作钻展图。

▲ 图9-16 上传钻展图

9.2.2 钻展图设计要求

钻展图设计的具体要求如下。

1. 因地制宜

与直通车相比，钻展的位置多且尺寸也各异。在钻展位置方面，仅投放大类就包括天猫首页、淘宝首页、淘宝旺旺、站外门户、站外社区、无线淘宝等位置，对应的钻展位置尺寸更是高达数十种。不同的钻展位置针对不同的人群，其消费特征和兴趣点也各不相同。不同尺寸的钻展位置给美工带来了更多的设计创意机会，因此，在制作钻展图时，要根据位置、尺寸等信息调整广告诉求，并采取合适的表达方式，充分体现钻展图的个性化、定制化和差异化特征。

以牛仔裤为例，在淘宝网PC端首页的通栏位置，由于其是细长条形，美工采用了一字型组合呈现方式，画面布局简单时尚，很好地契合了钻展位置的尺寸特征，如图9-17所示。

▲ 图9-17 牛仔裤在首页通栏位置的呈现方式

又如在淘宝网PC端首页焦点图右侧Banner的钻展位置上，潮流女装的钻展图从色彩上很好地与周边图片相呼应，如图9-18所示。

▲ 图9-18 潮流女装在首页焦点图右侧Banner的钻展位置的呈现方式

查看是否符合资源位要求，可通过"卖家中心"→"我要推广"→"钻石展位"→"尺寸"→"资源位图片要求"。

2. 主图突出

钻展的主图既可以是商品图片，也可以是创意方案，还可以是买家诉求的呈现。由于钻展主图的尺寸相对要大一些，且有多种规格可供选择，在可操作性方面钻展主图要比直通车主图更强，因此，设计时主图一定要突出，这样才更能吸引买家点击。如图9-19所示，牛肉干鲜美的色泽令人垂涎三尺。

▲ 图9-19　牛肉干钻展主图

3. 目标明确

钻展投放的目的有很多，如引流到聚划算款、预热大型活动、进行品牌形象宣传、上新品引流等。在钻展图的设计制作中，首先需要明确自己的营销目标，再根据目标、投放位置及尺寸进行有针对性的素材选择和创意设计，这样点击率才更有保障。如图9-20所示，钻展投放的核心目的是为上新品引流，令人一看便知。

4. 形式美观

形式美观的钻展图更能获得买家的好感，吸引买家点击。在素材相同、创意类似的情况下，钻展图的美感就成了买家决定是否点击的关键因素。如图9-21所示，这是一款男士棉衣的钻展图，美工在排版、配色、字体、标签的使用方面，均符合促销的主题，对买家有极强的吸引力。

▲ 图9-20　新品引流的钻展图

▲ 图9-21　男士棉衣的钻展图

9.2.3　钻展图版式设计

钻展图设计主要从整体排版方式、文字陈列方式、商品陈列方式、配色几个方面来呈现，每一个方面都至关重要，下面将通过图例来详细讲解。

1. 整体排版方式

（1）两栏式。这是最基本的构图方式，商品图片与文案左右各排一边，即左文右图或左图右文。一般主体占整个画面的2/3以上；在文案排版上，一定要突出商品中心卖点，如图9-22所示。

▲ 图9-22　两栏式设计与效果图

（2）三栏式。中间文字两边图，图片以不同的大小及位置摆放，营造出一种空间感。该排版方式适合多个商品或者多色商品的展示，如图9-23所示。

▲ 图9-23　三栏式设计与效果图

（3）上下式。上面文字下面图，商品图片或者文字占画面的2/3。该排版方式适合多系列商品促销活动钻展图的设计，如图9-24所示。

▲ 图9-24　上下式设计与效果图

（4）组合式。

①模特图+文字+商品图。给人的感觉是画面饱满，内容丰富。该排版方式特别适合化妆品等钻展图的设计，如图9-25所示。

▲ 图9-25　组合式设计与效果图1

②两边模特图+文字+商品图。左右两边排模特图，上面排文字，下面排商品图片。该排版方式适合多系列商品促销活动的钻展图设计，如图9-26所示。

▲ 图9-26　组合式设计与效果图2

（5）纯文字+背景构图。纯文字钻展图版式设计主要突出文字信息，简单直接地传达信息，如折扣、销量、价格等。该排版方式一般适用小尺寸的钻展图设计，如图9-27所示。

▲ 图9-27　纯文字+背景构图设计与效果图

（6）正反三角形构图。采用正反三角形构图的画面稳定自然，空间感强，可给买家营造一种安全感极强、稳定可靠的视觉效果，如图9-28所示。

▲ 图9-28　正反三角形构图设计与效果图

（7）垂直构图。平均分配各个商品的版面占比，秩序感强，给买家比较正式的感觉。该排版方式适合多个商品、多色系的展示，如图9-29所示。

▲ 图9-29　垂直构图设计与效果图

（8）斜切式构图。斜切式构图让整个画面富有张力，让主体和需要表达的内容更突出。注意：文字和图片的倾斜角度不宜过大（通常小于30°），如图9-30所示。

▲ 图9-30　斜切式构图设计与效果图

（9）渐次式构图。多个商品按照一定的透视角度由大及小、由远及近地渐次排列，画面次序感强，透视效果好。此种排版方式给买家稳定自然、商品丰富可靠的感觉，如图9-31所示。

▲ 图9-31 渐次式构图设计与效果图

（10）放射性构图。由一个视觉中心点向外放射出来，画面有极强的透视感。此种排版方式特别适合大促活动的Banner、专题设计，如图9-32所示。

▲ 图9-32 放射性构图设计与效果图

（11）极端式构图。将文字或图形中的某一个元素放大，其他元素围绕此元素进行合理布局。此种排版方式适合个性、时尚的商品类目，如图9-33所示。

▲ 图9-33 极端式构图设计与效果图

2. 文字陈列方式

（1）排版边界约束。

钻展图中的文字排版一般都是基于一个形状，以形状来约束文字的排版方式，最好不要超出这个形状区域之外，各种形状如图9-34所示。

（2）对齐方式。

①左对齐/右对齐。

左对齐/右对齐是最常见也是最基本的对

▲ 图9-34 不同排版形状

齐方式。对齐的版面中会有一条看不见的线，这条线平行于图片的边线，将所有的文案自然而然地串联到一起，整个画面给人稳重、统一、工整的感觉，如图9-35所示。

▲ 图9-35　左对齐/右对齐

②居中对齐。

居中对齐是所有文字都以画面中的某一条垂直中心线为基准的对齐方式，整个画面给人一种正式、大气、高端、有品质的感觉。居中对齐要求美工对画面有一定的布局把控能力。在电商海报设计中，居中对齐经常会用在左中右结构的海报上，文案在画面的正中间，也有用在左右结构的海报上的情况，如图9-36所示。

▲ 图9-36　居中对齐

③内容分组。

当文案内容过多时，就要考虑将文案分组，即将相同信息的文案放到一起进行设计，这样不仅使整个页面富有条理性和层次感，而且非常美观，更加有利于买家阅读，如图9-37所示。

在设计字体时，通常使用对比的设计手法，如将字体、文字大小进行对比，以获得不同的视觉效果，如图9-38所示。

图9-38中左侧海报由于字体缺少对比，没有主次之分，缺乏层次感，整体画面显得很乏味，对买家没有吸引力。右侧的海报则运用对比的手法，对主标题"礼遇美丽人生"加大加粗显示，与引标题"2017夏季新品发布"形成字体和文字大小的对比。下面的促销信息采用小字，但是价格部分加粗强调，再次形成对比，不仅突出价格的优惠信息，而且还活跃了版面。最下面的包邮信息部分采用最小的字与文字"顺丰包邮"又形成一种字体和文字大小的对比。

不要担心字小了买家就不阅读，只要标题吸引买家，买家自然会读这些较小的文字。总之，设计时，先将文字信息分组，然后将重点文字提炼出来并加大加粗，使整个版面信息主次分明，富有层级和组织性，就会在视觉上引导买家向下浏览、阅读。

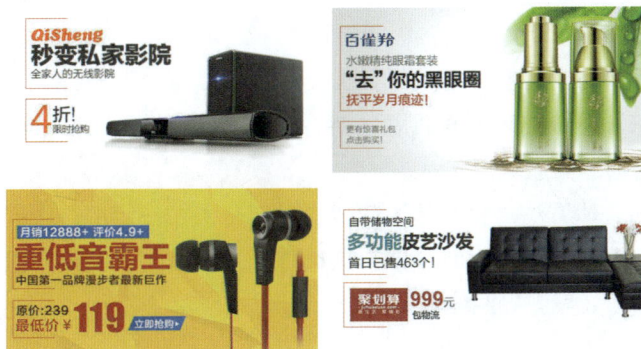

▲ 图9-37　内容分组

▲ 图9-38　字体与文字大小对比设计

　当文案内容过多时，找出文案中重点的语句，通过使用对比强烈的颜色、字体、字号做明显区分，这样不仅重点信息会更加突出，版面层次更清晰，画面更加美观，而且也会增加页面的可读性，产生视觉上的冲击效果。

通常，一个文案分为卖点文字和衬托文字两部分。卖点文字（价格或送礼品之类的文字）要大，颜色要醒目，而衬托文字要小一点，分组排版，如图9-39所示。

▲ 图9-39　卖点文字和衬托文字的设计

3．商品陈列方式

商品展示图片的重点是商品陈列的方式，即这些商品如何摆放才好看，既要美观，又要突出表现该商品的功能特点。在拍摄商品图片或者后期处理制作时，摄影师一定要注意商品的摆放方式，营造一个创意美观的画面。

（1）叠加陈列方式。

叠加陈列方式就是将商品按一定顺序叠加排列展现给买家。这种陈列方式通常用于商品数量多的情况，卖家通过叠加陈列方式尽量将特色商品全面展示在图片中，买家可以根据自己的需要选择一款合适的商品。

商品叠加陈列的具体方法是将商品（截取商品部分）按一定的构图规律沿着Banner图四周环绕，将方案信息置于画面的中心位置。这种陈列方式既美观又能聚焦视线到画面中心的文案，起到很好的宣传效果，如图9-40所示。

▲ 图9-40　叠加陈列方式

> **高手支招** ①叠加陈列方式往往要求所选商品形状要尽量规整，摆放位置要形成一定规律，有大有小，有高有低；②由于采用的是叠加方式，将商品融进背景里，因此对商品的颜色并无太多要求；③叠加陈列方式常运用于服饰、鞋包、美妆、美肤等活动Banner里。

（2）模拟货架摆放陈列方式。

模拟货架摆放陈列即模拟商品真实摆放场景，营造一种真实的购物场景，在一定程度上增加网购的信任感和亲和力，如图9-41所示。

▲ 图9-41　模拟货架摆放陈列方式

如果有条件，这种商品图片最好是在真实的场景中拍摄获得，并且对拍摄的角度、光线和构图都有较高的要求。

模拟真实场景拍摄商品有以下几种摆放方式。

①三角形摆放方式。3件商品通常采用三角形摆放方式，即左右商品以45°角度摆放，中间商品以正视角度摆放，画面比较稳定，如图9-42所示。

▲ 图9-42 三角形摆放方式

②轴线摆放方式。3件以上的商品多采用轴线摆放的方式，即所有商品都是横向或纵向沿一个轴线摆放，类似堆积木，但要注意商品摆放时在角度上应有点变化，这样可以让画面更灵活，如图9-43所示。

▲ 图9-43 轴线摆放方式

③远景近景对比的摆放方式。采用这种摆放方式，商品不宜太多，比较适合拍摄单品推广的广告图。要求商品的拍摄角度要选好，一般45°角度拍摄出的透视效果较好，遵循近大远小、近景商品为主角的拍摄原则，如图9-44所示。

▲ 图9-44 远景近景对比的摆放方式

（3）通过模特穿戴展示。

①对称式构图。左中右布局，模特试穿效果图在左边，文案在中间，商品以三角形摆放在右边，如图9-45所示。

▲ 图9-45 对称式构图

②左右布局1。文案在左边，商品或模特试穿效果图以三角形摆放在右边，左右面积占比相当，画面稳定，如图9-46所示。

③左右布局2。全身展示的模特试穿效果图在左边，文案在左边，模特试穿的局部效果图在右边，左右面积占比相当，画面稳定，如图9-47所示。

▲ 图9-46 左右布局1   ▲ 图9-47 左右布局2

④近景和远景布局。文案在前，商品在后，以文案为近景，多个商品为远景，文案为主体，远景商品作为背景衬托，如图9-48所示。

（4）动感陈列方式。

①主体在中间，采用近大远小、近实远虚的展示手法将与主题相关的内容陈列，让画面显得有动感和层次感，但注意力还是集中在画面中央的主体上，如图9-49所示。

▲ 图9-48 近景和远景布局   ▲ 图9-49 主体在中间，采用近大远小、
                                          近实远虚的布局

②左中右对称布局。文案在中间为主体，其相关商品近大远小地排列在主体的左右，如图9-50所示。

▲ 图9-50 左中右对称布局

③文案与商品镶嵌组合。文案为主体，商品有节奏地镶嵌在主体上，商品作为装饰物，增加画面的艺术感，活跃画面的促销氛围，如图9-51所示。

▲ 图9-51 文案与商品镶嵌组合

④上下结构布局，商品按一定规律摆放，商品形状一致，大小不同，画面有韵律感和节奏感，如图9-52所示。

⑤左右结构布局。文案与商品左右排列，为了使画面具有律动性和整齐性，可将形状各异、大小不一的商品置于整齐排列的图形里，展示商品的部分细节，如图9-53所示。

▲ 图9-52 上下结构布局

▲ 图9-53 左右结构布局

高手支招

左右结构布局方式适合数量众多，形状和尺寸不统一的商品，且此方式不受布局的限制。

（5）商品细节展示。

商品局部细节的特写展示，大面积的留白，画面干净、无杂质，强调商品就是唯一的主角。背景色多为黑、白、灰，色彩也比较单一，目的是营造一种高贵的气质，如图9-54所示。

▲ 图9-54　商品细节展示

这种构图方式多用于奢侈品等彰显大牌格调的商品海报中，或者数码电子产品的广告图中，给人一种冷酷、有格调的感觉，让人觉得拥有该商品很有品位。

4．配色

可以根据商品的颜色以及运营需求的风格来配色，即以商品的颜色为基准色，以运营需求为方向目标，从而制作出效果美观且与运营需求相匹配的设计作品。

> **高手支招**　从商品中吸取的色彩可以很好地与商品相呼应，视觉上也可以相互关联，因此这是最简单的配色方法。

下面举例说明。

【**商品资料**】商品：牛仔衬衫。

关键词：修身，酷感潮流，干练。

文案：NEW2018 酷感修身 初秋精品 九月全新上市 点击查看。

商品资料如图9-55所示。

▲ 图9-55　商品资料

以下几种配色方案主要以蓝色（模特身上的衣服）为基准色，然后围绕蓝色进行配色。

【**方案一**】配色方案——邻近色，效果如图9-56所示。

【**解析**】背景采用模特衣服的颜色作为主色，部分文案采用模特肩膀上粉末的颜色作为点缀色。模特的衣

▲ 图9-56　邻近色配色效果

服与背景色相呼应，"酷感"二字与模特肩膀上粉末的颜色相呼应，颜色相同也会产生一种关联，视觉点也会由左到右，从"酷感"二字移动到模特肩膀的位置上。整体画面协调、沉稳、柔和。

【方案二】配色方案——间隔色，效果如图9-57所示。

【解析】浅黄色（肤色）与深蓝色搭配，浅黄色为主色，以模特的衣服颜色为辅助色，衣服肩膀上的粉末颜色为点缀色，间隔色的搭配比邻近色更明朗，更富有视觉冲击力。

【方案三】配色方案——间隔色（经典红蓝色），效果如图9-58所示。

【解析】经典的红色和蓝色搭配，一冷一暖，视觉冲击力较强，特别容易引起买家的注意，还可以让整个画面更有气氛感。

【方案四】配色方案——互补色，效果如图9-59所示。

【解析】选取模特衣服上较深的蓝色作为背景色，由于白色是万能的调和色，故采用白色作为中间色，以减少互补色激烈的对抗性。

【方案五】配色方案——渐变色，效果如图9-60所示。

【解析】前面几张海报基本都是用高纯度的颜色，高纯度的单一颜色往往可以给人一种稳重、高端、大牌的感觉，所以也是美工用得比较多的配色方案。除此之外，在背景或主题文字上添加渐变效果，也是现在比较流行的一种配色表现方式，这种方式能使整个画面更有质感。

【方案六】配色方案——渐变色+高纯色，效果如图9-61所示。

【解析】深色的背景搭配高饱和度的颜色，既有高端大牌的感觉，又增加了一些品质感。副标题的颜色可以适当降暗一些，更好地突出主标题，达到主次分明的效果。

以上案例均以蓝色为基准色分别搭配了邻近色、间隔色、互补色、渐变色、高纯色等，设计

▲ 图9-57 间隔色配色效果

▲ 图9-58 间隔色（经典红蓝色）配色效果

▲ 图9-59 互补色配色效果

▲ 图9-60 渐变色配色效果

▲ 图9-61 渐变色+高纯色配色效果

出6种不同的配色方案，这些方案的画面风格各不相同，产生的效果也各不相同。

9.2.4　钻展图的审核标准

钻展图主要是由投放的平台、展示的位置以及主题信息等多种因素来决定，因此钻展图的审核标准主要包括以下几点。

1. 因地制宜

根据位置、尺寸等信息采取合适的布局和表达方式，契合钻展位置的尺寸特征。

2. 主题明确

钻展图要在有限的图片空间内展示商品的卖点信息，快速吸引买家眼球，提高点击率，首先得有一个明确的主题，因此钻展图一定要在强调自身主题的前提下去设计。钻展图的主标题尽量控制在6字以内，紧扣买家诉求，使买家一看就想点击进入。

3. 版式美观

钻展图不仅要讲究版式布局合理，还要讲究信息内容、结构完整和层次清晰，以及配色和谐。这样才可能做到既具有视觉冲击力的美观效果，又能突出主题和个性化设计。

> **高手支招**
> ①钻展图布局应遵循的定律：一是适当留白；二是采用黄金分割法。
> ②图文搭配，平衡比例，合理控制图片重心、视平线和视觉比重。
> ③色系不超过3种，灰度、纯度对比平衡。

9.3　钻展图设计实例

接下来结合前面所讲的内容设计一个钻展图。大家一定要注意，在设计过程中，所有教程上的内容都是死板的，而设计创意是灵活的，一定不能让教程束缚了设计思维。

钻展图设计的具体操作步骤如下。

第1步 新建文件。启动Photoshop软件，新建一个文件，命名为"钻展图"，大小为640像素×200像素，分辨率为"72像素/英寸"，颜色模式为"RGB颜色"，然后单击"确定"按钮，如图9-62所示。

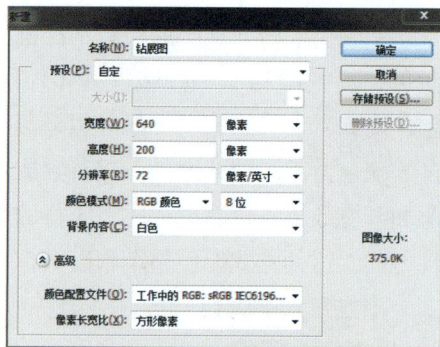

▲ 图9-62　"新建"对话框

第2步 将商品图片拖曳入文件中。打开准备好的商品图片，将图片拖曳到新建的"钻展图"文件中，然后调整商品图片的大小和位置，如图9-63所示。

▲ 图9-63　导入图片并调整大小、位置

第3步 绘制文案背景。选择矩形工具，在文件中绘制"矩形1"，大小为260像素×170像素，填充颜色为"#d8002a"，左边边缘距离为20像素，与背景图层上下居中对齐，如图9-64所示。

▲ 图9-64　绘制文案背景

第4步 输入广告文案。

（1）选择横排文字工具，在文件中输入"家纺四件套"，设置字体为"方正兰亭黑简体"、大小为"24像素"、颜色为"#ffffff"，与"矩形1"图层水平居中对齐，如图9-65所示。

▲ 图9-65　输入广告文案

（2）选择圆角矩形工具，绘制一个"圆角矩形1"，设置半径为"60像素"，大小为190像素×12像素，填充颜色为"#ffffff"。然后选择横排文字工具，在文件中输入"HOME Textile covered 4 Times"，设置字体为"方正兰亭黑简体"、大小为"9像素"、颜色为"#d8002a"，将"圆角矩形1"图层与"HOME Textile covered 4 Times"文字图层上下左右居中对齐，与"矩形1"图层水平居中对齐，如图9-66所示。

▲ 图9-66　绘制一个"圆角矩形1"并输入文字

（3）选择横排文字工具，在文件中输入"双11狂欢巨惠"，设置字体为"方正兰亭中粗黑"、大小为"36像素"、颜色为"#ffff00"，与"矩形1"图层水平居中对齐，如图9-67所示。

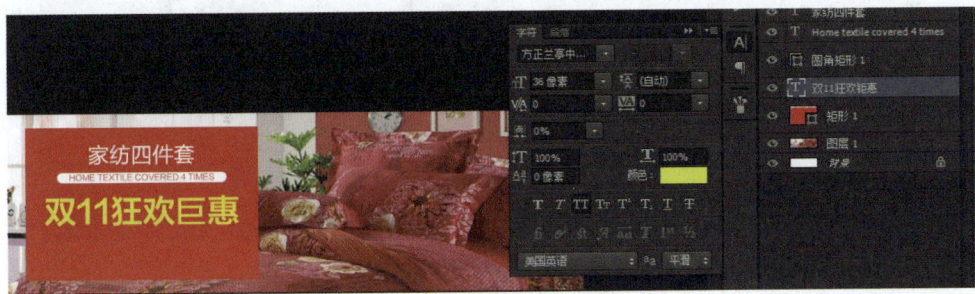

▲ 图9-67　输入并设置文字

（4）选择矩形工具，绘制一个"矩形2"图层，大小为180像素×30像素，填充颜色为
"#ffffff"。然后选择横排文字工具，在文件中输入"全场低至5折起"，设置字体为"方正兰亭
黑简体"、大小为"18像素"、颜色为"#d8002a"。将"圆角矩形1"图层与"全场低至5折
起"文字图层上下左右居中对齐，与"矩形1"图层水平居中对齐，如图9-68所示。

▲ 图9-68 绘制一个"矩形2"图层并输入文字

（5）选中"矩形1""矩形2""圆角矩形1"3个图层，按【Ctrl】+【G】组合键将其创
建为图层组，命名为"组1"，设置不透明度为"80%"，如图9-69所示。

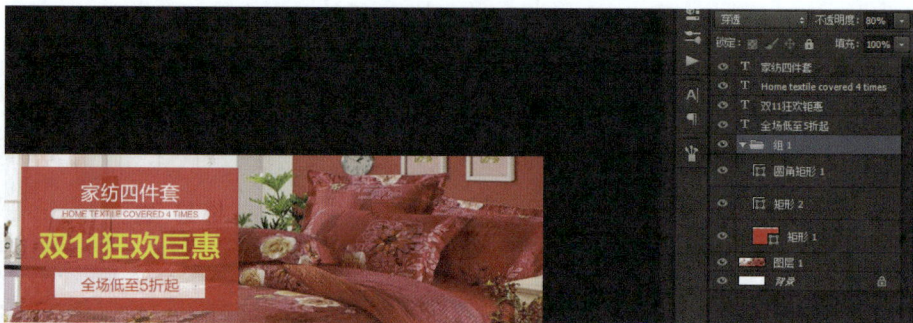

▲ 图9-69 设置图层组的不透明度

第5步 保存钻展图。前面操作完之后，整个钻展图的设计就完成了，接下来就是进行保
存和导出，最终的效果如图9-70所示。

▲ 图9-70 钻展图最终效果